IM KINO DES LEBENS

Otto Teischel

IM KINO DES LEBENS

Wie Filmkunst uns daran erinnert, wer wir sein könnten

B
BÜCHNER-VERLAG
Wissenschaft und Kultur

Otto Teischel
Im Kino des Lebens
Wie Filmkunst uns daran erinnert, wer wir sein könnten

ISBN (Print) 978-3-96317-378-3
ISBN (ePDF) 978-3-96317-943-3

Satz und Umschlaggestaltung: DeinSatz Marburg
Bildnachweis Umschlag: *Hoffnung* (1886)
von George Frederic Watts
(Tate Gallery; London; Öl auf Leinwand; 142,2 x 111,8 cm;
https://commons.wikimedia.org/wiki/File:Assistants_and_George_Frederic_Watts_-_Hope_-_Google_Art_Project.jpg)
Druck und Bindung: Totem.com.pl, Inowrocław, Polen
Die verwendeten Druckmaterialien sind zertifiziert als FSC-Mix.

Bibliografische Informationen der Deutschen Nationalbibliothek
Die Deutsche Nationalbibliothek verzeichnet diese Publikation in der Deutschen Nationalbibliografie, detaillierte bibliografische Angaben sind im Internet über http://dnb.de abrufbar.

www.buechner-verlag.de

Mensch, werde wesentlich!
Denn wenn die Welt vergeht,
so fällt der Zufall weg:
das Wesen, das besteht.

Angelus Silesius (1624–1677)

*

Lern im Leben die Kunst, im Kunstwerk lerne das Leben
Siehst du das Eine recht, siehst du das Andere auch.

Friedrich Hölderlin (1770–1843)

*

Beauty be not caused. It is.

Emily Dickinson (1830–1886)

*

Alle, die in Schönheit gehn
Werden in Schönheit auferstehn.

Rainer Maria Rilke (1875–1926)

Inhalt

Geleitwort

Am 8. März 2020,
lieber Otto Teischel,
grüße ich Sie
und sage Ihnen Dank,
als einem, der nun fast
über die Zeiten hin,
was ich treibe (und lasse), so
gar fürsorglich wie nobel
begleitet hat und begleitet.
Und so ein Wink(en)
von movie-goer *1
zu movie-goer.

Ihr
Peter Handke

---

*1 Als einer der ersten Leser meines Manuskriptes, als es noch »Bilder für die Ewigkeit« heißen sollte, spielt Peter Handke hier auf das Buch von Walker Percy, *The Moviegoer* (1961) an, das Handke 1980 übersetzt hat, weil es ihm persönlich besonders nahegegangen war: »*Eine selten wahre Geschichte*«.

Für eine Ewigkeit wahrhaftig schöner Augenblicke –
im Leben wie im Kino

Vorfilm

Alles Erkennen ist Wiedererinnern – diese Leitidee des Philosophen Platon hat sich für mich oft im Kino bewahrheitet. Denn Filme haben mich immer wieder existenziell berührt und mir sogar die Kraft geschenkt, mein Leben zu verändern. Immer wieder waren es gerade *Filmkunstwerke*, die in ihrer Wahrhaftigkeit eine tief verborgene Sehnsucht wachgerufen haben. Sie haben mich zum Aufbruch oder zur Umkehr bewegen können, weil sie mir erschütternd deutlich vor Augen führten, welche Entscheidungen es zu treffen galt, wenn ich meine Kraft nicht länger an ein Leben vergeuden wollte, das nicht meinem Wesen entsprach. Filme verweisen uns auf das, was sein könnte.

Zwischen der Realität unseres alltäglichen Lebens und dem, wonach wir uns eigentlich sehnen, gibt es offensichtlich einen Bruch. Dieser innere Konflikt zwischen Anpassungsdruck und dem tiefen Wunsch nach einem wahrhaft schönen, schöpferischen Leben ist die Wurzel aller Suchterkrankungen. Denn *süchtig* werden Menschen aus *verzweifelter Sehnsucht*, weil sie sich eben nicht abspeisen lassen mit irgendeinem »Lüstchen«. So beschreibt Friedrich Nietzsche es im »Zarathustra« als ein Kennzeichen des »letzten Menschen«: »*Man hat sein Lüstchen für den Tag und sein Lüstchen für die Nacht. Aber man ehrt die Gesundheit.*«[1]

Wir ertragen es auf Dauer nicht, in einer Welt der Illusionen zu leben und um unsere Freiheit und Würde betrogen zu werden. Es ist uns selten bewusst, dass wir in unserem Leben eigentlich nach etwas Großem und Bedeutsamem suchen. Bis wir eines Tages womöglich im Kino *wahrhaftiger Schönheit* begegnen, die uns so tief berührt und aus der Seele spricht, dass wir ihre Botschaft nicht länger überhören können: »*Du musst Dein Leben*

1 Nietzsche, 1883

ändern.«[2] Das ist auch im Leben eines Süchtigen der entscheidende Moment, da ihn dramatische Symptome seines Unbewussten derart erschüttern, dass sie ihn zum sofortigen Handeln auffordern, weil es »morgen« vielleicht schon zu spät ist.

Kunst vermag uns jederzeit an diese Sehnsucht nach einem anderen Leben zu erinnern, das von wahrhaftiger Schönheit erfüllt sein kann, sobald wir wirklich bereit sind, ihren Ausdrucksformen Zeit und Aufmerksamkeit zu schenken. Das eigene Leben kann uns in seinen stimmigen Momenten wie ein wahrhaftig schöner Film vorkommen. Und im Kino lassen sich sogar mit fremden Menschen berührende Augenblicke tiefer Verbundenheit teilen. Wenn intensive Erlebnisse gleichzeitig stattfinden und wir uns in einer Leinwandgeschichte ebenso wiederfinden können wie in den Wahrnehmungen unserer Mitmenschen (während eines Films und im Anschluss daran), kann sich unter uns eine erstaunliche Nähe entfalten. Dann wird das »Lichtspieltheater« zum öffentlichen Begegnungsraum »leibhaftiger Empathie«. Was bedeutet es für uns als Menschen, wenn uns die Magie eines Augenblicks derart unter die Haut gehen kann, dass wir auf einmal zu verstehen glauben, warum wir existieren? Woran fühlen wir uns wieder erinnert, wenn wir im Kino des Lebens wahrhaftiger Schönheit begegnen?

Lassen Sie sich inspirieren von den wahrhaftigen Filmgeschichten dieses Buches und deren unsichtbarem Band zum wirklichen Leben.

---

2 Rilke, 1908

1. Sehnsucht nach Wahrhaftigkeit – Im Kino des Lebens

»Ich kenne das Leben, ich gehe ins Kino« – dieser Spruch stand Anfang der Achtzigerjahre irgendwo in der Südstadt von Hannover an eine Mauer gesprüht. Das Zitat bezog sich auf einen Song der damals überaus populären Band »Fehlfarben«. Deren im Oktober 1980 erschienene erste LP *Monarchie und Alltag* gilt bis heute als ein Meilenstein der deutschen Popgeschichte. Gleich in der ersten Strophe heißt es:

> Ich habe das alles schon tausendmal gesehen
> Ich kenne das Leben, ich bin im Kino gewesen
> Doch jedesmal, wenn ich sie seh'
> Weiß ich nicht, wie es gehen soll
> Ich finde nicht den Dreh

Damit ist eins der wesentlichen Motive für den Kinobesuch angesprochen: Inspirationen und Vorbilder für das eigene Leben zu finden, sich in den Geschichten und Gesichtern auf der Leinwand spiegeln zu können, auf Heldinnen und Helden des Alltags zu treffen, die scheitern, wieder aufstehen und andere Wege wagen. Oder auch märchenhaft schönen Gestalten zu begegnen, die unbeirrbar an einem Traum festhalten – sei es der von der einzig wahren Liebe oder von ihrer schicksalhaften Bestimmung zu einem Leben als Maler oder Musiker.

In wesentlichen Phasen meines Lebens haben mir ganz unterschiedliche Filme auf eine so besondere Art und Weise aus der Seele gesprochen, dass sie tatsächlich mein Leben verändert haben. Denn die Geschichten dieser Filme haben mir immer etwas über mich erzählt, sie haben eine verborgene, lange schon bedeutsame Sehnsucht in mir tief und nachhaltig berührt – in so starkem Maße, dass ihre Wirkung von Dauer werden sollte. Ohne damals noch genau verstehen zu können, welche Bezirke meines Unbewussten oder meiner Erinnerung sich mir im jeweiligen Filmerlebnis eröffneten und erkundet sein wollten, wusste ich: Der Film *meinte mich* beziehungsweise etwas in mir auf so existenziell bedeutsame Weise, dass ich davon in seinen Bann gezogen wurde. Der Film schien mich zum Nachdenken, Verstehen und Handeln aufzufordern – manchmal auch alles zugleich. Der Appell war: Mein Leben durfte nicht unverändert bleiben und weiter so verlaufen wie bisher! Denn der Film eröffnete mir eine wahrhaftige Erfahrung, die beachtet und beherzigt sein wollte.

Ich möchte im Folgenden von vier ausgewählten Filmen erzählen, deren schöpferische Kraft und existentielle Bedeutung mein Leben für immer verwandelt und befreiend gewirkt haben: *Frühstück bei Tiffany; Los, Tempo!; Paris, Texas* und *Jenseits von Afrika.*

Alle hier näher beleuchteten Filmerlebnisse spielten sich im Jahrzehnt meiner persönlichen Befreiung aus den Verstrickungen meiner Herkunftsfamilie und meiner damit zusammenhängenden symbiotischen Beziehungsgeschichte ab, zwischen 1976 und 1986. Nicht zuletzt aufgrund dieser tiefgreifenden, nachhaltig wirksamen, für mich lebensverändernden Filmerfahrungen begann in den 1990er Jahren eine intensive Auseinandersetzung mit dem Spielfilm als *existenzerhellendem* und *erkenntnisstiftendem* Medium, das später, parallel zu meinen diesbezüglichen Ausbildungen, zunehmend auch im *psychotherapeutischen* Kontext Anwendung gefunden hat.

Bei diesen exemplarischen Filmgeschichten und ihrer existenziellen, bewusstseins- und lebensverändernden Wirkung handelt es sich insofern um »Schlüsselerlebnisse der Selbstfindung«, als jede von ihnen wesentliche Dimensionen des Menschseins berührt haben: in ihrem inneren Zusammenhang und ihrer Bedeutung für die Verwirklichung und Gestaltung des eigenen *Selbst.* Dieses Selbst findet *im Prozess der Selbstgestaltung* allmählich zur Form seiner bewussten eigenen Identität, seines eigenen Soseins in Gestalt dieser konkreten einzelnen menschlichen Existenz. *Sehnsucht, Freiheit, Liebe* und *Glaube* gehören zusammen und repräsentieren sich jeweils in diesen vier verschiedenen Filmen zu verschiedenen Phasen meines Lebens, da die Zeit reif war für ihre Geschichten, als existenzielle Herausforderungen, denen es sich zu stellen galt und auf die ich eigene Antworten zu finden und zu geben hatte.

Der Weg zu sich und seinen Potenzialen erschließt sich im Gehen, im Leben des eigenen Lebens. Und im Erlebnis einer wahrhaftigen Filmgeschichte, die auf diese bestimmte Person mit dieser bestimmten Lebensgeschichte an diesem bestimmten Tag unter diesen bestimmten Befindlichkeiten trifft und bewusst oder unbewusst deren Dasein berührt, kann sich auf einmal eine ungeheuer erhellende Perspektive eröffnen, die das eigene Selbst im Licht einer nie geahnten Wahrhaftigkeit zu erkennen gibt.

Etwas Verborgenes taucht auf, etwas Verdrängtes wird bewusst, etwas Verlorenes wiederentdeckt. Eine Geschichte oder ein Bild, eine Musik, eine Stimme oder ein Gesicht können mich an mein bisheriges Leben erinnern oder eine Sehnsucht nach dem Ungelebten wachrufen, das verwirklicht sein möchte. Es kann eine schmerzliche Wahrheit sein, die ich plötzlich begreife oder eine Aufforderung, mein Leben zu ändern; endlich eine notwendige Entscheidung zu treffen oder einer Verheißung zu folgen, die mich seit langem schon beseelt hat.

Eine Filmgeschichte wird persönlich, sobald sie mich berührt, erinnert und zu inspirieren beginnt, über mich und mein Dasein nachzudenken. Über meine aktuelle Situation, über meine Vergangenheit, über meine Wünsche und Hoffnungen. Übertragbar werden unsere Erfahrungen, sobald andere sich in ihnen wiederfinden können oder sie sich so wahrhaftig in die existenziellen Dimensionen einer Geschichte einzufühlen vermögen, dass sie ihnen zutiefst nachvollziehbar erscheint. Oder ihnen gar ähnlich hätte geschehen können. Und weil diese vier anschaulichen Filmbeispiele (in dieser zeitlichen Reihenfolge) im Verlauf eines mittleren Lebensjahrzehnts voller Veränderungen und Umbrüche ganz besonders *ergreifend*, *aufwühlend*, *nahegehend* und *erhebend* für mich gewesen sind und sich mit der existenziellen (Psycho-)Dynamik meines eigenen Selbst verbunden haben, kann ich davon ausgehen, dass die Übertragung dieser Zusammenhänge für jede Leserin und jeden Zuschauer der hier beispielhaft beschriebenen Filmgeschichten mühelos gelingt.

Frühstück bei Tiffany

Orig. »Breakfast at Tiffany's«, USA 1960, 115 Min. Regie: Blake Edwards. Buch: George Axelrod nach der Novelle von Truman Capote. Kamera: Franz Planer. Musik: Henry Mancini. Schnitt: Howard A. Smith. Produktion: Paramount. Besetzung: Audrey Hepburn, George Peppard, Patricia Neal, Mickey Rooney, Buddy Ebsen, Martin Balsam.

Kurzkritik

Eine 18-jährige Frau aus der Provinz, auf der Suche nach dem Glück unruhig umhergetrieben, flirtet mit vermögenden Herren in New York, um am Ende die ersehnte Geborgenheit in den Armen eines kleinen Schriftstellers zu finden. Bittersüße Liebesgeschichte nach einer Novelle von Truman Capote, von Blake Edwards als überaus elegante Mischung aus tragischen und komödiantischen Elementen inszeniert. Audrey Hepburn in ihrer wohl populärsten Rolle als kindhaft-zerbrechliches Playgirl. (*Lexikon des Internationalen Films*)

Prolog

Holly Golightly (Audrey Hepburn) versucht als »Partygirl« im New York der frühen Sechzigerjahre endlich einen Millionär fürs Leben zu finden. Ihre tiefsitzenden Ängste und ihre Verzweiflung verbirgt sie hinter der Fassade einer charmant fröhlichen Überdrehtheit, die jederzeit vom Zusammenbruch bedroht wirkt. Wenn Holly das »rote Grausen« überkommt, die schrecklichste aller ihrer Ängste, flüchtet sie sich zum Juwelier Tiffany, weil ihr dort »gar nichts Schlimmes passieren könne«, wie sie meint.

In der gleichnamigen Novelle von Truman Capote (*Breakfast at Tiffany's*, 1958) beschreibt der Erzähler Hollys seltsamen Lebenswandel eher wie ein faszinierter Beobachter. Und für den Ausgang ihrer Geschichte war keineswegs ein Happy End vorgesehen. Im Drehbuch des Films hingegen (von George Axelrod) entwickelt sich eine bittersüße Liebesgeschichte zwischen Holly und dem mittellosen Schriftsteller Paul Varjak (George Peppard), der im Apartment über ihr eingezogen ist. Wie Holly prostituiert sich auch Paul als Liebhaber, um damit seinen Lebensunterhalt zu sichern. Während er jedoch sein Leben aus Liebe zu Holly ändert, beharrt sie bis zum dramatischen Finale des Films auf ihrer fixen Idee einer reichen Heirat. Eine Zeitlang erleben die beiden in New York turbulente, manchmal absurd komische und gelegentlich auch romantische Momente miteinander. Doch immer wieder wird Holly von ihrer traumatischen Vergangenheit eingeholt und dann scheint sie in ihrem Unglück zu versinken. In der Beziehung zu einem namenlosen Kater, den Holly in der Schlusssequenz des Films, nach einem heftigen Streit mit Paul, im strömenden Regen aussetzt und kurz darauf verzweifelt sucht, spiegelt sich ihre entsetzliche Verlorenheit. Weil Paul die innere Not seiner Freundin längst durchschaut hat, hilft er ihr bei der Suche nach dem Kater in einem New Yorker Hinterhof. Und die Zuschauer erleben zur Melodie des eigens für diesen Film komponierten Titelsongs *Moon River* eine der ergreifendsten Schlussszenen der Filmgeschichte.

Meine Geschichte mit *Frühstück bei Tiffany*

Es war im Oktober 1976, in einem Kino unweit des Schnoor-Viertels in Bremen, als ich diesen Film zum ersten Mal gesehen habe. Die Begegnung mit Audrey Hepburn in dieser Rolle, berührte und begeisterte mich derart, dass ich es lange Zeit gar nicht fassen konnte, was mir da im Kino eigentlich geschehen war. Wie ein Film und die so erschütternd wahrhaftige Präsenz seiner Hauptdarstellerin es schafften, mich so tief und nachhaltig zu berühren. Meine damaligen konkreten Lebensumstände trugen sehr viel zu diesem filmischen Offenbarungserlebnis bei. In jenen Tagen ging es mir und meiner Freundin, mit der ich seit der Schulzeit schon zusammen war, ziemlich gut. Wir waren erst seit einigen Monaten aus Bayern wieder in die norddeutsche Heimat zurückgezogen, nach Hannover. An jenem Oktoberwochenende machten wir einen spontanen Ausflug nach Bremen, das wir beide noch nicht kannten. Wir genossen die Atmosphäre im romantischen Bremer Altstadtviertel, waren begeistert von den verwinkelten Gassen zwischen Backsteinhäusern, den originellen kleinen Läden, Lokalen und Innenhöfen. Und wir freuten uns auf den Film am Abend.

Es lag an jenem Wochenende eine seltsam verheißungsvolle Stimmung in der Luft. So viele kreative einzelne Menschen zu erleben, die sich und ihre künstlerischen, handgefertigten Werke öffentlich präsentierten, in ihren eigenen kleinen Läden oder Werkstätten, wirkte so nachhaltig inspirierend auf uns, dass wir knapp zwei Jahre später, in Goslar, der Stadt unserer Jugend, selbst ein ähnliches Projekt gestartet haben. In wunderschön gestalteten Räumen eines alten Fachwerkhauses, die auch zu einem Ort der Begegnung werden sollten, an dem Ausstellungen, Lesungen und Gesprächskreise stattfanden, eröffneten wir eines Tages den »Horizont-Laden«. Wir wollten dort unsere Kunst unter die Menschen zu bringen versuchen: Gemälde, Fotografien und eigene Bücher, die wir im »Horizont-Verlag« veröffentlichten.

An diesem Abend des Jahres 1976, im Alter von 23 Jahren, hat mich die Leinwandfigur der *Holly Golightly* – in Gestalt der wahrhaft bezaubernden Audrey Hepburn – ihre verzweifelte Sehnsucht so erschütternd glaubwürdig spüren lassen, dass ich mich ihr zutiefst verbunden fühlen konnte. Die entsetzliche Verlorenheit hinter ihrer aufgedreht fröhlichen Fassade wird in den entscheidenden Szenen des Films hautnah und ergreifend nachvollziehbar. Besonders natürlich in der legendären Schlussszene des Films, bei der gewiss jeder nur halbwegs mitfühlende Kinobesucher den Tränen nahe ist: Holly sucht im strömenden Regen ihren »verlorenen« Kater, den sie gerade zuvor erst aus dem Auto gejagt hat. Eigentlich will sie sich dabei selbst finden, in diesem engen, düsteren Hinterhof, der wie symbolisch ist für ihr Leben. Nur im Film gibt es diesen großen Gegensatz zwischen Hollys leichtlebiger, souverän wirkender Fassade und ihrer fragilen Verletzlichkeit, die jederzeit vom Zusammenbruch bedroht scheint. Und nur Audrey Hepburn konnte diese Ambivalenz derart authentisch verkörpern.

Viele Jahre später, als ich mich eingehend mit der Lebensgeschichte dieser Schauspielerin beschäftigt hatte, wurde mir bewusst, dass es die Bruchstellen und Entbehrungen aus Hepburns eigener leidvoller Vergangenheit waren, die ihre überragende Schauspielkunst mit dieser präsenten Intensität prägten. Alle ihre großen Rollen – von der Prinzessin in *Ein Herz und eine Krone* (1953) über die Chauffeurtochter in *Sabrina* (1954), die junge Natascha in Tolstois *Krieg und Frieden* (1956), Schwester Lukas in *Die Geschichte einer Nonne* (1959), Eliza Doolittle in *My Fair Lady* (1964) bis zu *Robin und Marian* (1976) – verkörpern diese innere Ambivalenz einer stark und entschlossen wirkenden und zugleich sehr verletzlichen, empfindsamen Seele. Es sind alles Frauen, die dennoch nie den Glauben daran verlieren, trotz der Widrigkeiten ihres Schicksals, ein der eigenen Sehnsucht gemäßes Leben führen zu können.

Viel nachhaltiger als jenes vermeintliche Happy End, das nur der Film seinem Publikum gönnt (Truman Capote fand es übrigens ebenso unangemessen wie die Besetzung »seiner« Holly Golightly mit Audrey Hepburn), beeindruckte mich die unbeirrbare, beinahe sture Suche dieser energischen, wild entschlossen wirkenden Holly nach einem ganz anderen, ungebundenen und selbstbestimmten Leben. Gerade weil sie keine Geborgenheit und Freiheit erfahren hatte, die einen eigenständigen Weg erst ermöglichte und keinem anderen Menschen wirklich vertraute außer ihrem Bruder, erscheint Hollys Sehnsucht als ihre überragende, durch alle Zweifel tragende Kraft, die mir seitdem nie mehr aus dem Sinn gegangen ist und zu meinem eigenen großen Lebensthema wurde.

Damals ließ sich diese Verbindung noch keineswegs überschauen, doch fühlte ich mich wie magisch angezogen von dieser melancholischen Heldin, die wie Sisyphos sogar am Rand der Verzweiflung nicht aufgab. Und die sich obendrein mit dieser sehnsüchtigen Hymne *Moon River* (1961), die eigens für Audrey Hepburn in ihrer Rolle geschrieben und komponiert wurde, für immer in meiner eigenen sehnsüchtigen Seele beheimatet hat. Der von Johnny Mercer geschriebene Text, der von Henry Mancini vertont wurde (das Lied erhielt 1962 den Oscar für den besten Filmsong), lautet:

Moon river, wider than a mile
I'm crossing you in style some day
Oh, dream maker, you heart breaker
Wherever you're goin', I'm goin' your way
Two drifters, off to see the world
There's such a lot of world to see
We're after the same rainbow's end, waitin' 'round the bend
My huckleberry friend, moon river, and me

Sehnsucht als Lebensthema

Dieser Lebensenergie »Sehnsucht«, über die nur der Mensch verfügt, und die von Anbeginn und für alle Zeit die Suche nach sich selbst und einem eigenen, individuellen Lebensweg ermöglicht, habe ich seither besondere Aufmerksamkeit gewidmet. Ich wollte verstehen, ob und wie die schöpferische Gestaltung des eigenen Daseins zu einem existenziellen Kunstwerk gelingen kann. Sozusagen als Inszenierung und Realisierung des eigenen *Lebensfilms*, über dessen Verlauf der Einzelne jederzeit mitbestimmen können sollte, als Autor, Regisseur und Hauptdarsteller in einer Person.

Zehn Jahre und zahllose Filmerlebnisse später, war die Idee gereift, dem Thema Sehnsucht eine eigene Studie zu widmen, in der sie von vielen Seiten betrachtet und in ihren unterschiedlichen Dimensionen erhellt werden sollte. Im Kapitel über »Liebe und Freiheit«, das die Ambivalenz unserer Sehnsucht zwischen Geborgenheit und Unabhängigkeit zu beschreiben versucht, sollte unbedingt auch diese filmische Offenbarung einbezogen sein, in der so vieles an meine eigene Sehnsucht zu rühren schien, dass ich mir schon beim ersten Mal auf der Leinwand selbst zu begegnen glaubte, ohne genau sagen zu können, woran das lag.

Viele Menschen lieben diesen Film und sind von Audrey Hepburn entzückt – weit mehr vermutlich als von Capotes Gestalt der »Holly Golightly« im Buch. Im Film macht sie ihrem Namen nur scheinbar Ehre und lässt schon bald die blanke Verzweiflung hinter ihrer überdrehten Fassade erkennen. Noch dazu in der Begegnung mit dem Seelenverwandten Paul Varjak, einem mittellosen Schriftsteller, der im selben Haus wohnt und sich – ähnlich wie Holly – aushalten lässt und dabei von einem anderen Leben träumt. Die Beziehung der beiden hat das Drehbuch als konfliktreiche Liebesgeschichte angelegt, die das Publikum bis zur ergreifenden Schlusssequenz, da die Widersprüche kulminieren, mitfühlen lässt.

Die Sehnsucht der Holly Golightly

Zwei Schlüsselszenen des Buches wie auch des Films sollen die existenzielle Spannung der Protagonisten in ihrer tragikomischen Ambivalenz spürbar werden lassen, die uns Truman Capotes brillante sprachliche Genauigkeit im Buch so lebendig vor Augen führt. Die Dialoge finden zwischen Holly und dem Ich-Erzähler (dem Schriftsteller Paul) statt:

Erste Schlüsselszene:

> Sie hielt noch immer den Kater im Arm. »Armes Mistvieh«, sagte sie und kraulte ihn am Kopf, »armes Mistvieh ohne Namen. Es ist ein bisschen unpraktisch, dass er keinen Namen hat. Aber ich habe kein Recht dazu, ihm einen zu geben – er muss warten, bis er jemandem wirklich gehört. Wir beide haben uns nur eben mal eines Tages nicht weit vom Fluss miteinander eingelassen, wir gehö-

ren aber nicht zusammen – er ist unabhängig und ich ebenso. Ich möchte nichts in Besitz nehmen, ehe ich nicht die Stelle gefunden habe, wo ich und mein Besitz gemeinsam hingehören. Ich bin bisher noch nicht so recht sicher, wo das sein könnte. Aber ich weiß, wie es aussehen müsste.« Sie lächelte und ließ den Kater auf den Boden fallen. »Ganz wie bei Tiffany«, sagte sie. »Nicht dass ich mir einen Dreck aus Schmuck machte. Brillanten, nun ja ... Aber das ist es nicht, warum ich so verrückt auf Tiffany bin. Sagen Sie – kennen Sie die Tage, wenn Sie das rote Grausen gepackt hat?«

»Ist das das gleiche wie die blaue Melancholie?«

»Nein«, versetzte sie langsam. »Nein, die kriegen Sie, weil Sie dick werden, oder auch wohl, weil es zu lange regnet. Da ist man traurig, das ist alles. Aber das rote Grausen ist grässlich. Sie fürchten sich und schwitzen wie in der Hölle, aber Sie wissen nicht, wovor Sie sich fürchten. Außer dass etwas Schlimmes geschehen wird, nur wissen Sie gar nicht, was. Haben Sie das schon mal gehabt?«

»Ziemlich oft. Manche nennen es einfach: Angst.«

»Na schön: Angst. Aber was tun Sie dagegen?«

»Tja, Trinken hilft.«

»Das habe ich versucht. Auch mit Aspirin habe ich's versucht. Rusty meint, ich solle Marihuana rauchen, und das habe ich eine Weile getan, aber da fange ich nur an zu kichern. Was mir, wie ich herausgefunden habe, am allerbesten tut, das ist: eine Taxe nehmen und zu Tiffany fahren. Das macht mich umgehend ruhig, die Stille dort und der prächtige Eindruck; nichts sonderlich Schlimmes kann einem dort passieren, nicht mit diesen liebenswürdigen Männern da in ihren feinen Anzügen und mit dem herrlichen Geruch nach Silber und Krokodillederbrieftaschen. Wenn ich im wirklichen Leben einen Ort finden könnte, der mir ein Gefühl wie Tiffany gibt, würde ich mir ein paar Möbel kaufen und dem Kater einen Namen geben.«[3]

---

3 Capote, Truman (1975), Frühstück bei Tiffany, S. 33 f.

Zweite Schlüsselszene:

> Bis dahin hatten wir die Erwähnung ihrer unheildrohenden Kümmernisse umgangen, und diese scherzhaft hingeworfene Bemerkung wirkte erschreckend, erschütternd, so deutlich enthüllte sie, wie unfähig sie war, die rauhe Wirklichkeit vor sich zu erkennen.
> »Hören Sie, Holly«, sagte ich und dachte: sei stark, gereift, ein Onkel. »Hören Sie, Holly. Wir können das nicht als Witz behandeln. Wir müssen Wege suchen.«
> »Sie sind zu jung, um sich derart aufzuplustern. Noch viel zu klein. Übrigens: was geht's Sie an?«
> »Nichts. Außer dass ich Ihr Freund und in Sorge bin. Ich möchte wissen, was Sie vorhaben.«
> Sie rieb sich die Nase und konzentrierte ihren Blick auf die Decke. »Heute ist Mittwoch, nicht wahr? Also gedenke ich erst mal bis zum Samstag zu schlafen, so ein richtiges gutes Ausgeschlafe. Samstag früh enthopse ich hier, heraus zur Bank. Dann gehe ich kurz in der Wohnung vorbei und hole mir ein, zwei Nachthemden und mein Mainbochermodell. Daraufhin werde ich mich in Idlewild melden, wo, wie Sie ja verdammt gut wissen, ein außerordentlich prächtiger Platz in einem außerordentlich prächtigen Flugzeug für mich reserviert ist ... «
> »Holly, Holly. Das können Sie nicht machen.« ...
> »Schön und gut, gestrenge Mutterbrust. Immerhin: Zu Hause ist man, wo man sich zu Hause fühlt. Danach such ich noch.«[4]

Ein Happy End gibt es für Holly nur in der Verfilmung. Nach einem ergreifenden Wortgefecht und der verzweifelten Suche nach dem davongejagten Kater im strömenden Regen schließt sie letztendlich der Schriftsteller, aus dessen Sicht die Geschichte erzählt wird, in seine Arme. Holly scheint endlich am Ziel.

Im Buch dagegen bleibt alles offen: Sie fliegt ohne den reichen Brasilianer José, den sie heiraten wollte und der sich wegen ihres zwielichtigen Lebenswandels von ihr getrennt hat, in dessen Heimatland, um dort allein ihr

4 a.a.O., S. 81 f.

Glück zu suchen. Und Jahre später erfährt der Erzähler von einem gemeinsamen Bekannten, Holly habe sich mit zwei männlichen Begleitern eine Zeitlang in einem ostafrikanischen Dorf aufgehalten. Aber ihre Spuren verlieren sich im Ungewissen. Den Leserinnen bleibt nur die Hoffnung, Holly möge schließlich doch noch irgendwo angekommen sein. Beide Versionen, Buch wie Film, bieten ein offenes Ende. Denn auch die wunderschön traurige »Regenkussszene« am Ende des Films entlässt Holly und den Schriftsteller in eine unsichere Zukunft.

Das Drama hinter Hollys Fassade

Der Film liefert über neunzig Minuten das Psychogramm einer seltsam nervösen, fröhlich verzweifelten Holly Golightly. Hält sie es denn überhaupt bei irgendeinem Menschen länger aus? Ruhelos und heftig verlangt sie nach dem Glück, doch war sie, bis auf ihren Bruder Fred, noch mit keinem anderen Menschen wirklich innig verbunden. Ist ihre Sehnsucht nicht zu groß und unbestimmt, als dass sie sich jemals, und sei es auch nur für eine kurze Zeit, erfüllen könnte?

Ihre schnoddrige Überdrehtheit, mit der sie sich so selbstbewusst gibt, ist nichts als ein Schutzwall, hinter dem sie ihre eigentlichen Gefühle verbirgt, hinter dem nur allzu oft das »rote Grausen« lauert. Umso erschütternder wirken die Momente der Schwäche, da sie nicht mehr die Kraft hat, ihre Rolle zu spielen, sondern ausdrückt, wie verletzt und traurig sie ist.

So nuanciert Capotes in seiner Sprache die Verzweiflung Hollys selbst noch in ihren euphorischen Reden durchscheinen lässt, so unglaublich präsent wird ihre Person im Film durch Audrey Hepburn. Ihre zerbrechliche Gestalt, die fahrigen zärtlichen Gesten, die aufgekratzt laute Stimme, die kindlich naive Ernsthaftigkeit. Und immer ein so verzweifelt ironisches Lächeln.

Diese Holly wurde für mich vom ersten Augenblick an zur Symbolfigur unserer menschlichen Sehnsucht, auch wenn ich damals noch nicht weiter darüber nachdachte. Gerade in der komödiantischen Zuspitzung des Films scheint mir etwas vom unstillbaren Glücksverlangen jedes Menschen vermittelt, von der Suche nach einem wirklichen Zuhause. Vieles erfährt der Leser oder Zuschauer aus den Äußerungen anderer, die Holly aus ihrer Sicht beschreiben, manches angedeutet zwischen den Zeilen der Sätze und Blicke, weniges von ihr selbst. Doch aus allem ergibt sich im Lauf der Geschichte eine dramatisch unglückliche Kindheit als Ursprung ihrer verzweifelten Suche. Hollys Geschichte vermittelt, wie sehr wir als Menschen in unserer Existenz ausgesetzt sind, und dass es immer – wie privilegiert die eigene Lage auch sein mag – unsere Lebensaufgabe ist, uns genau gegen diese drohende Angst zu behaupten. Holly lässt sich offenbar nicht entmutigen, wagt nach jeder enttäuschenden Niederlage wieder die Flucht nach vorn, glaubt noch immer an das Gute und möchte niemals ihre Anständigkeit preisgeben. In ihrer hoffnungsvollen Zuversicht, mit der sie jedem neuen Tag und jeder Situation begegnet und einfach glücklich sein will, verfügt sie über eine ansteckende Kraft, einen besonderen Charme, der jeden Menschen in ihrer Umgebung fasziniert. Auch wer sie für verrückt hält, muss sie trotzdem mögen. Jede spontane Frechheit, jeder noch so verschrobene Einfall und jede unerklärliche Laune zeugen von einem so unbändigen Lebenswillen, den wir alle ursprünglich in uns tragen. Insgeheim sehnen wir uns alle danach zurück. So können wir Holly wie ein Abbild unserer unbewussten Leidenschaften betrachten, unserer kindlichen Freude am Leben und dieser entsetzlichen Angst vor dem Nichts. Nie sonst ist jeder Einzelne so sehr zu einer subjektiven Position, zu seinem ganz persönlichen Bekenntnis aufgefordert – und zugleich verurteilt – wie im Angesicht der Liebe. Und nie fällt es so schwer, vollkommen ehrlich zu sein, weil wir oft gar nicht wissen, was wir wirklich fühlen.

Ein einsames, gequältes Kind flüchtet sich schon früh in die Ersatzwelt seiner Phantasie, zu den Gestalten seiner Träume, zu all den starken, schönen, glücklichen und erfolgreichen Wesen an paradiesischen Orten, für die es schwärmen kann und von denen es sich geliebt wähnt, wenn es nur endlich unter ihnen weilte. Der reale Schmerz wird verdrängt, ohne zu verschwinden. Sein Bewusstsein wäre unerträglich. Und so wie der Körper eines Menschen an der Grenze des Auszuhaltenden ins Koma versinkt, rettet sich die geknechtete Freiheit in eine vorgestellte Dimension, die sie dann als die eigentliche Wirklichkeit ansieht. Auch dabei muss das Bewusstsein ausgeblendet bleiben, denn sobald der unterdrückte Mensch die Illusionen seiner Sehnsucht durchschaute, hätten sie ihre überlebensnotwendige Kraft verloren. Ein Placebo wirkt nur, solange wir es für ein Heilmittel halten. So legt sich ein Mensch, wenn er keinen anderen Ausweg sieht, auch seine Gefühle nach Bedarf zurecht, mit Hollys Worten:

»Ich habe mich ganz einfach darauf trainiert, nur ältere Männer zu mögen, und das war das Klügste, was ich je gemacht habe!«[5]
und
»Ich sagte Ihnen ja: man kann sich dazu bringen, jedermann zu lieben.«[6]

Überlebenskünstlerin zwischen Sucht und Sehnsucht

Dass Holly um ihre Motive weiß, ist ihr Unglück und ihre Freiheit, weil es sie hindert, sich jemals mit einer Lüge zufriedenzugeben. Doch die Einsicht ändert noch keinen Lebenswandel, Hollys Sehnsucht entbehrt der Liebe zu sehr, als dass sie sich allein im Angesicht der Freiheit glücklich schätzen könnte. Trotzdem hat sie genug Selbstvertrauen, um niemals aufzugeben.

Hollys Schicksal mag uns extrem erscheinen – schließlich ist sie ja auch eine literarische Figur in einer komödiantisch zugespitzten Handlung. Doch wer von uns wäre, recht besehen, nicht oft in einer vergleichbar absurden und widersprüchlichen Situation. Wir alle handeln immer von neuem wider besseres Fühlen und Denken und bilden uns ein, es wäre der Mut zum Risiko, ohne den es keine Veränderung gäbe. Im Zweifel für den Fortschritt. Doch gerade darin liegt der Irrtum, dem auch Holly verfällt, wenn sie glaubt, mit der Zahl ihrer Liebschaften erhöhe sich zugleich die Chance, das große Glück zu finden.

Denn der umgekehrte Effekt tritt ein. So wie auf der gesellschaftlichen Ebene eine zunehmende Beherrschung der Natur die Ehrfurcht vor ihr abstumpfen ließ, so entfernt das berechnende Spiel mit eigenen und fremden Gefühlen den Menschen immer weiter von seiner Wahrhaftigkeit. Dabei müssen es keinesfalls ausdrückliche Lügen sein – die eigentliche Vermessenheit liegt im Machtanspruch über Mensch und Natur.

Indem Holly ihren Charme gezielt einsetzt, um Einfluss auf andere auszuüben, und dazu ihr Verhalten sowie die jeweilige Situation kontrolliert, ist die Aufmerksamkeit nach außen abgelenkt, und sie verliert das Bewusstsein ihrer selbst. Zwar scheint sich alles Denken und Handeln um die eigene Person zu drehen, doch diese bleibt so sehr auf eine erfolgreiche Wirkung fixiert und legt die ganze Energie in ihre instinktive Intelligenz, dass ihr die

5 a.a.O., S. 18
6 a.a.O., S. 35

Fähigkeit des bewussten Nachdenkens dadurch abhandenkommt. Gerade so, wie sich die Wissenschaft an ihren gelungenen Experimenten berauscht, die sie zum Wohl der Allgemeinheit durchzuführen meint, ohne zu begreifen, welche Naturzerstörung damit einhergeht.

Solange Holly ihren Humor bewahren kann, ist sie nicht endgültig verloren. In den Momenten, in denen er aufblitzt, durchschaut sie, wie lächerlich im Grunde ihre angestrengten Bemühungen um das Glück sind. Denn immer trifft sie zuletzt nur wieder auf sich selbst und bleibt die Zuschauerin ihrer eigenen Inszenierung. Die Liebe aber, die sie mit ihrer Leistung erzwingen will, wird sie so niemals erlangen. Sie mag begeistertes Lob ernten, Beifall und Entzücken auslösen und zum Liebling ihres Publikums werden – sie bleibt dennoch so verzweifelt einsam und heimatlos wie zuvor. Eine erkämpfte Geborgenheit ist keine, weil ihr Preis so hoch war, dass wir unablässig um ihren Verlust fürchten werden. Sobald Holly diesen Zusammenhang im Leben anderer erkennt, scheint sie ganz auf der Höhe ihrer eigenen Sehnsucht zu sein. Bezeichnenderweise fällt ihr gerade der überspannte Ehrgeiz von Schauspielern auf, die, wie sie, dafür geliebt werden, dass sie bereit sind, alles darzustellen, was dem Publikum gefällt. Und die es tun, weil sie von der Bewunderung leben. So sagt sich Holly:

> »Ich war mir verdammt klar darüber, dass ich niemals ein Filmstar werden würde. Das ist allzu schwierig, und wenn man intelligent ist, ist es heikel. Meine Komplexe sind nicht tiefgelagert genug – Filmstar zu sein und ein dickes fettes Ich zu besitzen, das soll angeblich Hand in Hand gehen; in Wirklichkeit ist es grundlegend wichtig, überhaupt kein Ich zu haben. Ich meine nicht, dass ich etwas dagegen hätte, reich und berühmt zu sein. Das liegt ganz auf meiner Linie, und eines Tages werde ich mich bemühen, es dahin zu bringen; aber wenn das geschieht, hätte ich gerne mein Ich noch an mir dranhängen. Ich möchte immer noch ich selber sein, wenn ich eines schönen Morgens in einem seidenen Himmelbett bei Tiffany aufwache, wo man mir mein Frühstück kredenzt.«[7]

7 a.a.O., S. 33

»Tiffany« ist der Inbegriff von Hollys Sehnsucht, der Ort, an dem sie jene Geborgenheit spürt, die sie auch für ihr wirkliches Leben zu finden hofft. Wenn ihr nur jemand »ein Gefühl wie Tiffany« gäbe, wäre sie endlich am Ziel und bliebe bei ihm, meint sie. Doch Holly spielt bloß mit dieser Idee und weiß genau, dass sie niemals real bei Tiffany in einem Himmelbett erwachen und frühstücken wird, sondern sich höchstens wieder ein Taxi nehmen und dorthin fahren kann, wenn ihr danach zumute ist. Sobald sie das noble Haus betritt, dessen Atmosphäre sie so über alles liebt und bewundert, wird sie für Augenblicke erlöst. Und sie genießt sich selbst in der Freiheit ihrer eigenen Sehnsucht.

Es ist Holly klar, dass dieser Ort kein Ersatz für das »wirkliche Leben« ist. Dennoch ist sie glücklich darüber, dass es »Tiffany« gibt und dass sie diesen Ort jederzeit aufsuchen kann. »Tiffany« verlangt nichts von ihr, sie muss keine Rolle spielen, muss sich nicht anstrengen oder reizend sein, sondern darf sich endlich einmal so schwach und dankbar geben, wie sie ist. Dankbar dafür, zu leben und eine so aufrichtige Liebe in sich zu empfinden.

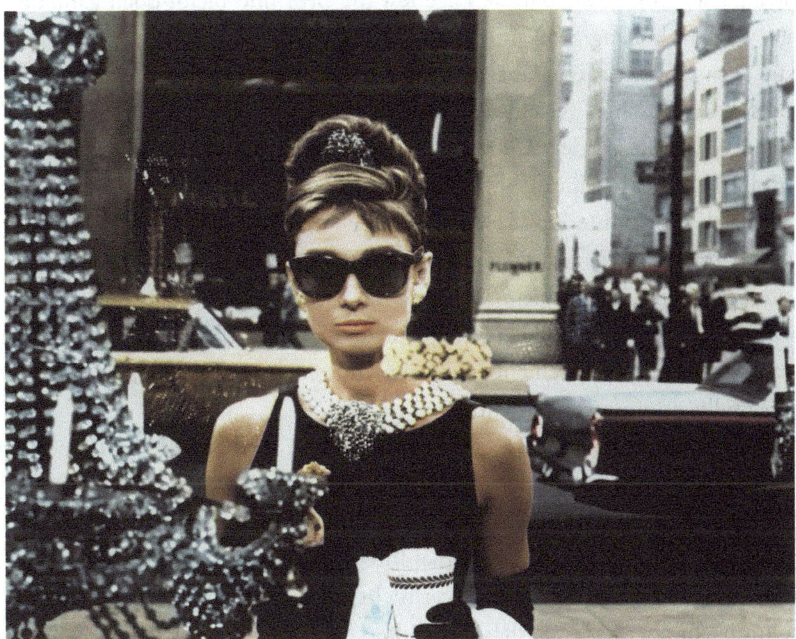

Abb. 1: Holly Golightly vor ihrem Sehnsuchtsort »Tiffany«

Die Verzweiflung bleibt verdrängt

Doch Hollys Ironie ist kein Ausdruck von Überlegenheit. Ihre seelische Not ist zu groß, der Hunger nach Bestätigung zu quälend, als dass sie ihre Sehnsucht nach dem Glück als das Glück selbst begreifen könnte und ihre Liebe zu »Tiffany« als eine wahrhaftige Liebe ernst nähme. Wenn ihr bewusst wäre, über welche Kraft sie selbst in jedem Augenblick ihrer Bewunderung für Tiffany verfügt, und dass sie eigentlich von einer Liebe getragen wird, die sie selbst dem Leben entgegenbringt, wäre sie in Sicherheit. So aber bleibt ihr Schicksal auf der Kippe des Misstrauens.

Statt eine Situation zunächst offen und vorbehaltlos wirken zu lassen, um bei sich wahrzunehmen, welche Gefühle ihr antworten, macht Holly jede von vornherein zu ihrer eigenen und unterwirft sie dem Diktat ihrer Ansprüche. *Sie* muss bestimmen, wie ihre Begegnungen verlaufen und was dabei geschieht, und tanzt mit ihrer quirligen Überdrehtheit offenbar allen auf der Nase herum. Doch gerade dadurch wird sie immer einsamer, denn es kann ihr nichts wirklich Unvorhergesehenes mehr begegnen. Es passiert nur, was passieren soll. Sie hat die Lage fest im Griff und bleibt doch ganz und gar von ihr abhängig. Denn das Motiv ihres Handelns ist keineswegs etwa die eigene Freiheit, eine überschäumende Lebensenergie, die sie zur Freude ihrer Mitmenschen verschwenden würde, sondern eine tiefe, uneingestandene Verzweiflung, der in ihrer Panik jedes Mittel recht ist, um zu gefallen. Holly ist der Mittelpunkt jeder Party, die sie veranstaltet, aber ohne jene zahlreichen gutsituierten Herren, die ihrer Einladung folgen, würde sie sich so elend fühlen wie der verjagte Kater. Auf dieses »arme Mistvieh« projiziert sie ihre wahren Emotionen. Wenn sie ihn bemitleidet, dann bemitleidet sie das eigene Schicksal: ohne Heimat zu sein und keinem Menschen anzugehören. Am Ende der Geschichte wird die symbolische Bedeutung, die das Tier für Holly einnimmt, überdeutlich.

Dass José sie so feige im Stich ließ, schmerzt sie nicht wirklich, sie hielt ihn ja schon immer für kleinmütig und pedantisch. Was sie erschüttert, ist ihr erbärmliches Schicksal, das ihr dabei wieder vor Augen geführt wird. Die unwürdige Situation, wieder einmal ihre Sehnsucht verraten zu haben, um eine Liebe zu erzwingen, die sie gar nicht empfand. Zu dieser verzweifelten Ohnmacht aber kann sie sich nicht offen bekennen und entlädt sie wütend auf den Kater, der kein besseres Schicksal verdient habe, als sie selbst. Sie setzt ihn in irgendeinem Hinterhof aus, so wie *sie* sich verlassen und ausgesetzt fühlt. Gerade in diesem Moment jedoch spürt sie, dass sie den Kater *geliebt* hat und wie ein Ebenbild sah. Dass sie sich selber aufgibt, wenn sie ihn jetzt so davonjagt. Und so kehrt sie um und sucht nach ihm. Doch alle Einsicht hilft Holly nicht aus ihrer Misere, weil sie außerstande ist, sie auf die eigene Existenz zu beziehen. In ihrem *Herzen* begreift sie die schreckliche Wahrheit. Und wie sie unbewusst für den Kater empfindet, verrät sich in ihrer verzweifelten Suche, was die Schlussszene des Films auch so ungeheuer anrührend macht.

In Capotes Geschichte verhält sich Holly weiterhin so strategisch wie bisher – sie erträgt ihre Umgebung und ihre Beziehungen nur, wenn sie Kontrolle darüber ausüben kann. Aus dieser Perspektive wirkt das gute Ende des Films unglaubwürdig. Dass sie nun ausgerechnet dem Schriftsteller und seinem Liebesgeständnis Glauben schenken soll, dem Mann, den sie nie zu erobern versucht hat und den sie immer nur als guten Freund betrachtete. Den sie als Mann so wenig ernst nahm, dass sie manchmal vergaß, vor ihm ihre Show abzuziehen und ihm gegenüber sogar ehrlich sein konnte. Und selbst wenn sie ihm für einen Moment vertraut, wie sollten seine Beteuerungen ihre Wunden heilen, wie seine Liebe die Wirklichkeit ihres Elends ungeschehen machen?

Sehnsucht nach Geborgenheit

Unsere Sehnsucht nach Geborgenheit ist die Kraft, die uns alle antreibt, und gerade deshalb auch die Ursache jeder Verzweiflung über ihr Ausbleiben. Wären wir nicht so bedürftig, könnten wir niemals so unglücklich sein. Doch ohne Sehnsucht nach Liebe gäbe es auch für keinen Menschen das Wunder ihrer Erfüllung. Wenn wir nur auf ihre Kraft vertrauen könnten und im *Weg* der Liebe schon das Ziel verehren würden, hätten wir unser Glück im Nu gefunden. Wir fühlen uns schwach und einsam vor dem Rätsel dieser schweigenden Welt, in der wir unsere Fragen immer allein beantworten müssen und es nie eine endgültige Gewissheit gibt. Mit Hollys Geschichte haben wir unsere eigene Situation vor Augen. Wer könnte je der Liebe so sicher sein, dass er nicht immer aufs Neue nach ihr suchen müsste und sie von anderen zu bekommen hoffte? Die Sehnsucht bleibt unser gemeinsames Schicksal. Was uns unterscheidet, ist die Gestalt, die sie im Dasein jedes Einzelnen annimmt, sind die Wege ihrer Erfüllung und ihres Scheiterns. Doch wir finden in ihr keinen dauerhaften Frieden und misstrauen unserem

Glück bereits wieder, kaum, dass wir es gefunden haben. Auch wenn jemand keine traumatische Kindheit hatte, ist ein Mensch täglich auf der unruhigen Irrfahrt durch sein Leben, das er entdecken und begreifen möchte, wo und wann immer er es spürt. Wenn ihn nicht die Not zum Handeln zwingt, dann treibt ihn eine unbestimmte Neugier hinaus in die Welt. Sobald er sich auf die Nähe anderer Menschen verlassen kann, wünscht er sich weg in eine fremde, einsame Weite. Vor der Logik unserer Sehnsucht versagt jede Psychologie, an Holly müssen alle »Hirnputzer« scheitern. Denn der Sehnsucht Stachel in uns ist so wenig zu erklären wie die Tatsache des Lebens selbst. Und alle Spekulationen über ihren »wahren Sinn« bezeugen damit nur die eigene Herkunft aus eben dieser Sehnsucht. Wir alle können nichts tun, als uns einander so ehrlich wie möglich unsere Gefühle zu beschreiben und unsere Gedanken zu erklären, bis wir glauben, beides passe zueinander. Wie ungeheuer schwer das allein schon vor sich selbst ist, wie schwach und unwissend wir sind, wie leicht wir getäuscht werden, wie fremd wir uns in jedem Moment empfinden können. Trotzdem müssen wir auf die Frage nach dem Sinn eine *eigene* Antwort geben, sonst haben wir uns selbst vergessen, bevor das Leben uns bemerkt.

Los, Tempo!

Orig. »Deprisa! Deprisa!«, Spanien/Frankreich 1980, 98 Min. Regie: Carlos Saura. B: Carlos Saura. Kamera: Teo Escamilla. Musik: Los Chunguitos, La Marelu, Emilio de Diego. Schnitt: Pablo G. del Amo. Besetzung: José Antonio Valdelomar, José Maria Hervas Roldan, Jesus Arias Aranzeque, Berta Socuéllamos Zarco, Maria del Mar Serrano.

Kurzkritik
Semidokumentarischer Spielfilm über eine Bande von Heranwachsenden in Madrid. Die drei Jungen und ein Mädchen verüben brutale Raubüberfälle, bei deren letztem allein das Mädchen überlebt und entkommt. Sauras Blick auf die trostlosen Trabantenstädte Madrids gleicht über weite Strecken dem des Reporters, der zunächst nur darstellt, ohne zu werten. Vor allem das beklemmend echte Spiel der jugendlichen Desperados macht die implizite Sozialkritik des Films glaubwürdig. (*Lexikon des Internationalen Films*)

Prolog
Los, Tempo! von Carlos Saura ist sowohl Spielfilm als auch ein ungeheuer eindringliches Beispiel wahrhaftiger, authentischer Filmkunst. Zum einen wird hier scharfe Sozialkritik ausgedrückt, insbesondere an der Verelendung der Gesellschaft, am perspektivlosen Dahinleben der Menschen in den seelenlosen Wohntürmen Madrider Vorstädte. Andererseits bleibt dieser Film respektvoll und mitfühlend gegenüber seinen vier jugendlichen Protagonisten. Saura versucht dem Publikum deren Sehnsüchte und Vorstellungen von einem anderen, selbstbestimmten Leben erfahrbar zu machen – zu vermitteln, was diese Jugendlichen dazu bringt, Drogen zu konsumieren und Banküberfälle zu verüben, um aus ihrem verhassten Alltag auszubrechen. Im Zentrum des Films und im Kontrast zur eskalierenden Gewalt steht die romantisch zarte Liebesgeschichte zwischen Pablo und Angela. Das Mädchen lässt sich in die Pläne der Gruppe hineinziehen und wird am Ende als Einzige überleben.

Gedreht wurde ausschließlich mit jugendlichen Laiendarstellen, die auch in ihrem realen Leben bereits eine Freundesclique bildeten. Saura konnte sie während einer mehrmonatigen Vorbereitungsphase intensiv kennenlernen.

Kurz nach dem Erfolg auf der Berlinale 1981 kam dieser verstörend realistische Film erneut in die Schlagzeilen, als einer der jugendlichen Hauptdarsteller nach einem Banküberfall in Madrid verhaftet wurde. So nah also können sich Kunst und Leben kommen, wenn beide Seiten von wahrhaftiger Sehnsucht bestimmt sind. Auch wenn diese Sehnsucht manchmal derart verzweifelt Gestalt annehmen kann.

Schlüsselerlebnis *Los, Tempo!*

Es war am 23. April des Jahres 1982, an einem Samstag, als mir spätabends noch der Sinn danach stand, diesen Film von Carlos Saura anzuschauen, von dessen TV-Erstaufführung ich tagsüber irgendwo gelesen hatte. Der Film hatte im Jahr zuvor auf der Berlinale den Hauptpreis gewonnen, doch er war, wenn überhaupt, in deutschen Kinos nur kurze Zeit, vermutlich auch nur in den Großstädten des Landes, gelaufen. Bis heute gibt es den Film nur als DVD in der spanischen Originalversion.

Ich wollte mir wirklich Zeit nehmen und zog mich mit unserem kleinen tragbaren s/w-Fernseher in die Küche zurück, um die Lebensgefährtin nicht zu stören. Sechs Jahre nach unserem Bremen-Trip und etwa zweieinhalb Jahre nachdem wir in unserer Heimatstadt geheiratet und das erwähnte Ladenprojekt eröffnet hatten, lebten wir damals mietfrei im Dachgeschoss eines kleinen Zubaus, in dem sich das Büro meines Schwiegervaters und eine Garage befanden. Früher hatte dort dessen Mutter gewohnt. Um Kosten zu sparen, die wir ja für die Miete unseres Ladens in der Stadt aufbringen mussten, nahmen wir diese beengten Wohnverhältnisse in Kauf. Was sich jedoch als sehr belastend und letztlich als verhängnisvoller Irrtum erweisen sollte, war die Nähe zu den Schwiegereltern. Die waren von Anfang an gegen unsere Beziehung, zumal wir schon sehr früh ein Paar wurden. Nach einigen Jahren des Kontaktabbruchs zu ihnen und der späteren Rückkehr in die Heimatregion, hatten sie zur Bedingung gemacht, dass wir unsere Beziehung legalisierten. Wenn wir auf dem Gelände ihres Betriebes wohnen wollten, hätten wir den guten Ruf der Familie zu wahren (der tatsächlich längst ruiniert war), und könnten dort nur als verheiratetes Paar leben. Wir waren dazu bereit, weil wir ohnehin für immer zusammenbleiben wollten. Ich drängte sogar darauf – unseres Projektes zuliebe, das ich unbedingt möglichst schnell verwirklichen wollte. Meine Freundin hatte bereits damals große Bedenken, wie sich mit ihren Eltern ein entspanntes Zusammenleben gestalten lassen sollte.

An jenem Abend des 23. April 1982 waren wir, wie des Öfteren, in einem griechischen Lokal in der Nähe zum Essen eingekehrt. Dabei hatten wir die Ereignisse der Woche besprochen, hatten überlegt, wie es weitergehen könnte, was wir gerne demnächst verwirklichen oder verändern würden, im Hinblick auf unsere Projekte genauso wie auf unser Leben. Inzwischen lief der Laden zwar erheblich besser als am Anfang – bald würde er sich selbst tragen, zumindest einer von uns wäre somit ganz gut abgesichert –, doch meine frühere Euphorie war längst abgeklungen. Vor allem die Nachbarschaft zu den Schwiegereltern und das Leben in der Provinz wurden für mich immer bedrückender.

Meine Unzufriedenheit wuchs und wuchs in jener Zeit, und ich projizierte sie zunehmend auch auf die Lebensgefährtin. Ich unterstellte ihr, unser gemeinsames Projekt nicht wirklich wichtig zu nehmen – nach Jahren im Buchhandel hatte sie inzwischen in Hannover Literaturwissenschaft zu studieren begonnen –, und ich trug mich bereits mit dem Gedanken einer gravierenden Veränderung. Goslar sei einfach nicht das richtige Umfeld für unser engagiertes Projekt, unsere Texte und unsere Kunst würden hier nicht angemessen gewürdigt. Außerdem werde das Leben in der Nähe unserer beider Familien allmählich erstickend eng und unerträglich für mich. So fasste ich den Plan, den Horizont-Laden zu schließen und ihn anderswo noch einmal neu zu eröffnen, am liebsten in Bremen, wo unser Projekt seinen sehnsüchtigen Anfang genommen hatte. Wir reisten also zur Jahreswende 1982/83 erneut dorthin, eigentlich um symbolisch in ein herbeiphantasiertes neues Leben zu starten. Tatsächlich jedoch nahm das Schicksal bald eine entscheidende Wende und hatte offensichtlich noch ganz anderes mit uns vor. Es begann eine schmerzliche und dramatische Zeit der Veränderung, die mich und meine Geschichte allmählich zu dem gestalten sollte, der ich heutzutage bin. Davon künden auch diese vier »Schlüsselerlebnisse« eines für mich so turbulenten Jahrzehnts (1976 – 1986), in denen sich mir die magische, weltbewegende und lebensverändernde Kraft dieser *Kunstform Kinofilm* klar und deutlich gezeigt hat. Neben dem großen Leinwandformat gehört unbedingt das Kino als öffentlicher Raum dazu, wenn manchmal auch, unter entsprechenden Lebensumständen, das Kleinformat eines tragbaren Bildschirms nachhaltigen Einfluss auf seine(n) Zuschauer ausüben kann.

Der Stachel im Fleisch

Im Nachhinein war dieser denkwürdige Abend und vor allem die Botschaft des Films von Carlos Saura zum Stachel in meinem Fleisch geworden. Die unbändige, wilde Liebe zum Leben dieser vier Jugendlichen – im Mittelpunkt das Pärchen Pablo und Angela –, die ihrem Elend in der Madrider Vorstadt zu entkommen versuchen, erinnerte mich an meine eigene unerfüllte Liebessehnsucht. Viel zu früh hatte ich mich mit dem vermeintlich Vernünftigen abgefunden, in dessen Falle ich nun saß. Ich fühlte mich wie hineingesogen in diese Geschichte und konnte vor allem von der Gestalt und dem Antlitz dieser jugendlichen Hauptdarstellerin nicht lassen. Ihre Aura unterdrückter Wut und unbändiger Sehnsucht, ihre trotzige Entschlossenheit, mit dieser Clique aus ihrem tristen Alltag auszubrechen, und zugleich die durchscheinende weiche, schutzlose Verletzlichkeit eines jungen, ihrer Umgebung ausgelieferten Mädchens, das sie vermutlich bis vor wenigen Jahren noch gewesen war, übten eine seltsame Anziehungskraft auf mich aus. Ähnlich intensiv wie die Verkörperung der zugleich energisch und zerbrechlich wirkenden Holly Golightly. Doch bei dieser jungen Frau, Angela, war die innere Verzweiflung nicht überdreht nach außen gestülpt, sondern blieb in sich zurückgenommen und entlud sich in einer gewaltbereiten Energie. Sie war bereit, sich ihre Freiheit im Hier und Jetzt zu erkämpfen. Nicht mit dem Charme ihrer weiblichen Reize und dem Umweg über das Geld reicher Männer, wie Holly, sondern mit der Absicht, sich das benötigte Geld von dort gewaltsam zu beschaffen, wo es in ihren Augen ohnehin unrechtmäßig gelagert war. Ein Überfall auf eine Bank sollte diesen vier mit einem Schlag ein neues Leben ermöglichen.

Wie eng manchmal Fiktion und Realität beieinander liegen können, beweist die Tatsache, dass nur wenige Wochen nach der Uraufführung des Films (auf der Berlinale 1981) zwei der männlichen jugendlichen Darsteller tatsächlich einen Banküberfall in Madrid verübt hatten und danach verhaftet wurden. Carlos Saura hatte fast nur mit Laienschauspielern gedreht, die er in einer realen Freundesclique einer Madrider Vorstadtsiedlung entdeckt hatte. Er hatte mit den Jugendlichen eine Weile zusammengelebt, um sie auf das Projekt vorzubereiten. Teilweise gab es in deren Alltag – wie im Film – Kriminalität und Drogenkonsum. Genau deshalb war der Film auch sehr umstritten, man warf Saura Verharmlosung von Gewalt und Drogen vor, ja sogar die Anstiftung dazu, was dieser vehement zurückwies und als »eine riesige Heuchelei« bezeichnet hat. »Als ob man diese Probleme aus der Welt schaffen könne, indem man sie verschweigt,« war seine Aussage dazu.[8]

Saura wollte vielmehr in beinahe dokumentarisch anmutender Form auf die realen Missstände in der spanischen Gesellschaft hinweisen, insbesondere auf das Elend und die Perspektivlosigkeit von Jugendlichen in den Großstädten und deren Randbezirken, wo Kriminalität und Drogenkonsum geradezu wucherten. Es war deren Versuch, sich einen irgendwie erträglichen Alltag zu gestalten, der sich wenigstens manchmal wie »Leben« anfühlte.

Sauras Beweggründe für den Film

In einem Interview zum Film hatte Carlos Saura seine Beweggründe für den Film so erklärt:

> »Ich glaube, dass die Jugendkriminalität heute einfach zu unserem Leben gehört. Sie ist Bestandteil unserer Gesellschaft, der jeden angeht und der nicht nur so am Rande steht. Und was mich am meisten hieran fasziniert, ist vor allen Dingen eine gewisse Unschuld bei den Jugendlichen, die ganz im Gegensatz zu den Darstellungen in den Zeitungen steht. Ich fühlte das, und ich habe den Film gemacht, um mir und ein paar anderen Leuten zu zeigen, dass die Darstellung in den Zeitungen eben nicht stimmt.
> Diese Unschuld, die Freundschaft und vor allem die Freiheit, das sind Begriffe, die mich faszinieren, die aber sehr theoretisch sind, fast romantische Begriffe also. Besonders die Freiheit, die natürlich in einer Gemeinschaft so überhaupt nicht existiert, einfach nicht existieren kann. Besonders dann, wenn sie auf Kosten anderer geht, wenn sie also darin besteht, Raubüberfälle zu machen.
> Aber es gibt auch eine sehr attraktive Seite bei dieser Sache. Die Verachtung der Gesellschaft nämlich. D.h. das Gefühl, am Rande der Gesellschaft zu leben. Das ist für mich keine negative Wertung, sondern im Gegenteil sehr positiv. Ich fühle mich in der heutigen Gesellschaft auch am Rande.«[9]

---

8 Beckers, Ursula; Lempp, Albrecht, 1981, S. 91

9 a.a.O., S. 92

Das übersetzte Filmprotokoll zu *Los, Tempo!*, dem auch diese Passagen entnommen sind, habe ich erst sehr viel später antiquarisch erworben, als ich längst um die Bedeutung dieses Films für mein Leben wusste. Obwohl er so prägend war, sollte ich lange keine Gelegenheit mehr haben, ihn mir nochmals anzusehen.

In dem Filmprotokoll waren auch einige Szenenfotos enthalten und ein Interview mit den beiden anderen nicht inhaftierten Jugendlichen. Eine davon war dieses rebellische Mädchen aus dem Film – *Angela* (Berta Socuéllamos Zarco). Sie ist mir in dieser Nacht im April 1982 tatsächlich als ein Engel erschienen, der meinem Unbewussten (zum ersten Mal durch einen Film vermittelt) die Botschaft von der Möglichkeit eines anderen Lebens verkündet hat. Allein dadurch, dass Angela, ziemlich früh im Film, als Pablo sie in der Bar, in der sie arbeitet, zum ersten Mal trifft, in seine Richtung schaut. Und dabei in Großaufnahme in die Kamera blickt – also auch auf mich, den nächtlichen Zuschauer. Ihr Gesichtsausdruck ist in dem Moment zugleich unendlich ernst, traurig und voller Sehnsucht, er wandelt sich unmerklich, als ihr Blick von Pablo erwidert wird. Der kann seine Augen nicht von ihr abwenden und schaut ebenso ernsthaft zurück, in leidenschaftlicher Aufmerksamkeit, die sich dem anderen zu öffnen beginnt. Pablo erhebt sich von seinem Platz an der gegenüberliegenden Seite der Bar und geht langsam auf Angela zu. Im Filmprotokoll heißt es:

> Angela schaut hoch, ihre Augen glänzen.
> Angela: Was willst du?
> Pablo: Ich würde gerne mit dir ausgehen.
> Angela hält nicht mit ihrer Arbeit inne, sie senkt wieder den Kopf und hebt leicht die Schultern.
> Pablo: Kannst du nicht?
> Doch Angela hat sich entschieden, sie hebt den Kopf und schaut Pablo aus ihren dunklen Augen an.
> Angela: Wann?
> Pablo: Jetzt. Mein Wagen steht draußen.
> Angela: Ich kann nicht. Ich muss arbeiten.
> Pablo: Du kannst nicht?
> Angela: Bis um acht kann ich nicht weg.

Pablo: Dann bis um acht!

Angela: Gut.

Pablo: Dann also bis um acht, ja?

Er freut sich und wendet sich langsam zum Gehen.

Pablo: Gut, bis dann.

Angela: Bis dann.

Sie schaut ihm lange nach.[10]

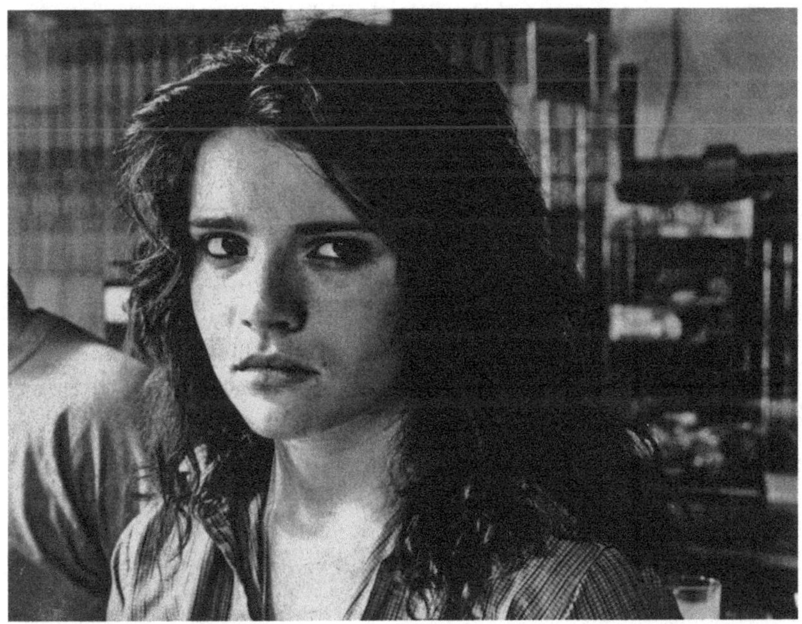

Abb. 2: Angela schaut Pablo hinterher

Liebe und Rebellion

Liebe auf den ersten Blick war es nicht nur bei Angela und Pablo, sondern auch bei mir ab diesem Moment des Films. In der nächsten Szene gestehen sie einander beim Tanzen in einer Diskothek, wie sehr sie sich mögen. Sie beschließen, künftig ihr Leben miteinander zu teilen.

10 a.a.O., S. 14

So verband sich in dieser nächtlichen Botschaft, die so wahrhaftig und intensiv bei mir angekommen ist, die romantische Liebessehnsucht dieser beiden Protagonisten, die sich gleich so sehr zueinander hingezogen fühlen, mit ihrer rebellischen Entschlossenheit und der ihrer Freunde, dem Elend ihres entfremdeten Daseins in dieser seelenlosen, materialistischen Gesellschaft zu entkommen.

Dabei wusste ich damals kaum etwas von den Hintergründen dieses Films, davon, dass Saura ihn mit tatsächlich befreundeten Jugendlichen eines Madrider Stadtviertels gedreht hatte, die bis dahin noch nie vor einer Kamera gestanden hatten. Und dass er dabei ganz chronologisch vorging und die Szenen so inszenierte, wie sie auch im Film aufeinander folgen. Vom Beginn ihrer großen Liebe, die Angela und Pablo so sehr beflügelt, dass sie ihr Leben im Hier und Jetzt verändern wollen, indem sie sich gewaltsam das dafür erforderliche Geld beschaffen – bis zum tragischen Ende der Geschichte, als der letzte Überfall eskaliert. Angela überlebt als einzige, während Pablo gegen Ende des Films auf dem Bett vor ihr an seiner Schussverletzung stirbt.

In der letzten Szene packt sie das erbeutete Geld aus der Kommode in eine große Tasche um, legt ihre Pistole und ein gerahmtes Foto mit hinein, das Pablo und sie Arm in Arm und fröhlich lachend zeigt, und geht schließlich in der Dunkelheit zwischen den Vorstadthäusern einer ungewissen Zukunft entgegen. Im Hintergrund spielt während dieser Schlusssequenz das herzzerreißend traurig klingende Liebeslied der Gruppe »Los Chungoitos« *Me quedo contigo – Ich bleibe bei dir.*

Der Preis für ihr Glück war zu hoch, mit Waffengewalt lässt sich das Leben nicht zum Guten wenden, und auch Drogen erzeugen nur eine flüchtige Illusion von Glück. Doch dass zwei Menschen sich zutiefst verstehen und so innig verbunden fühlen können, dass ihre Liebe ihnen Mut und Entschlossenheit verleiht, sich gemeinsam mit aller Kraft um ein erfülltes, schönes Leben zu bemühen – dafür schien dieser Film mir in jener Nacht den Beweis zu liefern.

Der Anfang vom Ende

Für mich war damals die Zeit zum Aufbruch noch nicht reif, es sollte noch weitere zwei Jahre dauern, bis ich mein Leben so gravierend verändern würde, dass es kein Zurück mehr geben konnte. Doch in dieser Nacht – mit der wild entschlossenen Unschuld dieser beiden Liebenden vor Augen, die ihre erstickende Umgebung hinter sich lassen wollten, um den eigenen Träumen von einem freien Leben zu folgen (so naiv das sein mochte und so sehr auch ihre Wünsche längst fremdbestimmt waren) – wurde auch der Keim zu meiner eigenen Veränderung gelegt.

Eine Sehnsucht nach wahrhaftiger Liebe überkam mich wie noch nie, gerade weil mir mein Leben in jener Zeit jeden Tag ein wenig mehr abhanden zu kommen schien, sich in Kompromissen verlor und immer angepasster wurde. Auch als Paar begannen wir, getrennte Wege zu gehen. Wurden die gemeinsamen Ideen und Pläne bei Tag noch oft beschworen, wie an jenem Abend im griechischen Lokal, so kündeten Alpträume und Angstanfälle in den Nächten immer häufiger von einer ganz anderen Wahrheit.

Ich hatte mich offensichtlich von Anfang an in einen Wahn hineingesteigert, vom Zusammensein und Zusammenarbeiten für die Visionen eines erfüllten, schöpferischen Lebens, in dem wir uns miteinander entwickeln und ausdrücken konnten. Unser Laden-Projekt in der Heimatstadt sollte so etwas wie unser gemeinsames Kind sein, dem wir beide unsere Liebe schenken konnten – neben unserer Liebe füreinander und für unsere Kunst. Tatsächlich jedoch kamen mit diesem Laden immer klarer unsere Unterschiede zum Vorschein, parallel zu den Konflikten, die unsere Rückkehr in die Heimatstadt und die Nachbarschaft mit den Schwiegereltern zunehmend hervorriefen. Wenn mir die inneren Zusammenhänge und Hintergründe der sich zuspitzenden Krise auch erst sehr viel später bewusst geworden sind – in ihren Wurzeln und Verwicklungen erst im Rahmen meiner eigenen *Psychoanalyse* –, so schickte mir mein Unbewusstes im Lauf der Zeit so drastische psychosomatische Symptome, dass ich mir und uns als Paar nicht länger etwas vormachen konnte. Ich fühlte mich so sehr am Rand der Gesellschaft, in der ich mich seit Jahren bewegte, so weit im Abseits stehend, auch innerhalb meiner Ehe, dass ich immer wieder von Angst- und Panikattacken heimgesucht wurde, oft in der Nacht, manchmal auch tagsüber im Laden. Und irgendwann schien ich nichts mehr verlieren zu können als mein Leben. Ich musste mein Leben ändern, wenn ich überhaupt noch eins haben wollte. Natürlich hatte ich auch davor entsetzliche Angst und bei unserer so intensiv und so lange beschworenen Gemeinsamkeit auch keine Ahnung, wie mir ein Leben jenseits dieser Nähe gelingen sollte. »Entweder ich sterbe hier oder an einem anderen Ort«, dachte ich damals, »aber wenn ich hierbleibe, wird es nicht mehr lange dauern.« Und wie es an einem anderen Ort für mich sein würde, allein, das konnte ich nicht wissen, denn bislang hatte ich nur mit meiner Familie und mit der Freundin zusammengelebt.

In dieser dunklen, leidvollen Zeit meines Lebens, es war »das dreißigste Jahr« – schicksalhaft auch in der Erzählung von Ingeborg Bachmann, die ich viel später erst gelesen habe –, kam mir die Filmgeschichte von Carlos Saura immer wieder in den Sinn: Diese Beiden hatten es gewagt und waren gemeinsam ausgebrochen. Und wenn unsere Liebe nicht stark genug war (oder ich sie mir nur eingebildet hatte), musste ich es eben im Namen der Liebe zum Leben versuchen. Es konnte doch *jetzt* nicht schon vorbei sein! Als ob eine innere Stimme, im Geiste der spanischen Jugendlichen aus dem Film, die auch nichts mehr zu verlieren hatten, immerzu den Satz der *Bremer Stadtmusikanten* zu mir spräche: »Komm mit! Etwas Besseres als den Tod findest du überall.« Und so geschah es. Ich bin zwar nicht als Stadtmusikant nach Bremen gezogen, sondern wurde Buchhändler in Bonn – und tatsächlich, meine Todesängste, Herzbeschwerden und Verspannungen waren innerhalb einer Woche verflogen. Ich begann ein neues Leben auf den Spuren meiner eigenen Sehnsucht.

Paris, Texas

BRD/Frankreich/GB 1984, 145 Min-. Regie: Wim Wenders. Buch: Sam Shepard nach einer Story von L.M. Kit Carson. Kamera: Robby Müller. Musik: Ry Cooder. Schnitt: Peter Przygodda. Produktion: Road Movies/Argos u.a. Besetzung: Harry Dean Stanton, Nastassja Kinski, Dean Stockwell, Aurore Clément, Hunter Carson, Bernhard Wicki.

Kurzkritik
Ein sprach- und erinnerungslos in der texanischen Wüste aufgefundener Mann findet langsam in die Gemeinschaft zurück und macht sich zusammen mit dem siebenjährigen Sohn auf die Suche nach seiner verschwundenen Frau, nach seiner Vergangenheit und nach neuen Formen des Zusammenlebens. Wim Wenders resümiert seine Erfahrungen mit dem amerikanischen Kino und dem amerikanischen Traum in einer formal bestechenden, gefühlsstarken Synthese aus Genrefilm und Autorenkino. Der sanft-elegische Film ist auf vielen Ebenen glaubhaft und faszinierend: als realistisches Amerikabild, Roadmovie, Liebesgeschichte und mythische Allegorie. (*Lexikon des Internationalen Films*)

Prolog
Paris, Texas ist der noch immer berühmteste und erfolgreichste Film von Wim Wenders, der bei seiner Premiere bei den Filmfestspielen in Cannes 1984 zu einer Sensation wurde und den Hauptpreis, die Goldene Palme, gewann.

Schon die Eröffnungssequenz des Films ist pure Magie. Von Beginn an wird der Zuschauer hineingezogen in diese Geschichte der Suche eines Mannes nach sich selbst, nach seiner Vergangenheit und nach den einzigen Menschen in seinem Leben, die ihm etwas bedeuten und die er für immer verloren zu haben glaubt. Zu den vibrierenden Gitarrenklängen von Ry Cooder, der einen kongenialen Soundtrack zu den grandiosen Bildern liefert, sehen wir aus der Vogelperspektive einen einsamen Wanderer im abgerissenen Anzug, mit einer roten Kappe auf dem Kopf und einem Wasserkanister in der Hand, durch die glühende Hitze einer Wüstenlandschaft stapfen. Es ist Travis (Harry Dean Stanton), der seit vier Jahren als vermisst gilt und nun aus dem Nirgendwo wieder auftaucht. Sein Bruder Walt (Dean Stockwell) erhält einen Anruf einer Krankenstation im Süden von Texas und will sich seiner annehmen. Doch Travis spricht kein Wort und scheint auch sein Gedächtnis weitgehend verloren zu haben. Er ist getrieben von dem Wunsch, seine Liebsten wiederzufinden – seine junge Frau Jane (Nastassja Kinski), die er mit seiner krankhaften Eifersucht in Lebensgefahr gebracht hat, und seinen siebenjährigen Sohn Hunter (Hunter Carson). Inzwischen haben sich Walt und seine Frau Anne (Aurore Clément) des Jungen angenommen, weil Travis für tot gehalten wurde und seine Mutter sich außerstande sah, sich um das Kind zu kümmern. Nach einem schwierigen Prozess der Annäherung zwischen Vater und Sohn beschließt Travis, sich gemeinsam mit Hunter auf die Suche nach Jane zu machen. Die Familie weiß nichts von ihr, außer dass sie vermutlich in Houston lebt, weil sie von dort aus regelmäßig Geld an die Familie ihres Schwagers überweist. Es wird eine Reise in das gemeinsam erlittene Trauma – und zugleich auch eine in die traurige Geschichte von Travis' Kindheit.

»Du musst dein Leben ändern«

Im Januar 1984 wurde der Horizont-Laden gekündigt und noch im selben Monat fand sich eine Nachmieterin, die ihn mit ihrer Familie zunächst in unseren Räumlichkeiten und danach noch an zwei anderen Standorten in Goslar etwa ein Vierteljahrhundert lang weiterbetrieb. Für mich hatte sich die Notwendigkeit, mein Leben zu ändern und die Heimatstadt zu verlassen, in meinem dreißigsten Lebensjahr immer deutlicher aufgedrängt. Anfang 1983 hatten wir den Mietvertrag unseres Ladens schon einmal gekündigt, dann die Kündigung wieder zurückgenommen und schließlich ein Jahr später, ab April 1984, das Geschäft endgültig in andere Hände übergeben. Da ich außer gelegentlichen Jobs als Briefträger und Büromitarbeiter neben der »brotlosen Kunst« meines Philosophiestudiums und den Jahren als Kleinunternehmer mit Eigenverlag und dem gemeinsamen Laden-Projekt keinerlei Berufsausbildung hatte, musste ich gleich zwei Probleme (Beruf und Umzug) für mich lösen. Wegziehen aus der Heimat, um mich vielleicht wieder gesund zu fühlen und freier atmen zu können, und eine Berufsausbildung beginnen, die es mir ermöglichen würde, mich selbst aus eigener Kraft am Leben zu erhalten. Dass im Dezember 1983, in seinem 65. Jahr, mein tyrannischer Vater, der mich zeitlebens gedemütigt und bevormundet hatte, an Krebs verstorben war, wurde zu einer weiteren Antriebskraft, zu einem

Geschenk des Himmels, das ich viel später erst zu würdigen lernte. Doch das ist eine Geschichte für sich, die ich an anderer Stelle erzählen werde.

Die Wochen und Monate der Suche nach neuen Perspektiven waren noch stark von Angst und Unruhe geprägt, doch nach einem Vorstellungsgespräch bekam ich kurz darauf die Zusage und begann am 18. Juni 1984 mein Volontariat in der Universitätsbuchhandlung Bouvier in der damaligen Hauptstadt Bonn. Es waren die goldenen Jahre des seriösen Buchhandels, der sich auch in seinen größten Niederlassungen aus gewachsenen Familienunternehmen entwickelt hatte und die Interessen und Informationsbedürfnisse einer kontinuierlich wachsenden Leserschaft zu erfüllen bemüht war. Dafür wurde zunehmend studentisches Personal mit und ohne akademischen Abschluss beschäftigt. Bouvier in Bonn, das als Hauptstadt und Regierungssitz des Landes von Politikern und Diplomaten jeglicher Couleur bevölkert wurde, die alle ihre intellektuellen und schöngeistigen Bedürfnisse in dieser großen, verwinkelten Buchhandlung stillten – das Stammhaus lag direkt gegenüber der altehrwürdigen Universität –, hatte schon länger ein »Volontariat« als Ausbildungsform eingeführt, das nicht nur in einem Jahr bereits zum Buchhändler qualifizierte, sondern zugleich ein Gehalt zahlte, mit dem sich auch für Einsteiger einigermaßen auskömmlich leben ließ.

Wie neu geboren

Nach all den leidvollen Erfahrungen der Jahre in der heimischen Provinz fühlte ich mich in diesem Exil meiner Sehnsucht in wenigen Tagen wie neu geboren. Die herzliche Offenheit, mit der ich von Kolleginnen und Kollegen aufgenommen wurde, die ebenso entspannte wie inspirierende Atmosphäre in dieser Stadt und in dieser quirligen Buchhandlung wirkten wie ein berauschendes Lebenselixier auf mich. Und in einer der ersten Wochen dort, auf dem Balkon der neuen Wohnung, erhob ich mein Glas zu den Sternen einer lauen Sommernacht, zu Grönemeyers damals gerade erschienenen *Bochum*-Gesängen (»*Tief im Westen ...*«), und dankte dem Himmel unter Tränen für den Mut und die Kraft, die er mir geschenkt hatte, diesen für mich so lebensrettenden Schritt zu wagen. Den Sprung in ein eigenes Leben. Damals ließ sich noch nicht vorhersehen, dass dies zugleich der Anfang vom Ende meiner so symbiotisch engen Verbundenheit mit der Freundin aus Schultagen und späteren Ehefrau sein würde. Nach einem Jahr in Bonn hatte es mich »endlich wieder erwischt« (wie Grönemeyer es in *Nie wieder* auch mir prophezeit zu haben schien). Zu allem Übermaß an beglückenden Erfahrungen meines Neubeginns wurde mir die leidenschaftliche Liebe einer Arbeitskollegin geschenkt, für die ich, ebenso wie sie für mich, zum Beweggrund für einen gemeinsamen Gefängnisausbruch wurde. Dass ich mich auf ihre Nähe überhaupt einlassen konnte, kam für mich einem Wunder gleich und wurde doch bald immer deutlicher zum schmerzlichen Schlüsselerlebnis einer tiefen Beziehungsunfähigkeit, die angstvoll und eifersüchtig zu kontrollieren versuchte, an was ich nicht wirklich glauben konnte. Woher das rührte und in welchem Ausmaß frühe Traumatisierungen und Ängste ein Leben bestimmen können, ließ sich erst sehr viel später psychoanalytisch bearbeiten und bewusst ertragen lernen. Seinerzeit wusste ich überhaupt nicht, wie mir geschah, wie sich diese beiden Leben vor und nach meiner Trennung verbinden lassen sollten? Wer hatte ich bislang zu sein versucht? Wohin würde mich dieser Sprung in eine unbekannte, beglückend leichte Nähe führen?

Mitten ins Herz – *Paris, Texas*

Die erste Begegnung mit *Paris, Texas*, dieser genialen Filmerzählung von Wim Wenders und Sam Shepard, die im Mai 1984 bei den Filmfestspielen von Cannes uraufgeführt und preisgekrönt worden war – wegen rechtlicher Streitigkeiten mit der Verleihfirma kam der Film erst mit großer Verspätung in die deutschen Kinos –, traf mich im Oktober 1985 mitten ins von Kummer und Verwirrung zerquälte Herz meiner Sehnsucht.

Und ich sah mir diesen Film, über den ich so viel schon gelesen und auf den ich dringend gewartet hatte, in einem Bonner Programmkino gleich an vier Abenden hintereinander an – und im Laufe von zehn Tagen noch weitere drei Mal in anderen Kinos der Umgebung. Ich war überwältigt von der Wahrhaftigkeit und Schönheit, mit der diese Geschichte inszeniert wurde: von den Bildern dieser fremdartig kargen, beeindruckend weiten Steinwüstenlandschaft, in der sie beginnt; von Ry Cooders magisch vibrierender Gitarrenmusik; von der tragischen Ausstrahlung dieses stumm verzweifelten Mannes, Travis, mit dem die Erzählung einsetzt; vom aufrichtigen Bemühen seiner zunächst so hilflos wirkenden Verwandten, seinem Bruder Walt und seiner Schwägerin Anne; vom wie in Trance zwischen den Erwachsenen herumirrenden traumatisierten Jungen, Hunter; und von einer außerirdisch schön anmutenden und zugleich in ihrer Filmrolle, als Angestellte einer

Peepshow, zutiefst unglücklichen jungen Frau, Jane, der Mutter von Hunter und Geliebten von Travis, der nach ihr auf der Suche ist.

Mit Travis, der ein tief in seinem Inneren vergrabenes Geheimnis mit sich herumzutragen schien, über das er mit niemandem zu reden wagte, mit seinem so verloren wirkenden Herumirren und anhaltendem Schweigen, habe ich mich in den ersten Minuten des Films schon identifiziert. Konnte ich doch auch keinem Menschen anvertrauen, welche innere Zerrissenheit mich seit langem schon quälte und schließlich zum Verlassen meiner Heimat geführt hatte, und so nahm dieses Drama meiner eigenen Suche inzwischen die Gestalt einer existenziellen Entscheidung an: zwischen meiner Vergangenheit – mit der bisherigen Frau meines Lebens, die ich schon seit der Schulzeit kannte und mit der ich vierzehn Jahre gemeinsamer Erfahrungen teilte – und dieser Gegenwart einer anfangs so spielerisch leicht und beglückend empfundenen Liebe zur Arbeitskollegin H., die ähnlich lange und schicksalhaft in ihre Vorgeschichte mit einem Jugendfreund verstrickt war.

Weil sich meine psychosomatische Verfassung zuletzt so lebensbedrohlich zugespitzt hatte, dass mir nur noch ein todesmutiger Sprung in eine ungewisse Zukunft zu bleiben schien, wurde mein Aufleben am fremden Ort zur Offenbarung einer himmlischen Gnade und H. eine Zeitlang zur glaubwürdigen Botin dieser neuen Welt, zu einem leibhaftigen Engel, der mich auf Erden willkommen hieß. Ich ließ mich fallen wie noch nie in meinem Leben, doch für das verunsicherte, beschämte und ängstliche Selbst, das sich bislang so mühevoll in seinem Dasein eingerichtet hatte, waren so überschwängliche Gefühle natürlich zu viel des Guten.

Was den Film letztlich so ungeheuer berührend für mich machte, war der Spiegel der Beziehungsunfähigkeit der beiden Protagonisten, Travis und Jane, die Tragik ihrer verlorenen Seelen, die für kurze Zeit glücklich miteinander und mit ihrem kleinen Sohn gewesen zu sein schienen, bis die Eifersucht von Travis und die Verzweiflung von Jane so groß wurden, dass ihre Liebe in eine Katastrophe mündete. Als gescheitert hatte ja auch ich mich in meiner Beziehung zu E. erlebt, war an unserer gemeinsamen Realität verzweifelt, bis ich den Ausbruch für meine einzige Überlebenschance hielt. Das eigentliche Drama holte mich erst ein, als in meiner neuen, fremden Situation sogleich alle quälenden Symptome verschwunden waren, als ob sie nur in mein früheres Leben gehörten und ich mich fragen musste, was das zu bedeuten hatte.

War es wirklich so leicht, neu anzufangen, den Ort und die Frau an meiner Seite zu wechseln und schon käme alles endlich (oder wieder) ins Lot? Was hatte ich dann all diese Jahre zuvor gelebt? Woher kam früher meine Entschlossenheit? Was ließ mich planen und handeln, hoffen und lieben? War alles zufällig oder irrtümlich geschehen? Hatte ich mir die Liebe nur eingebildet? Und wie konnte ich sicher sein, dass es nicht eher jetzt (oder schon wieder) so war? Es konnte mir jetzt nicht einfach gut gehen – dazu war es zu lange zu schrecklich gewesen, hatte ich es zu sehr gewollt und mich immer wieder um einen gemeinsamen Neuanfang bemüht, bis zuletzt. Sogar mein Umzug nach Bonn gehörte noch zum gemeinsamen Plan, nichts unversucht zu lassen, ein Elend zu verändern, das uns längst beide betraf. Was also geschah da mit mir und H.? Wie verblendet waren wir beide oder einer von uns, wenn wir so taten, als gehörten eigentlich *wir* zusammen und seien vom Schicksal füreinander bestimmt?

Auch die Beziehung zwischen Travis und Jane ist schließlich dramatisch gescheitert, obwohl sie so verheißungsvoll begonnen hatte. Und auch Travis ist auf der Suche nach einer Erklärung und nach Jane, der Frau seines Lebens, bei der er nicht bleiben konnte, als seine Zweifel an ihrer Liebe übermächtig wurden. Er verlangte Beweise ihrer Liebe und wollte Jane schließlich mit Gewalt an sich binden, weil er letztlich nicht daran glaubte, dass sie um seinetwillen mit ihm zusammen war. Bevor es im Film jedoch zur Wiederbegegnung zwischen den beiden kommt und der Zuschauer endlich eine Erklärung für die schrecklichen Umstände erhält, unter denen die Beziehung vor Jahren zerbrochen ist – selten wurde das Suchen und Wiederfinden eines geliebten Menschen im Kino derart spannend, magisch und verheißungsvoll erzählt –, erfahren wir aus kurzen Andeutungen zwischen Travis und seinem Bruder (und später, in einem Gespräch mit seinem Sohn, bei dem er stark alkoholisiert ist und sich nicht mehr verstellen kann), wie verzweifelt unglücklich Travis bereits als Kind gewesen sein muss.

Gleich die Eröffnungssequenz des Films zieht einen unwiderstehlich in die Geschichte hinein. In den Regieanweisungen des Drehbuchs heißt es dazu:

> Wüstenlandschaft. Außen, Tag.
> Aus der Vogelperspektive: eine zerklüftete leere mondähnliche Landschaft. Die Kamera gleitet darüber hinweg.

In der Ferne taucht ein einzelner Mann auf, der diese Wüste durchquert.
Ein Falke landet auf einem Felsen.
Der Mann bleibt stehen, sieht zu dem Vogel. Dann trinkt er den letzten Rest von Wasser aus einer großen Plastikflasche. Er trägt einen billigen mexikanischen Anzug, eine rote Baseballmütze, mit Bandagen umwickelte Sandalen. Alles verstaubt und durchgeschwitzt. Er ist schon lange unterwegs. Dies ist Travis.
Er wirft die leere Plastikflasche fort und macht sich wieder auf den Weg, in die leere, heiße Ebene vor ihn.[11]

Travis wirkt wie in Trance und bleibt fast eine halbe Stunde lang vollkommen stumm, auch als ihn sein Bruder Walt abholen kommt – auf den Anruf eines Arztes hin, von einer Krankenstation mitten im Nirgendwo der texanischen Wüste – und zu sich nach Hause mitnehmen will. Aus Walts Erklärungen erahnen wir bereits eine hochdramatische Begebenheit. Wir erfahren, dass Hunter, Travis' Sohn, seit vier Jahren bei Walt und dessen Frau Anne lebt. Hunter war eines Tages plötzlich vor deren Tür gestanden, während seine Eltern, Travis und Jane, spurlos verschwunden waren.

Damit eröffnet der Film einen Spannungsbogen, der durch das Schweigen und die erstarrte Mimik von Travis noch verstärkt wird. Was war damals wirklich passiert? Irgendwann während der langen Autofahrt Richtung Los Angeles, wo Walt lebt (weil Travis Flugangst hat, müssen sie einen Leihwagen nehmen), fängt Travis plötzlich zu reden an. »Paris« ist das erste Wort, das er ausspricht. Nachdem eine Weile Unklarheit herrscht gibt Travis seinem erheblich jüngeren Bruder Walt – und damit auch dem Filmpublikum – erste Hinweise auf die Hintergründe seiner verzweifelten Suche: Auf eine Zeitungsanzeige hin hatte er sich vor Jahren ein Stück Land in der Nähe von Paris in Texas gekauft, von dem er Walt ein Foto zeigt, ohne noch sagen zu können, warum er das eigentlich getan hat. Als würde Travis allmählich aus seiner Umnachtung erwachen, erinnert er sich auf einmal:

Travis: Jetzt weiß ich's wieder.
Walt: Was?

---

11 Wenders, Wim; Shepard, Sam (1984), Paris, Texas, S. 7

Travis: Mama hat mir mal erzählt, dass Vater und sie sich da das erste Mal ... geliebt haben.
Walt: In Paris, Texas?
Travis: Ja.
Walt: Das hat sie dir erzählt?
Travis: Ja. Und so hab' ich mir vorgestellt, dass ich da begonnen habe. Ich, Travis Clay Henderson. So haben sie mich genannt. Da hab' ich angefangen.
Walt: In Paris, Texas, was?
Travis: Ja.
Walt: Und da denkst du, du bist dort vielleicht gezeugt worden?
Travis: Ja.
Walt: Da könntest du recht haben, Travis.
Travis: Daddy hat immer ′nen Witz darüber gemacht.
Walt: Was für′n Witz?
Travis: Er hat Mama immer vorgestellt als das Mädchen, das er in Paris kennengelernt hat. Und dann hat er gewartet, bevor er »Texas« gesagt hat, bis alle dachten, er meinte ... er wartete also immer mit dem »Texas«, bis jedermann dachte, bis also alle glaubten, es wär' von Paris in Frankreich die Rede. Und darüber hat er sich dann immer halbtot gelacht.[12]

Wie sehr Travis schon als Kind unter den väterlichen Demütigungen seiner Mutter gelitten hatte und durch das Drama zwischen den Eltern bereits zu jener Zeit seine eigene Stabilität untergraben wurde, lässt sich da schon erahnen. Warum sonst sollte er ausgerechnet darüber als Erstes zu reden anfangen und sich als Erwachsener so verloren in der texanischen Wüste herumgetrieben haben? Der Zuschauer spürt etwas von der bedrückenden Atmosphäre, in der dieser Einsame aufgewachsen sein muss, von den Hintergründen seiner Beziehungsunfähigkeit, in der auch seine Angst, seine Minderwertigkeitsgefühle und seine Eifersucht wurzeln. Er kann weder sich selbst noch anderen vertrauen.

Als er genau diese »Paris«-Erzählung seinem Sohn gegenüber wiederholt, wird Travis' Kindheit als Trauma spürbar. Es reicht bis in die Gegenwart

12 a.a.O., S. 30f

seines Beziehungsdramas mit Jane hinein, durch deren Demütigung schließlich Hunter die tragische Fortsetzung der ungelösten väterlichen (und großväterlichen) Geschichte zu erleiden hat. Nachdem Travis herausgefunden hatte, dass Jane inzwischen als Angestellte in einer Peepshow arbeitet und er ihr in einer der Kabinen das erste Mal wiederbegegnet ist, ohne sich ihr erkennen zu geben – sogar einige Sätze durch die Sprechanlage wechseln die beiden, voneinander getrennt nur durch das von seiner Seite aus durchsichtige Spiegelglas – betrinkt Travis sich in einer benachbarten Bar und weiht Hunter in seinen Plan ein, eines Tages womöglich mit ihm und Jane auf dem Stück Land seiner Herkunft leben zu können. Er zeigt dem Sohn das verblichene Foto des Grundstücks, doch Hunter kann diese Absicht seines Vaters ebenso wenig verstehen wie dessen Alkoholkonsum: »Warum trinkst du dieses Zeug? Das stinkt!«[13]

Eine Szene später ist es bereits dunkel, und der inzwischen sturzbetrunkene Travis stützt sich auf seinen Sohn, der ihn zu einem Waschsalon auf der anderen Straßenseite geleitet. Dort lässt sich Travis in einem Warteraum auf ein Ledersofa fallen und Hunter setzt sich an dessen Kopfende, in einen Sessel neben ihm. Erst heute fällt mir auf, dass damit ein klassisches psychoanalytisches Setting inszeniert worden ist.

Mit schwerer Zunge beginnt der Vater zu reden.

> Travis: Nicht gerade ein Ort, wo man eine tolle Frau hinbringen würde, findest du nicht auch? Wenn du eine tolle Frau hättest, würdest du ihr so eine Bude wie die hier zumuten?
> Hunter: Was ist eine tolle Frau?
> Travis: Ach je. Meine Mutter, nicht DEINE Mutter, sondern MEINE Mutter, ist keine tolle Frau gewesen. Sie war ... sie hat niemals versucht, eine tolle Frau zu sein, es wäre ihr auch nie in den Sinn gekommen, sowas sein zu wollen.
> Hunter: Was war sie dann?
> Travis: Sie war ganz ... einfach. Nur einfach, und gut. Sie war eine gute Frau. Aber mein Daddy, verstehst du, mein Daddy, der hatte diese Vorstellung in seinem Kopf, und das war seine Krankheit.
> Hunter: Was für eine Vorstellung?

13 a.a.O., S. 84

> Travis: Er hatte diese Vorstellung von ihr und ... er sah sie an, aber er hat sie nicht gesehen. Er sah eine andere. Und er erzählte allen Leuten, sie sei aus Paris. Das war sein großer Witz. Aber er erzählte diesen Witz immer wieder und wieder, bis es am Ende gar kein Witz mehr war. Er fing an, es selbst zu glauben. Und eines Tages glaubte er es tatsächlich. Und meine Mutter ... Mein Gott, was hat sie sich geschämt. Sie war ... sie war so scheu.[14]

In den nachfolgenden Szenen wird klar, dass Travis eine folgenschwere Entscheidung getroffen hat. Noch bevor es zur Aussprache mit Jane kommt, die er noch einmal dort aufsucht, wo sie arbeitet, erlebt der Zuschauer im Kinosaal mit, wie er sich von Hunter verabschiedet, indem er ihm eine Erklärung für sein erneutes Verschwinden auf einen Kassettenrecorder spricht. Dabei ist zu diesem Zeitpunkt des Films noch nicht klar, wie genau diese Geschichte enden wird. Doch die seit den ersten Bildern auf ihr lastende Schwere eines Dramas und einer tief empfundenen persönlichen Schuld verlangt nicht nur aus Sicht des ohnmächtigen Kindes eine Antwort. Auch ein Zuschauer, der sich einfühlt in die existenzielle Tragik von Travis, Hunter und Jane, von denen er inzwischen weiß, dass sie offensichtlich einmal glücklich miteinander gewesen sind – eines Abends gibt es in Walts Haus alte Filmaufnahmen davon zu sehen –, möchte verstehen, was mit ihnen geschehen ist. Meine unbewusste Sehnsucht, mit der frischen Wunde in meinem verwirrten Herzen, erhoffte sich damals vermutlich, im Licht dieser Leinwanderzählung auch das eigene Beziehungsdrama erhellen zu können. Das jedenfalls muss der Grund gewesen sein, warum ich mich in jenen Tagen nicht sattsehen, -hören und -fühlen konnte an diesem Film, dessen inspirierende und ergreifende Wirkung mein ästhetisches therapeutisches Schlüsselerlebnis wurde: für die Heilkraft existenziell wahrhaftiger Geschichten, denen alle daran Mitwirkenden eine derart berührende Glaubwürdigkeit verleihen, dass ein Zuschauer ihr mit der ungeteilten Aufmerksamkeit seiner eigenen Person und Lebensgeschichte antworten möchte. Mit jeder Wiederholung aufs Neue, so offen und vertrauensvoll, wie beim Wiedersehen mit Freunden, deren Nähe sich offenbart, weil sie sich ihrerseits mir anvertrauen.

14 a.a.O., S. 84f

Nachdem Travis, vom Alkohol enthemmt, seinem Sohn die traumatische Erfahrung der eigenen Kindheit anvertraut hat – sie handelt von der Ohnmacht und Beschämung seiner Mutter durch seinen Vater –, spricht er zu Hunter, mittels einer Tonbandaufzeichnung, über jenes Drama, das der Sohn selbst vor Jahren miterlebt hatte. Den ersten Teil seiner Rede an den Sohn spricht Travis, auf dem Rand der Badewanne sitzend, in einem Hotelzimmer auf eine Art Diktiergerät, von dem Hunter – einen kurzen Zwischenschnitt später – die Worte seines Vaters abhört. Dabei sitzt Hunter in einer breiten Fensterbank und schaut zu den gegenüberliegenden Hochhäusern empor.

> »Hunter, ich bin's. Ich hab' Angst gehabt, dass ich nie die richtigen Worte finden könnte, wenn ich einfach nur so mit dir reden würde. Deshalb versuche ich es auf diese Weise. Als ich dich in Walts Haus zum ersten Mal wiedergesehen habe, habe ich mir alle möglichen Hoffnungen gemacht. Ich habe gehofft, ich könnte dir zeigen, dass ich dein Vater sei, stattdessen hast du mir gezeigt, dass ich es bin. Aber meine größte Hoffnung, das weiß ich jetzt, kann sich nicht erfüllen. Du gehörst zu deiner Mutter ...«
> Im Film ist zu sehen, wie Travis in seinem Wagen durch die Dämmerung fährt. Aus dem Off redet seine Stimme weiter.
> »Du gehörst zu deiner Mutter. Ich hab' euch auseinandergerissen. Und ich schulde es euch ...«
> Jetzt wechselt die Szene zu Hunter in das Hotelzimmer.
> »... euch wieder zusammenzubringen. Aber ich kann nicht bei euch bleiben. Das, was geschehen ist, kann nicht wieder verheilen. So ist es nun mal. Ich kann mich kaum noch erinnern an das, was passiert ist. Es ist wie eine Lücke in mir. Aber es hat mich auf eine Art alleine gemacht, über die ich nicht hinwegkommen kann. Und jetzt habe ich Angst. Ich hab' Angst vor dem, was mich erwartet. Aber am meisten fürchte ich mich davor, diese Angst nicht auf mich zu nehmen. Ich liebe dich, Hunter. Ich liebe dich mehr als mein Leben.«[15]

15 a.a.O. S. 86f

Die gesamte Filmhandlung läuft auf die jetzt folgende Szene hinaus – die entscheidende Begegnung zwischen Travis und Jane, die Travis gesucht und wiedergefunden hat nach seiner langen Odyssee. Auch die Zuschauer können bis dahin nur erahnen, was zwischen den beiden geschehen ist und welche Vorgeschichte es gab.

Weil sich in dieser dramatischen Schlüsselszene die ganze Magie von *Paris, Texas* als einem überragenden Beispiel wahrhaftiger Filmkunst entfaltet, sei sie hier anhand des Original-Drehbuchs in ganzer Länge aufgezeichnet – als erschütterndes Dokument menschlicher Verzweiflung und Sehnsucht nach Verbundenheit:

> Nach der Botschaft an seinen Sohn sitzt Travis wieder in einer der Kabinen der Peepshow und wartet darauf, dass Jane hereinkommt. Und der Zuschauer spürt, dass es diesmal zum entscheidenden Gespräch zwischen den beiden kommen wird. Travis hat nichts mehr zu verlieren, und es ist seine letzte Gelegenheit, sich endlich klar darüber zu werden, was damals zwischen Jane und ihm geschehen war. Das Licht geht an, und Jane, diesmal in einem schwarzen Kleid, begrüßt den Besucher mit aufgesetzter Fröhlichkeit, nichtsahnend, wer da hinter der Spiegelscheibe sitzt.
> Jane: Wie geht's?
> Travis: Kann ich Ihnen was erzählen?
> Jane: Klar, was immer Sie wollen.
> Travis: Es ist eine lange Geschichte.
> Jane: Ich hab' jede Menge Zeit.
> Es ist möglich, dass Jane die Stimme des Besuchers vom Vortag wiedererkennt. Aber sie lässt sich nichts anmerken. Travis nimmt seinen Stuhl und setzt sich um, mit dem Rücken zum Fenster. Jane weiß davon nichts. Doch nun können beide einander nicht mehr sehen.
> Travis: Sie handelt von zwei Leuten.
> Jane: Was für Leute?
> Travis: Diese zwei. Ein Paar. Sie waren sehr ineinander verliebt. Das Mädchen war ... sehr jung, ungefähr siebzehn oder achtzehn, glaub ich. Und er war ... ein ganzes Stück älter. Er war ein ziemlicher Herumtreiber. Und sie war wirklich sehr schön,

verstehen Sie?
Jane: Ja.
Travis: Wenn sie zusammen waren, wurde alles zu einer Art Abenteuer, und das gefiel ihr gut. Selbst ein einfacher Gang zum nächsten Laden wurde zu einem Abenteuer. Sie lachten über die blödesten Sachen. Er brachte sie gerne zum Lachen. Alles andere war ihnen ziemlich egal, weil das einzige, was sie wollten, war, dass sie zusammenwaren.
Jane: Das klingt als wären sie sehr glücklich gewesen.

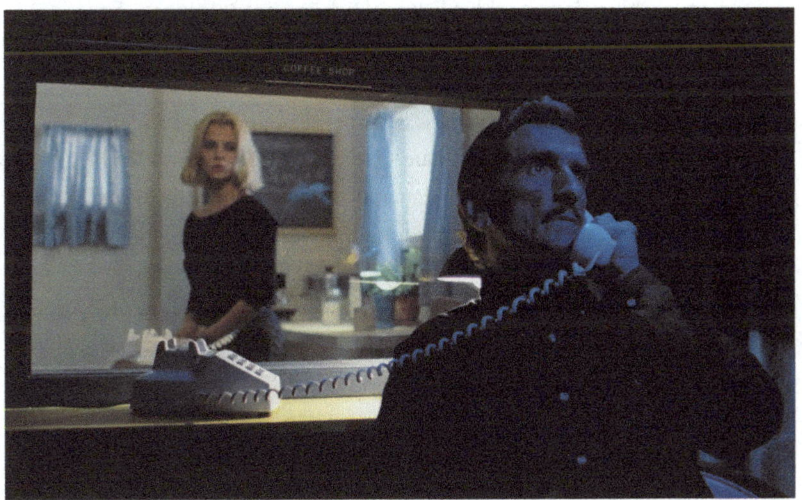

Abb. 3: Travis telefoniert mit Jane durch die Spiegelscheibe

Travis: Das waren sie auch. Sie waren wirklich glücklich. Und er ... er liebte sie mehr als er es jemals für möglich gehalten hätte. Er hielt es nicht aus, wenn er tagsüber nicht bei ihr sein konnte, weil er zur Arbeit musste ... also gab er seinen Job auf. Nur um bei ihr zu Hause sein zu können. Und wenn das Geld ausging, nahm er sich für eine Weile einen anderen Job, und den verließ er dann auch wieder. Aber ziemlich bald fing sie an, sich Sorgen zu machen.
Jane: Worüber?

Travis: Geldsorgen. Dass es nicht reichen würde. Weil sie nicht wusste, wann der nächste Scheck reinkäme.
Jane (lacht): Das Gefühl kenn ich gut.
Travis: Und so geriet er irgendwie in einen Zwiespalt.
Jane: Wie meinen Sie das?
Travis: Nun, er wusste, dass er arbeiten musste, um für ihren Unterhalt zu sorgen, aber gleichzeitig hielt er es auch nicht aus, dass er nicht bei ihr sein konnte.
Jane: Verstehe.
Travis: Und je öfter er von ihr getrennt war, umso verrückter wurde er. Nur, dass er schließlich wirklich anfing zu spinnen. Er fing an, sich alles Mögliche einzubilden.
Jane: Zum Beispiel?
Travis: Er fing an zu glauben, dass sie hinter seinem Rücken andere Männer treffen würde. Dann kam er von der Arbeit zurück und beschuldigte sie, den Tag mit jemandem anderen verbracht zu haben. Und dann schrie er sie an und fing an, die Sachen in dem Wohnwagen zu zertrümmern.
Jane ist plötzlich sehr erschrocken. Vielleicht hat sie es schon die ganze Zeit gewusst, dass es Travis ist, der zu ihr redet. Aber jetzt ist sie sich sicher.
Jane: In dem Wohnwagen?
Es gibt eine lange Pause. Auch Travis weiß nicht, ob er sich verraten hat, und ob er die Geschichte weitererzählen kann wie bisher.
Travis: Ja, sie lebten in einem großen Wohnwagen.
Jane gibt ihm die Möglichkeit, seine Anonymität zu wahren.
Jane: Entschuldigen Sie, aber haben Sie nicht gestern schon mit mir geredet? Nicht, dass ich zudringlich sein will.
Travis: *Nein.*
Jane: Oh. Einen Augenblick dachte ich, ich hätte Ihre Stimme wiedererkannt.
Travis: Nein, das war nicht ich.
Jane: Hm. Bitte erzählen Sie weiter.
Sie verstellt sich gut. Travis lächelt.
Travis: Jedenfalls fing er an, schwer zu trinken. Und er blieb nachts länger aus, um sie zu testen.

Jane: Was meinen Sie damit, sie zu testen?
Travis: Um herauszufinden, ob sie eifersüchtig würde.
Jane muss lachen: Hm.
Travis: Er wünschte sich, dass sie eifersüchtig würde, aber sie war's nicht. Sie machte sich nur Sorgen um ihn, und das machte ihn nur noch böser.
Jane: Warum?
Travis: Weil er dachte, wenn sie nicht eifersüchtig würde, hieße das, dass sie ihn auch nicht richtig liebte. Eifersucht wäre ein Zeichen ihrer Liebe für ihn gewesen. Und dann eines Nachts, eines Nachts sagte sie ihm, dass sie ein Kind erwarte. Sie war schon drei oder vier Monate schwanger, und er hatte nichts davon gewusst. Und damit wurde auf einmal alles anders. Er hörte mit dem Trinken auf und nahm sich einen festen Job. Jetzt war er überzeugt, dass sie ihn liebte, weil sie ja doch sein Kind in sich trug. Und er widmete sich völlig der Aufgabe, ihr ein richtiges Heim zu geben. Aber dann passierte etwas Merkwürdiges.
Jane: Was?
Travis: Anfangs fiel es ihm gar nicht richtig auf. Sie fing an sich zu verändern. Vom Tag der Geburt des Babys an wurde sie immer reizbarer und alles um sie herum ging ihr auf die Nerven. Sie war auf alles wütend. Selbst das Kind empfand sie als eine Ungerechtigkeit. Er tat alles, um ihr das Leben angenehm zu machen. Er machte ihr Geschenke. Einmal jede Woche führte er sie zum Essen aus. Aber nichts schien sie mehr zufriedenzustellen. Zwei Jahre lang versuchte er, was in seinen Kräften stand, sie wieder zusammenzubringen, so, wie es am Anfang gewesen war, aber schließlich musste er einsehen, dass es nie mehr so würde. Also griff er wieder zur Flasche. Aber diesmal wurde es schlimmer. Wenn er jetzt betrunken nach Hause kam, war sie weder besorgt um ihn, noch eifersüchtig, sondern einfach nur wütend. Sie beschuldigte ihn, dass er ihr nur ein Kind gemacht habe, um sie besser einsperren zu können. Sie sagte ihm, sie träume davon, abzuhauen. Sie träumte von nichts anderem mehr als Flucht. Sie sah sich, wie sie nachts die Landstraße entlangrannte, wie sie über Felder rannte, durch trockene Flussbette. Immerzu rannte sie. Und jedes Mal,

wenn sie ihm beinahe entwischt war, stand er plötzlich vor ihr. Er stand vor ihr und hielt sie auf. Immer tauchte er auf und hielt sie fest. Und als sie ihm diese Träume erzählte, wusste er, dass daran etwas Wahres war. Er wusste, er musste sie festhalten, oder sie würde ihn für immer verlassen. Also fing er an, ihr eine Glocke um den Knöchel zu binden, damit er nachts hören konnte, wenn sie das Bett verlassen wollte. Sie aber kam auf die Idee, einen Socken in die Glocke zu stopfen und bekam Übung darin, sich auf diese Weise ungehört Zentimeter um Zentimeter aus dem Bett hinauszuschleichen. Eines Nachts, als der Socken herausfiel, erwischte er sie, als sie versuchte, auf die Landstraße zu laufen. Er fing sie ein, schleppte sie zurück in den Wohnwagen und fesselte sie mit seinem Gürtel an den Ofen.

Jane hat im Lauf seiner Geschichte zu weinen angefangen. Die Tränen laufen ihr nur so herunter.

Travis: Da ließ er sie und ging einfach wieder ins Bett und lag da und hörte, wie sie schrie. Und er hörte, wie sein Sohn schrie. Und er wunderte sich über sich selbst, dass er nichts mehr empfand. Er wollte nur noch schlafen. Und zum ersten Mal wünschte er sich weit fort. Allein in einem wüsten Land, wo niemand ihn kannte. Irgendwo, wo es weder Sprache noch Straßen gab. Er träumte von diesem Land, ohne zu wissen, wie es hieß. Und als er aufwachte, da brannte er. Blaue Flammen schlugen aus seinem Bett. Er rannte durch die Flammen zu den beiden einzigen Menschen hin, die er liebte, aber sie waren nicht mehr da. Seine Arme brannten, und er stürzte sich hinaus und wälzte sich auf der nassen Erde. Und dann rannte er. Er sah sich nicht mehr nach dem Feuer um. Er rannte. Er rannte, bis die Sonne aufging und er nicht mehr weiterlaufen konnte. Und als die Sonne wieder unterging, rannte er weiter. So rannte er fünf Tage lang, bis auch jeder Rest von Leben aus ihm entwichen war.

Jane wischt sich die Tränen aus dem Gesicht, steht auf und geht in Richtung des Spiegels. Sie kniet sich davor nieder und legt die Hände an das Glas.

Jane: Travis?

Travis hat bis zum Schluss von dem Fenster abgewendet geredet.

Wie er seinen Namen hört, dreht er sich zu Jane um, die nun ganz dicht vor ihm ist, ihr Gesicht an die Scheibe gepresst. Dann stellt er seinen Stuhl wieder um, so dass er ihr gegenübersitzt. Sein Gesicht erscheint als Spiegelbild in dem ihrigen.
Travis: Glaubst du, du könntest mich sehen, wenn du da drinnen das Licht ausmachst?
Jane: Ich weiß nicht. Ich hab' es noch nie versucht.
Sie steht auf, geht zur Tür und schaltet das Licht in ihrem Raum aus. Travis dreht die Tischlampe so, dass sie voll in sein Gesicht scheint. Der Spiegel kehrt sich auf diese Weise tatsächlich um, sodass Jane ihn nun sehen kann, und Travis nur noch sich selber sieht. Jane kniet sich wieder vor ihr Fenster.
Travis: Kannst du mich jetzt sehen?
Jane: Ja.
Travis: Erkennst du mich wieder?
Jane: Oh, Travis.
Travis: Ich hab' Hunter mitgebracht ...
Benommen lehnt sich Jane zurück. Sie weiß nichts zu sagen.
Travis: Willst du ihn wiedersehen?
Jane: Oh, ja! Ich wollte ihn so gerne wiedersehen, dass ich nicht einmal gewagt habe, ihn mir noch vorzustellen. Anne hat mir laufend Fotos von ihm geschickt, bis ich sie gebeten habe, das einzustellen. Es tat mir zu weh, ihn aufwachsen zu sehen und doch nicht bei ihm zu sein.
Travis: Warum hast du ihn nicht bei dir behalten, Jane?
Jane: Das konnte ich nicht, Travis. Ich wusste, dass er etwas brauchte, was ich nicht in mir hatte. Und ich wollte ihn nicht benutzen, um meine Leere auszufüllen.
Travis: Aber jetzt braucht er dich, Jane. Und er möchte dich wiedersehen.
Jane: Wirklich?
Travis: Ja. Er wartet auf dich.
Jane: Wo?
Travis: In der Stadt. In einem Hotel. Im Meridian. Zimmer 1520 ... 1520.

Er macht Anstalten, den Hörer aufzulegen. Erschrocken richtet sich Jane wieder auf.
Jane: Du willst doch nicht gehen!
Mit beiden Fäusten klopft sie gegen die Scheibe. Travis nimmt den Hörer wieder hoch. Eine lange Pause.
Travis: Ich seh dich nicht, Jane.
Jane: Geh noch nicht. Geh noch nicht!
Sie nimmt den kleinen Lautsprecher in die Hand, aus dem Travis' Stimme herauskommt und setzt sich mit dem Rücken zu dem Fenster, ähnlich wie Travis es vorhin getan hat.
Jane: Als du weg warst, habe ich dir oft lange Reden gehalten. Ich habe die ganze Zeit über mit dir gesprochen, obwohl ich doch ganz alleine war. Monatelang bin ich herumgelaufen und hab mit dir geredet. Jetzt weiß ich nicht, was ich sagen soll. Es war einfacher, als ich mir dich nur vorgestellt habe. Ich habe mir sogar vorgestellt, was du mir antworten würdest. Wir hatten lange Gespräche zusammen, du und ich. Es war fast so, als wärst du wirklich da gewesen. Ich konnte dich hören, ich konnte dich sehen und spüren. Vor allem konnte ich deine Stimme hören. Manchmal bin ich von deiner Stimme geweckt worden. Mitten in der Nacht bin ich von deiner Stimme aufgewacht, ganz so, als ob du mit mir im gleichen Zimmer gewesen wärst. Dann hörte es nach und nach auf. Ich konnte dein Bild nicht mehr sehen. Ich versuchte laut mit dir zu reden, so wie vorher, aber es ging nicht mehr. Ich hörte dich nicht mehr. Und dann hab' ich es aufgegeben. Es war alles vorbei. Du warst einfach verschwunden. Und nun arbeite ich hier. Ich höre deine Stimme die ganze Zeit. Jeder Mann hat deine Stimme.
Travis: Ich sag Hunter, dass du zu ihm kommst.
Jane: Travis?
Travis: Ja, was?
Jane: Ich werde da sein.
Travis: Gut.
Jane: Meridian Hotel?
Travis: Ja, Zimmer 1520.
Er legt den Hörer endgültig auf und geht schnell davon. Jane bleibt noch eine lange Zeit alleine sitzen, den Kopf auf den klei-

nen Lautsprecher gestützt. Dann steht sie auf, schaltet das Licht wieder ein und verlässt den Raum. Nichts als der Spiegel bleibt im Bild zurück.

Parkhausdach. Außen, abends.

Travis steht vor seinem Auto auf dem Dach eines Parkhauses und beobachtet das gegenüberliegende Hotel.

Hotelzimmer. Innen, abends.

Jane kommt mit einem Koffer in Hunters Hotelzimmer. Hunter spielt in einer Ecke mit seinen Figuren und bemerkt sie gar nicht. Jane stellt den Koffer ab und geht langsam auf ihn zu. Erst als sie kurz vor ihm steht, bemerkt sie der Junge.

Langsam steht er auf und geht auf sie zu. Beide sind aufs Äußerste gespannt. Und dann legt Hunter seine Arme um ihre Hüften und drückt sie fest an sich. Lange Zeit stehen sie so da. Dann kniet Jane sich nieder und umfasst sein Gesicht mit beiden Händen. Sie schauen sich an. Hunter fährt ihr mit dem Finger durch die Haare.

Hunter: Deine Haare. Sie sind nass.

Er umarmt sie wieder und schlingt seine Beine um sie. Jane richtet sich mit ihm auf. Hunter klammert sich ganz fest an seine Mutter. Sie drehen sich im Kreis.

Parkhausdach. Außen, abends.

Travis wendet sich ab, steigt in sein Auto und fährt dem Ausgang zu.

Im Auto. Außen, abends.

Travis am Steuer. Sein Gesichtsausdruck ist steinern. Dann löst der sich. Er lächelt.

Autobahn. Außen, abends.

Der Wagen entfernt sich von Houston. Die Silhouette der Stadt hebt sich schwarz gegen den roten Abendhimmel ab.[16]

16 a.a.O. S. 87–97

Travis und Jane – Versuch einer Deutung

Die tragische »Liebes«-Geschichte von Travis und Jane ist eigentlich die einer tragischen *Beziehungsunfähigkeit* auf beiden Seiten. In diesen so tief berührenden Szenen ihrer Wiederbegegnung, auf die das Handlungsgeschehen von den ersten Film-Minuten an hinausläuft, lässt sich das fast hautnah erspüren. Dass ihr erstes Zusammentreffen nach jener traumatischen letzten Nacht, in der sie beide und ihr Kind beinahe umgekommen wären, in dieser Form stattfindet, da sie einander durch die Spiegelscheibe einer Peep-Show-Kabine das Unglück ihres Scheiterns anzuvertrauen versuchen – das hat nicht nur mir, sondern der Filmgeschichte überhaupt einen ihrer wirklich magischen Momente beschert. Es bedurfte eines Zauberers wie Wim Wenders und der Schauspieler Harry Dean Stanton und Nastassja Kinski, um diese dramaturgische Idee so wahrhaftig berührend ins Bild zu setzen – das Drama dieser unmöglichen Liebe zwischen einer viel zu jungen, nach Halt und Geborgenheit suchenden Frau und einem viel zu labilen, krankhaft eifersüchtigen Mann, das mit jedem Blick, jeder Geste und jedem Satz für einen aufmerksamen Zuschauer so anschaulich nachvollziehbar wird.

Wenn zunächst vielleicht der große Altersunterschied zwischen Travis und Jane als ein naheliegender Grund für ihr Scheitern wirken könnte, liegt das eigentliche Drama doch in einer fatalen Instabilität der beiden, die sie sich überhaupt ineinander »verlieben« – und das bedeutet: *verstricken* – ließ und im Anderen das zu sehen versuchte und zu finden hoffte, was jeder der beiden seit je so schmerzlich entbehren musste. Jane suchte Geborgenheit bei einem älteren Geliebten, der ihr zugleich die Freiheit ließe, sich auf ihre Weise zu entfalten. Und Travis ersehnte die Nähe einer starken, selbstbewussten Frau, die ihn bedingungslos lieben würde, ohne dass er sich dauernd Sorgen um sie und ihre Schutzbedürftigkeit machen müsste, so wie es offenbar gegenüber seiner Mutter der Fall war. Doch beide wiederholen in ihrer gemeinsamen Zeit die eigene, vermutlich bereits in früher Kindheit erfahrene Ohnmacht in lediglich anderer Gestalt. Jane erlebt *wieder* keine Geborgenheit bei einem Mann, sondern die gewalttätige Unterdrückung ihrer Freiheit im erstickenden Gefängnis einer erzwungenen Nähe. Und Travis kann *wieder* nicht der Liebe einer Frau in seiner Nähe vertrauen und fürchtet ihr Verschwinden oder ihren Zusammenbruch. Ähnlich wie er in seiner (angedeuteten) Vorgeschichte bereits als Kind für seine verletzliche und beschämte Mutter schon immer die Katastrophe einer Trennung der

Eltern befürchten musste oder die endgültige Verzweiflung seiner Mutter kommen sah. Solche Assoziationen bleiben ganz dem Zuschauer überlassen, ebenso wie dessen Anknüpfungen und Übertragungen der eigenen Lebensgeschichte. Für mich haben sie sich damals auf vielfältige Weise ergeben, und im Laufe der Zeit, bis heute, können sich bei jedem Wiedersehen des Films neue Perspektiven und Schlussfolgerungen eröffnen.

Wahrhaftige Filmkunst

Diese Deutungsmöglichkeiten sind übrigens ein Kriterium *wahrhaftiger Filmkunst*: dass sie den Zuschauer zum Mitwirkenden erhebt und erst in den potenziell unendlichen Verbindungslinien, die sich unbewusst oder bewusst für das Publikum ergeben – zwischen dem Einzelnen und der erlebten Filmgeschichte oder auch unter einzelnen Zuschauern –, zu sich selbst kommt. Dass sich bei jedem Wiedersehen eines Films aufs Neue das Reich seiner unbewussten Dimensionen entfaltet, das im Entstehungsprozess eines Filmkunstwerkes von allen daran Beteiligten mitgestaltet worden ist (Näheres dazu im Kapitel 3).

Damals habe ich mich mit Travis' verzweifelter Suche nach der verlorenen großen Liebe identifiziert. Ich war berührt von seinem Versuch der Wiedergutmachung, indem er dem Sohn die Rückkehr zur Mutter ermöglicht und darauf verzichtet, einen gemeinsamen Neuanfang als Familie zu wagen. Durch seine Gewalttätigkeit hat er nicht nur das Vertrauen seiner jungen Frau zerstört, sondern auch das Vertrauen in diese Liebe und zu sich selbst verloren. So wurde Travis zum tragischen Helden meiner eigenen, ebenfalls nicht mehr fortsetzbaren Geschichte mit E., deren dramatisches Ende zwar kein physischer Gewaltausbruch markierte, doch die Ungeheuerlichkeit meiner so leidenschaftlichen Nähe zu H. kam einem gewaltigen Vertrauensbruch gleich. Mit meinem heutigen Wissen um die »psychodynamischen« Hintergründe und inneren Zusammenhänge der eigenen Lebensgeschichte, bald vier Jahrzehnte und zahllose berufliche und private Beziehungserfahrungen später, sehe ich Travis und Jane vor allem in ihrer tiefen Beziehungsunfähigkeit. In ihrer verzweifelten Sehnsucht, in der sie unterschiedliche süchtige Auswege genommen haben, die sie nur noch weiter von sich selbst und vom anderen entfernen. Bei Travis wird die eifersüchtige, zwanghafte Kontrolle des begehrten Anderen offenkundig. Nur die Macht über diesen Anderen – diese Andere! – kann ihn einen Moment lang zur Ruhe bringen.

Und bei Jane ist es die narzisstische Kontrolle eines fremden Begehrens – durch Verführung kann sie eine flüchtige Illusion von Nähe herstellen. Sich zu prostituieren, in der verzweifelten Sehnsucht, vielleicht irgendwann doch noch bedingungslos geliebt zu werden (»*Jeder Mann hat deine Stimme*«).

Travis flüchtet in die Weite der Wüste, und Jane in die Nähe wechselnder Beziehungen. Beide suchen nach einer Art Halt, den sie in sich selbst nicht finden können. Doch das Ende des Films gewährt den Zuschauern trotzdem eine vielleicht hoffnungsvolle Perspektive. Das Wiedersehen zwischen Hunter und seiner Mutter – die in dieser gemeinsamen Szene im Zimmer des Meridian Hotel sicher nicht zufällig beide ein dunkelgrünes Oberteil tragen und ähnlich mittellange hellblonde Haare haben – ist so innig berührend inszeniert, dass zwischen den beiden wirklich ein Neuanfang möglich erscheint. Als ob Jane diesmal die Verantwortung für ihr Kind übernehmen könnte, der sie sich nach dem katastrophalen Ende ihrer Zeit mit Travis nicht gewachsen fühlte.

Und dass sich in Travis' ernster Miene, nachdem er die Begegnung von Jane und Hunter im Hotelzimmer vom unweit gelegenen Parkdeck aus beobachtet hat, zuletzt auf seinem Gesicht ein kurzes Lächeln andeutet, während er auf dem nächtlichen Highway aus der Stadt fährt, ist schon mehr als ein Hoffnungsschimmer, dass auch er sich läutern könnte. Zumal in der fast letzten Filmsekunde vor dem Abspann auf einer Leuchttafel neben der Straße der Werbeslogan einer Bank ins Bild kommt: »*Together We Make It Happen*«.

Schön wär's, dachte ich dabei noch jedes Mal.

Jenseits von Afrika

Orig. »Out of Africa«, USA 1985, 161 Min. Regie: Sydney Pollack. Buch: Kurt Luedtke nach Büchern von Tania Blixen. Kamera: David Watkin. Musik: John Barry. Schnitt: Fredric Steinkamp, William Steinkamp u.a. Produktion: Universal/Mirage. Besetzung: Meryl Streep, Robert Redford, Klaus Maria Brandauer, Michael Kitchen, Malick Bowens.

Kurzkritik

Die Lebensgeschichte der dänischen Schriftstellerin Karen Blixen, ihre abenteuerlichen Jahre als Farmerin in Afrika und ihre unglückliche Romanze mit einem Großwildjäger. Der sensibel inszenierte Film beschreibt eindrucksvoll den romantischen Idealismus einer eigenwilligen Frau am Ende der Kolonialepoche, wobei er gelegentlich selbst in sentimentale Wehmut verfällt. Der Traum vom freien Leben fernab der zivilisierten Gesellschaft mit ihren sozialen und emotionalen Tabus wird zwar beschworen, sein Scheitern aber kaum beleuchtet. Das mindert freilich nicht die Qualität des Films als außergewöhnlich unterhaltsames Melodram, das leise und anteilnehmend ein romantisches Lebensgefühl beschreibt. (*Lexikon des Internationalen Films*)

Prolog

Der autobiographische Roman von Karen Blixen über ihre Jahre in Afrika – *Afrika, dunkel lockende Welt*, 1937 – beschreibt poetisch und anschaulich ihre Faszination von der überwältigenden Schönheit der Landschaft und wie sehr ihr diese erst so fremdartige Kultur und ihre Menschen mit der Zeit immer mehr ans Herz gewachsen sind. Dieses Erinnerungsbuch über ihre abenteuerlichen Jahre als Farmerin im Kenia der Kolonialzeit (1914–1931) hat die dänische Autorin weltberühmt gemacht. Nachdem sie alles verloren hatte, kehrte sie, für immer verändert, nach Dänemark zurück und begann sich erst dann intensiv dem Schreiben zu widmen. Ihre Bücher erschienen im deutschen Sprachraum unter dem Namen Tania Blixen, während sie für die englischen Ausgaben das Pseudonym Isak Dinesen benutzte.

Der überaus erfolgreiche Film über ihr Leben bezieht sich vor allem auf die sehr ausführliche und fundierte Blixen-Biographie von Judith Thurman (*Isak Dinesen: The Life of a Storyteller*, 1982) und die Sammlung ihrer *Briefe aus Afrika*, herausgegeben von Frans Lasson (1978). Daraus komponierte

Kurt Luedtke sein geniales Drehbuch über jene romantisch verwickelte Liebesgeschichte zwischen Karen Blixen (Meryl Streep) und Denys Finch Hatton (Robert Redford), für deren ergreifend stimmige Inszenierung Sydney Pollack sorgte. Zudem wurde die Handlung untermalt von einem überwältigend schönen Soundtrack (John Barry), der die Weite Afrikas ebenso hörbar zu machen scheint wie die Emotionen der Protagonisten.

Die zeitlose Wirkung dieses Filmkunstwerkes liegt in der archetypischen Dynamik des Konflikts dieser beiden schicksalhaft füreinander bestimmten Charaktere. Weil deren Bedürfnisse nach Nähe und Distanz zu verschieden sind und sich ihre Vorstellungen von Geborgenheit und Freiheit nicht vereinbaren lassen, scheitert die Beziehung zwischen Karen und Denys schließlich. Im Film endet ihre Beziehung wirkungsvoll tragisch mit dem tödlichen Flugzeugabsturz Finch Hattons, im realen Leben waren die beiden längst getrennt. In der besonders berührenden Schlusssequenz wird er auf den geliebten Ngong-Bergen beigesetzt. Karen Blixen ist tatsächlich nie wieder dahin zurückgekehrt.

Diesseits von Afrika

Es muss im Frühjahr 1986 gewesen sein, dass ich *Jenseits von Afrika* das erste Mal gesehen habe. Der Film war bereits im März 1986 in die deutschen Kinos gekommen, nachdem er kurz zuvor sieben Oscars erhalten hatte (von elf Nominierungen). Der Erfolg dieser »wahren« Geschichte war tatsächlich sensationell. Der Film machte nicht nur die Autorin weltberühmt, sondern löste auch einen ungeheuren Reiseboom in deren kenianische Wahlheimat aus. Es entstanden sogar diesbezügliche Modetrends, auf einmal waren Safari-Kleidung und »afrikanisches« Design bei Schmuck, Stoffen und Möbeln gefragt.

Knapp zwei Jahre später, im Februar 1988, trat auch ich meine eigene Reise zu den Ngong-Bergen an und besuchte Orte und Schauplätze der Filmhandlung und damit des Lebens dieser begnadeten Autorin, der zu Ehren man ein ganzes Stadtviertel in Nairobi »Karen« benannt hatte. Dabei war mir gerade der große Erfolg des Films eher suspekt – bis dahin hatte ich noch gar keine Zeile dieser Autorin gelesen und allenfalls flüchtig von ihr gehört. Ich war zuerst überhaupt nicht interessiert, mir den Film anzusehen, weil ich befürchtete, mein seit Kindertagen ersehntes Tierparadies Afrika würde durch eine x-beliebige weitere Liebesgeschichte mit zwei so berühmten Hollywood-Stars bloß noch zu einer kitschigen Kulisse verkommen. Doch nachdem damals die menschliche »Sehnsucht« allgemein und insbesondere meine eigene immer deutlicher zu meinem Lebensthema wurde – beflügelt von berührenden Filmerlebnissen –, wagte ich mich eines Tages mutig ins Kino, auch auf die Gefahr hin, schwer enttäuscht zu werden. Immerhin bekäme ich wohl ein paar interessante Tier- und Landschaftsmotive zu sehen, schließlich war auch die Kameraführung des Films ausgezeichnet worden. Und dann war es schon in den Anfangsminuten des Films, der mit der fiktiven Stimme der Autorin aus dem Off eine kurze Vorgeschichte erzählt – und während noch die Namen der Hauptbeteiligten über die Eröffnungssequenz liefen –, um mich und meine Sehnsucht geschehen. Ich versank in den elegischen Geigenmelodien von John Barry und wünschte mich sogleich in ein Abteil dieses im Licht der Abendsonne durch eine endlose Savanne fahrenden Zuges. Noch bevor die Kamera zum ersten Mal die elegant kostümierte Protagonistin dieser Geschichte zeigte, die da, auf der kleinen Plattform des letzten Waggons stehend – in Gestalt der selten treffender als in dieser Rolle besetzten Meryl Streep –, zum alles verändernden Abenteuer ihres Lebens aufgebrochen ist.

Gleich die ersten Sätze ihres Erinnerungsbuches veranschaulichen diese grandiose Landschaft:

> *»Ich hatte eine Farm in Afrika am Fuße der Ngongberge. Hundert Meilen nördlicher lief der Äquator durchs Hochland, aber die Farm lag in einer Höhe von über zweitausend Metern. Da spürt man tagsüber die Höhe, die Nähe der Sonne, aber die Morgenfrühe und die Abende sind klar und friedvoll, und die Nächte sind kalt.*
>
> *Die geographische Lage und die Höhe haben vereint eine Landschaft geschaffen, die in der ganzen Welt nicht ihresgleichen hat. Nirgends ist etwas Üppiges oder Überschwängliches; es ist, als wäre Afrika hier gleichsam durch zweitausend Meter emporgeläutert zu einer starken und klaren Essenz seines Wesens (...). Die Ausblicke sind unendlich weit. Alles, was man sieht, atmet Größe und Freiheit und unvergleichliche Vornehmheit.*

Das wesentliche Element der Landschaft und des Lebens in ihr ist die Luft. Wer auf einen Aufenthalt im afrikanischen Hochland zurückblickt, den überkommt das Gefühl, er habe eine Zeitlang hoch in der Luft gelebt. Der Himmel ist selten mehr als blassblau oder violett, und mächtige, aller Schwere bare, immerfort sich wandelnde Wolken türmen sich allenthalben und segeln an ihm dahin; aber die Bläue hat etwas Leuchtendes und färbt die Umrisse der Berge und nahen Wälder mit frischem tiefen Blau. Um die Tagesmitte beginnt die Luft über dem Lande sich zu regen wie eine aufsteigende Flamme, sie flimmert, wogt und schimmert wie rieselndes Wasser, spiegelt und verdoppelt alle Gegenstände und schafft große Fata Morganen. Es atmet sich leicht in der hohen Luft, man saugt Lebensgewissheit und Unbeschwertheit der Seele in sich. Im Hochland erwacht man in der Frühe und weiß: hier bin ich, wo ich sein sollte.«[17]

Und wenn Karen Blixen, im Kapitel »Gäste auf der Farm«, von ihrem Geliebten Denys Finch Hatton erzählt, wird in jeder Zeile spürbar, welche Bedeutung dieser Mensch im Leben der Autorin hatte:

»Denys Finch Hatton hatte in Afrika kein Heim außer der Farm; auf ihr lebte er zwischen seinen Safaris, hier hatte er seine Bücher und sein Grammophon. Wenn er zur Farm zurückkehrte, hieß sie ihn in ihrer Sprache willkommen, der Sprache, deren eine Kaffeepflanzung fähig ist, wenn die ersten Regenschauer sie mit Blüten überschütten wie mit einer kreidigen Wolke. Wenn ich Denys zurückerwartete und seinen Wagen den Weg heraufkommen hörte, fingen alle Dinge auf der Farm zu reden an und sagten, wes Wesens sie seien. Er war auf der Farm glücklich; er kam nur zu ihr, wenn er gern kam, und sie liebte an ihm eine Tugend, die die übrige Welt nicht merkte, seine Demut. Er tat nur, was er tun wollte, und nichts Gemeines kam über seine Lippen (…).«[18]

17 Blixen, 1986, S. 9f
18 a.a.O., S. 275

Und etwas später:

> *»Denys Finch Hatton verdanke ich ein Erlebnis, das mir als das größte, erhebendste Gefühl meines Lebens auf der Farm erscheint: mit ihm bin ich über Afrika geflogen (...).*
>
> *Gewaltige Fernsichten öffnen sich, wenn man sich über das afrikanische Hochland erhebt, überraschende Mischungen und Wechsel von Licht und Farben, Regenbogenbuntheit über grünem, besonntem Land; mächtig aufragende Wolken und wilde, schwarzgeballte Unwetter umkreisen einen tanzend und sich jagend, und gewaltsame Regenschauer klären die Luft. Die Sprache ermangelt der Worte für die Erlebnisse des Fliegens, sie wird bald neue bilden müssen. Wenn man über das Riftal geflogen ist und über die Vulkane von Suswa und Longonot, dann ist man weit fort gewesen, dann hat man die Länder auf der abgewandten Seite des Mondes gesehen (...).*
>
> *In der Luft aber genießt man die volle Freiheit aller drei Dimensionen, nach Jahrhunderten der Verbannung und der Träume stürzt sich das sehende Herz in die offenen Arme des Raumes. Die Gesetze der Schwere und der Zeit – beim Spiel im grünen Hain des Lebens wussten wir wie zahme Tiere nichts von ihrer Süßigkeit.*
>
> *Jedes Mal, wenn ich in einem Flugzeug aufstieg und abschauend merkte, dass ich vom Boden frei war, trat es mir ins Bewusstsein wie eine große neue Entdeckung: ›Ich begreife‹, sagte ich mir, ›so war's gemeint, jetzt verstehe ich alles.‹«*[19]

Die wahre Geschichte hinter dem Film

Aus diesem wunderbaren Erinnerungsbuch der Blixen, das sie erst nach ihrer Rückkehr geschrieben hat – »*Afrika, dunkel lockende Welt*« (1986) –, aus den Erzählungen »*Schatten wandern übers Gras*« (1987), aus ihren zahllosen

19 a.a.O., S. 291f

»*Briefe[n] aus Afrika*« (1988), die sie während ihrer afrikanischen Jahre nach Hause schrieb, sowie ihrer umfangreichen, 1982 erschienen Biographie von Judith Thurman (»*Isak Dinesen – The Life of a Storyteller*«; deutsch: »*Tania Blixen – Ihr Leben und Werk*«, 1989), entstand das ergreifende Drehbuch von Kurt Luedtke. In all den Zuspitzungen und Verdichtungen der Liebesgeschichte zwischen Karen Blixen und Denys Finch Hatton hatte es nicht mehr allzu viel mit der Lebenswirklichkeit der historischen Personen gemeinsam, doch die auf der Leinwand erzählte Geschichte ließ den Zuschauern sehr viel Raum zur Identifikation mit diesen heldenhaft tragischen Hauptfiguren und den eigenen Sehnsüchten nach einem ganz anderen, ungebundenen und abenteuerlichen Leben – im Einklang mit einer grandiosen, wilden Natur, die es vor über hundert Jahren nicht nur in Afrika in einem noch viel größerem Ausmaß gegeben hat.

Das Dilemma zwischen Geborgenheit und Freiheit

Nach meiner so verstörend beglückenden, mich endgültig aus der bisherigen Lebensbahn werfenden Erfahrung leidenschaftlicher Nähe – deren Fragwürdigkeit sich zuletzt im Drama von Travis und Jane zu spiegeln schien –, wurde dieser Film für mich zu einer Art Meilenstein in der Erkenntnis über das *Wesen* der Beziehung von Mann und Frau: über deren Möglichkeiten, einander Geborgenheit zu schenken und gleichzeitig Freiheit zuzulassen.

Weil sich der Film so stark auf die Liebesgeschichte zwischen Karen und Denys konzentriert – und dabei auch noch in der Ursprungslandschaft der Menschheit spielt, dem ostafrikanischen Rift Valley –, ergaben sich gleich auf den ersten Blick ungeahnte Assoziationsketten zu meiner eigenen Sehnsuchtsgeschichte mit Afrika. Die war auf einmal nicht mehr bloß das Hirngespinst eines asthmakranken Kindes, das sich weit weg ins Freie dieser endlosen Savanne gewünscht hatte. Afrika war auch der Traum einer berühmten Schriftstellerin, die sogar bereit war, eine Zweckehe einzugehen, um der Enge ihres familiären Umfelds zu entkommen und sich fern der Heimat auf die Suche nach sich selbst zu begeben – ohne auch nur im Mindesten ahnen zu können, wie radikal sich ihr Leben dadurch verändern würde.

Wir können nie im Voraus wissen, was mit uns geschehen wird – an einem anderen Ort, zu einer anderen Zeit, in einer anderen Geschichte. Umso ergreifender wirkte es auf mich, in der Sehnsucht dieser Menschen aus einer anderen Epoche – der Film über ihr Leben kam ziemlich genau zum hundertsten Geburtstag von Karen Blixen in die Kinos – nicht nur den Wunsch nach einem freieren Leben im Einklang mit der Natur gespiegelt zu finden. Das Ringen von Karen und Denys wurde zugleich auch als jenes sich ewig wiederholende Drama zwischen Mann und Frau erkennbar, zwischen der Sehnsucht nach liebevoller Nähe und Geborgenheit und dem Verlangen nach einer unabhängigen, selbstbestimmten Lebensgestaltung, zwischen einem sesshaften, häuslichen Leben und einem als Jäger und Sammler.

Müssen wir uns überhaupt entscheiden, sind es unvereinbare Gegensätze oder lassen sie sich vereinbaren? Gibt es freiwillige lebenslange Treue zwischen zwei Menschen, sobald sich nur erst die richtigen getroffen haben? Oder hat eine Ehe nur als Vertrag Bestand und »Liebe« dauert ohnehin nur, solange sie keinen anderen Versuchungen ausgesetzt ist?

Ich war zu dem Zeitpunkt, als ich den Film sah, längst an einem kritischen Wendepunkt meiner »Liebe« zu H. angekommen (was mir durch das Dilemma der Beziehung zwischen Travis und Jane in *Paris, Texas* deutlich geworden war, s. Kapitel »Mitten ins Herz«). Dieses afrikanische Beziehungsdrama holte mich auf den Boden der eigenen Tatsachen zurück und schien mich an mein Vorleben erinnern zu wollen. In jungen Jahren hatte ich davon geträumt, eines Tages als Naturforscher in die Wildnis zu ziehen, entweder allein oder mit der richtigen Frau an meiner Seite – nach dem Vorbild des Wildhüter-Paares George und Joy Adamson, von denen ich durch den Spielfilm über ihr Leben – *Born free*, 1966 – erstmals erfahren hatte. Jetzt brachte mir die Lebensgeschichte der Blixen zugleich die großen Unterschiede zwischen E. und mir wieder zu Bewusstsein, mit der ich viel zu früh mein Leben zu teilen versucht hatte. Auch unsere Pläne waren schließlich an den unterschiedlichen Vorstellungen vom gemeinsamen Leben gescheitert, hatten mich jedenfalls in eine so große existenzielle und psychosomatische Krise gestürzt, dass ich mich zuletzt losreißen musste aus den Fesseln des alltäglichen Lebens in der Heimat. So wurde *Jenseits von Afrika* vom ersten Kinobesuch an für mich zu einem überaus bewegenden Zeugnis meiner eigenen – und unser aller – inneren Widersprüche zwischen der Sehnsucht nach einer Ferne, in der sich möglichst frei und unabhängig leben ließe, und dem Wunsch nach vertrauensvoller Nähe und Geborgenheit, der sich womöglich in Verbundenheit mit einem geliebten Menschen für beide erfüllen würde. Doch weder hatten E. und ich ähnliche Träume vom gemeinsamen Glück an einem fernen Ort, eher wurde sie in der Fremde krank vor Heimweh und hielt nicht nur Menschen, sondern auch Orten so lange wie möglich die Treue. Noch stellte sie sich unser Zusammensein als einen gemeinsamen schöpferischen Prozess vor, in dem wir – jeder auf seine Weise, doch beseelt vom gleichen Geist – unsere Beziehung gestalten würden.

Es gibt im Film immer wieder lange Dialogpassagen zwischen Karen und Denys, die wie eine archetypische Auseinandersetzung zwischen gegensätzlichen Polen anmuten: den unterschiedlichen – biologisch, sozial und kulturell bedingten – Vorstellungen von Nähe und Distanz, Geborgenheit und Freiheit, Familie und Arbeit, Heimweh und Fernweh. Und die zunächst liebevollen, doch im Lauf der Geschichte immer kontroverser geführten Gespräche der beiden Protagonisten werfen auch für den Zuschauer Fragen auf. Etwa die, wie sich diese verschiedenen Dimensionen menschlicher Sehnsucht zu einem gemeinsamen Lebensentwurf gestalten ließen, ohne dass eine Seite sich den Vorstellungen der anderen zu unterwerfen hätte. Oder irgendein »Kompromiss« gefunden werden müsste, der letztlich beiden die ursprüngliche Zuversicht nimmt, mit dem Partner gemeinsam ein erfülltes Leben teilen zu können.

Interessanterweise hatte Karen Blixen bereits während ihrer gemeinsamen Zeit mit Denys den Essay »Moderne Ehe« (1924) geschrieben, der erst posthum veröffentlicht wurde. Darin denkt sie über ihr Ideal vertrauensvoller Gemeinschaft mit einem geliebten Menschen nach, zu dem in Treue stehen zu können und ihm zugleich die Freiheit für seinen eigenen Weg zu gewähren, ihr als das eindeutige Zeichen wahrhaftiger Liebe galt. Leider war es für sie und Denys zu Lebzeiten nicht erreichbar.

> »*Wo die Liebe das höchste, ja, das einzige Gesetz ist, ist ein Abfall von ihr eine Aufhebung des ganzen Verhältnisses. Die Untreue ist im Liebesverhältnis, was im Verhältnis zu Gott die Sünde ist, die man wider den Heiligen Geist nennt, und genauso, wie wenn es sich um diese handelt, gibt es keinen Gradunterschied, sondern im Größten wie im Kleinsten ist sie mit Verdammnis gebrandmarkt.*«[20]

20 Karen [Tania] Blixen, 1986, Moderne Ehe S. 21f

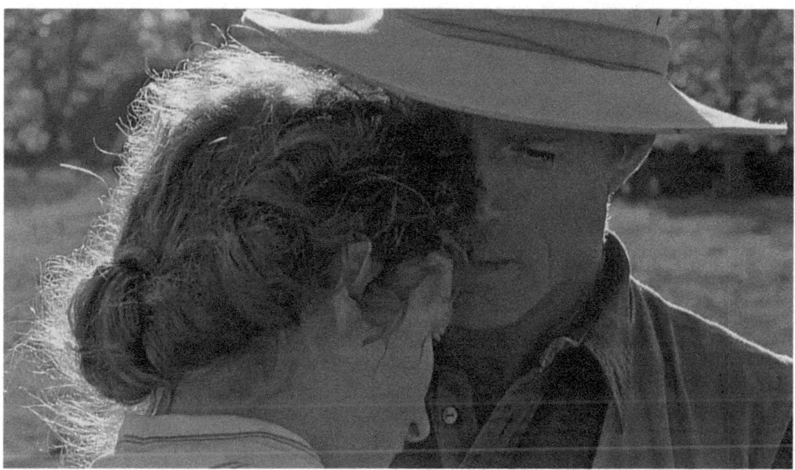

Abb. 4: Karen und Denys reden über ihre gemeinsame Zeit

Unvereinbare Gegensätze

In einer Szene des Films, beim Lagerfeuer am Meer, während ihrer gemeinsamen Safari mit dem Flugzeug, fragt Karen Denys ganz direkt, ob und wie er sich ein gemeinsames Leben mit ihr vorstellen kann.

> Karen: Wenn du auf eine Safari gehst, bist du dann je mit einer anderen zusammen?
> Denys: Ich wär's mit dir, wenn ich es sein wollte.
> Karen: Fühlst du dich je einsam?
> Denys: Manchmal.
> Karen: Fragst du dich auch mal, ob ich einsam bin?
> Denys: Nein, das tue ich nicht.
> Karen: Machst du dir überhaupt Gedanken über mich?
> Denys: Oft.
> Karen: Aber nicht genug, um zurückzukommen.
> Denys: Ich komme zurück, immer wieder. Was hast du?
> Karen: Nichts ...
> Sie zögert einen Moment.
> Karen: Bror hat mich um Scheidung gebeten. Er hat eine Frau gefunden, die er heiraten will. Ich dachte, wir könnten das eines Tages auch tun.

Grinsend stellt Denys sich dumm: Uns trennen?
Aber dann fragt er sie ernst: Wie sollte eine Heirat etwas ändern?
Karen: Ich hätte dich ganz für mich allein.
Denys: Nein, hättest du nicht.
Karen: Was ist eigentlich an einer Ehe so verkehrt?
Denys: Hast du je eine Ehe bewundert?
Karen: Ja, das hab' ich, viele ... Bellfields zum Beispiel.
Hämisch fällt Denys ihr ins Wort: Er hat sie 1910 während der Regenzeit nach England geschickt. Er hat ihr nicht gesagt, dass sie bis 1913 dauert.
Karen wird ungehalten: Das ist kein Scherz. Menschen heiraten, das ist nicht revolutionär. Es gibt manche Tiere, die lebenslang ein Paar sind.
Denys reagiert verächtlich: Gänse.
Karen: Du verwendest die verdammten Tiere für deine eigenen Argumente. Und mich lässt du sie für meine nicht verwenden.
Denys versucht sie in liebevollem Ton zu besänftigen: Ich würde mich fürs Leben paaren. Jeden Tag einmal.
Karen wird verlegen: Ich hätte eben gern, dass mich jemand fragt. Nur einmal, das ist alles. Versprichst du mir, das zu tun, wenn ich verspreche, nein zu sagen.
Denys tut entrüstet: Dir einfach vertrauen?
Karen: Wenn du fortgehst, dann gehst du nicht immer auf Safari, nicht?
Denys: Nein.
Karen: Du willst einfach nur weg sein.
Denys: Ich will dir damit nicht wehtun.
Karen antwortet mit trauriger Stimme: Du tust es.
Jetzt wird Denys ganz deutlich: Karen, ich bin mit dir zusammen, weil ich mit dir zusammen sein wollte. Ich möchte mein Leben nicht nach den Vorstellungen eines anderen leben. Verlange es nicht von mir. Ich will nicht eines Tages feststellen, dass ich am Ende des Lebens eines anderen stehe. Ich bin bereit, für meins zu bezahlen, manchmal allein zu sein, allein zu sterben, wenn's sein muss. Ich glaub, das ist fair.

Karen: Nein, nicht ganz, du willst, dass ich genauso dafür zahle.
Denys: Nein, du kannst wählen, und du bist nicht bereit, dasselbe mir zuzubilligen. Ich werde dir nicht näherstehen und ich werde dich nicht mehr lieben wegen eines Stück Papiers.

Einige Szenen später bricht im entscheidenden Streitgespräch der beiden Karens Eifersucht endgültig durch und lässt die unterschiedlichen Standpunkte der beiden unversöhnlich aufeinanderprallen.

Denys kniet vor Karen, die neben ihm in einem Sessel sitzt und näht, in der Nähe des Kamins auf dem Fußboden und studiert eine Landkarte, die er vor sich ausgebreitet hat. Die Szene wirkt idyllisch, doch es ist zu spüren, wie angespannt die Atmosphäre ist:

Denys: Was tust du da?
Karen: Ich bessere deine Hemden aus.
Denys: Tu's nicht. Lass das, das brauchst du nicht zu machen.
Er wendet sich wieder seiner Karte zu.
Denys: Vielleicht werde ich's übermorgen mit der Samburu versuchen.
Karen: Du bist gerade erst zurückgekommen.
Denys: Weißt du, Felicity hat mich gebeten, sie mitzunehmen. Ich habe fast nein gesagt, weil ich glaubte, es wäre dir nicht recht. Es gibt keinen Grund, es nicht zu tun.
Karen: Doch, es gibt einen. Es wäre mir nicht recht.
Sie wirkt äußerst gereizt.
Karen: Möchtest du, dass sie mitkommt?
Denys: Ich möchte unwichtige Dinge nicht wichtig nehmen.
Karen: Dann sag ihr ab, tu's für mich.
Denys wird laut: Und dann, was käme dann noch?
Karen in aufgebrachtem Ton: Warum ist dir deine Freiheit wichtiger als meine?
Denys: Ist sie nicht. Ich habe deine Freiheit nie beeinträchtigt.
Karen: Nein, aber mir ist es nicht erlaubt, dich zu brauchen oder mit dir zu rechnen oder irgendwas von dir zu erwarten. Es steht mir frei zu gehen. Aber ich brauche dich!

Denys: Du brauchst mich nicht! Wenn ich sterbe, stirbst du dann auch? Du brauchst mich nicht, du verwechselst Brauchen mit Wollen, das hast du immer getan.
Fassungslos starrt Karen ihn an: Mein Gott, in der Welt, die du erschaffen würdest, gäb's überhaupt keine Liebe.
Denys: Oder in ihrer besten Art. Die, die wir nicht beweisen müssten.
Karen: Dann würdest du auf dem Mond leben.
Denys: Warum? Weil ich nicht so will wie du? Setzen wir voraus, dass es für alles nur einen richtigen Weg gibt? Glaubst du, ich interessiere mich für Felicity?
Karen: Nein.
Denys: Glaubst du, ich möchte was mit ihr anfangen?
Karen, kleinlaut: Nein.
Denys: Dann gibt es für das hier keinen Grund, nicht?
Karen: Wenn's für dich unwichtig ist, warum gibst du's nicht auf? Ich habe etwas gelernt, das du nicht gelernt hast. Es gibt ein paar Dinge, die einem viel wert sind, aber die haben ihren Preis. Und ich möchte eins davon sein ... Ich werde es nicht zulassen Denys.
Denys sieht sie entgeistert an: Du hast keine Ahnung, welche Wirkung diese Art von Rede auf mich hat.
Karen: Ich habe immer geglaubt, es gäbe nichts, das du wirklich haben wolltest. Aber das stimmt ja gar nicht, du willst alles haben.
Trotzig erwidert Denys: Ich fliege in die Samburu, ob sie mitkommt oder nicht.
Karen: Dann wirst du dir eine andere Bleibe suchen müssen.
Für den Bruchteil einer Sekunde droht Denys die Fassung zu verlieren. Dann antwortet er bloß: In Ordnung.

Die Sehnsucht nach dem eigenen Selbst

Das Filmdrehbuch spitzt den Konflikt um die letztlich unerfüllte Sehnsucht der beiden Protagonisten noch einmal dramaturgisch gekonnt zu, indem es die Handlung mit Denys' tödlichem Flugzeugabsturz enden lässt und mit Karens endgültiger Rückkehr nach Dänemark, weil sie im Film kurz vor dem Tod des Geliebten auch den Verlust ihrer Farm zu erleiden hatte, die in eindrucksvollen Bildern den Flammen zum Opfer gefallen ist.

In der Realität war die Beziehung zu Denys bereits lange vor dessen Tod an ihr Ende gekommen, weil ihre Vorstellungen von einem gemeinsamen Leben zu unterschiedlich waren. Der Großbrand auf der Farm hatte bereits viele Jahre zuvor stattgefunden (1923) und war keineswegs der Grund für die Aufgabe des Betriebes. Vielmehr ließ sich dieser nicht mehr länger rentabel betreiben, sondern war am Ende bankrott. In ihren zahlreichen und oft ausführlichen Briefen, die Karen an ihre Familie in Dänemark schrieb – wobei sie besonders ihren Bruder Thomas ins Vertrauen zog –, offenbarte sich ihr überaus langwieriger, leidvoller und zugleich so mutig entschlossener Befreiungsprozess.

In einem Brief an den Bruder heißt es:

> »*Schreiben muss ich, und ich weiß nicht, an wen ich schreiben sollte außer an Dich; wem sonst gegenüber kann ich aufrichtig sprechen? (...) Als ich zu Hause war und wir über meine Pläne sprachen, hatten wir, glaube ich, beide recht: Du damit, es habe für mich keinen Sinn, zu Hause in Dänemark auf Rungsted zu bleiben – ich damit, daß es keinen Sinn habe, hierher zurückzukehren. Falls einer von uns mehr recht gehabt haben sollte als der andere, warst Du es; mich zu Hause bei Mutter niederzulassen, wäre für mich der reine Wahnsinn gewesen. (...) Du kannst Dich vielleicht erinnern, dass ich zu Hause mehrere Male gesagt habe, ich spekulierte ständig darüber, wann ich zum ersten Mal in die falsche Spur geraten sei, die mich dahin geführt hat, wo ich jetzt bin, nämlich restlos festgefahren – und ich konnte darüber keine Klarheit gewinnen. War es meine Verlobung mit Bror? – kam es durch unseren Entschluss, hierher zu gehen? – war es irgendwann hier draußen?*
>
> *So wie ich die Dinge jetzt sehe, geschah es gar nicht in einem dieser Zeitabschnitte, sondern viel früher, fast könnte ich sagen, bei meinem Eintritt in die Welt.*

Ich glaube, es war für mich ein großes Unglück, in der Familie aufzuwachsen, zu dem Milieu und der Lebensanschauung zu gehören, in die ich hineingeboren bin. Du wirst verstehen, dass ich dieses ohne jede Spur von Vorwurf gegen alle daheim sage, auch ohne jede Kritik, abgesehen von dem, was man an der Einrichtung der Welt an sich kritisieren kann; ich kenne ja keine besseren, netteren, lieberen Menschen als die zu Hause, aber sie waren eben nicht die Richtigen für mich. Und ihre große, unbegrenzte Güte und Liebe, die ganze Reihe ihrer Wohltaten mir gegenüber bedeuteten für mich nur umso mehr Unglück. Sie machten mir jede Opposition unmöglich. Du wirst Dich erinnern, wie wir über die eigenartige Macht gesprochen haben, die Großmutter – wohl besonders damals ihren Kindern gegenüber – und Mutter uns gegenüber ausübten, sie machte alle Kritik unmöglich, erstickte jeden Widerspruch, ja, selbst die eigenen geheimsten Gedanken an die Möglichkeit, dass Mutter sich irren könnte und es deshalb besser wäre, gegen ihren Willen zu handeln; diese eigenartige Kraft hat eine fatale Auswirkung auf mein Leben gehabt. (…)

Ich will nicht behaupten, ich sei dadurch unglücklich geworden, aber alle meine Fähigkeiten gingen dabei zugrunde; alle meine Möglichkeiten, zu leben und etwas zu bewirken, etwas als ich selbst ausrichten zu können, wurden dadurch zunichtegemacht. Jetzt, wo ich glaube, das ganze Verhältnis klar sehen und beurteilen zu können, stehe ich da mit einer riesengroßen Schuld ihnen allen gegenüber – oder, richtiger gesagt, ihrer besonderen Haltung gegenüber – für eine ganz unverdiente Summe von Liebe und Nachsicht –, aber auf der anderen Seite der Aufrechnung steht dagegen eine Forderung auf eine Zeit meines Lebens, auf meine Kindheit und Jugend, wo es für mich Möglichkeiten gab, etwas zu werden, vor allem selbständig zu werden und unabhängig von ihnen – dieser Möglichkeiten haben sie mich beraubt, und ich kann jetzt nicht sehen, wie ich das zu diesem Zeitpunkt gegeneinander aufrechnen soll.

Ich glaube, es ist möglich, zu Hause zu leben und dort sehr glücklich zu werden, wenn man (...) sich vor der Außenwelt verschließt. Ich finde, das tun sie daheim alle, und das in schönster Harmonie. (...) Nur mir ist das nicht möglich.«[21]

Karen Blixen hatte schon vor ihrer Zeit in Afrika ihr Talent zum Schreiben entdeckt und einige Texte veröffentlicht, doch erst nach ihrer Rückkehr wurde sie zu jener begnadet phantasievollen und einfühlsamen Autorin, deren Schreiben beflügelt wurde durch die so überaus reichen Erfahrungen ihrer afrikanischen Jahre und ihre eine Zeitlang zutiefst erwiderte und erfüllte Liebe zu Denys Finch Hatton. Ebenso wie sie für viele die unstillbare Sehnsucht nach dem verlorenen Paradies auf Erden und die Kraft ihrer überschäumenden, romantisch-spirituellen Imagination immer wieder von Neuem inspiriert hat.

21 Blixen, 1988, S. 273–275

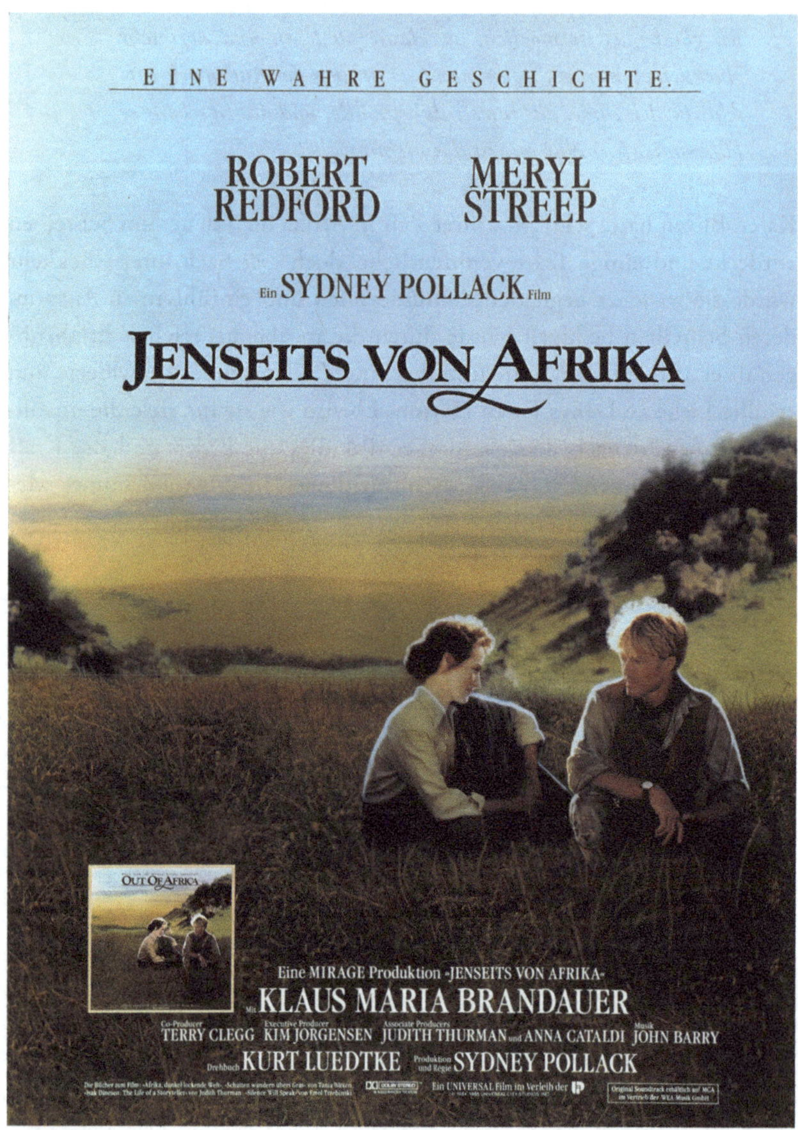

Abb. 5: Filmplakat mit CD-Cover des Soundtracks zu »Out Of Africa«

Und so brachte mir dieser Film nicht nur die Träume meiner Jugend zurück, so lebendig, dass ich keine zwei Jahre später auf den Spuren meiner Sehnsucht genau dorthin gereist bin, in die Landschaft der Ngong-Berge, auf den Spuren des Films und dieser leidenschaftlichen Frau, und dort einige der glücklichsten Wochen meines Lebens verbracht habe. Ich durfte dadurch auch den wundersam poetischen Texten dieser Schriftstellerin begegnen, nachdem mich ihre Worte, aus dem Off gesprochen von ihrer Filmfigur, gleich mit den ersten Bildern des Films in ihren Bann zogen und spätestens nach meiner Reise in diese »dunkel, lockende Welt« zu einer intensiven Beschäftigung mit ihrem Werk angeregt haben.

Der ergreifenden Wirkung dieses Films verdanke ich auch den Kauf der ersten CD meines Lebens (1986), noch ohne ein passendes Abspielgerät zu besitzen (das wurde zwei Wochen später angeschafft, auch wenn es mein damaliges Budget schwer belastetet hat), weil ich die elegischen Klänge von John Barry wieder und wieder hören wollte. Vermochten sie doch, meine Erinnerungen an die Bedeutung dieser Filmgeschichte für mein Leben jederzeit wieder wachzurufen.

2. Das Leben – Ein Gesamtkunstwerk

Die Angst vor dem Tod überwinden

Albert Camus bringt seine philosophische Haltung, die er in Essays, Romanen, Theaterstücken, Tagebüchern und journalistischen Arbeiten immer wieder formulierte, klar und deutlich auf den Punkt. In den einleitenden Sätzen seines frühen Essays *Der Mythos von Sisyphos* (1965), den er einen »Versuch über das Absurde« nennt, erklärt Camus:

> »*Es gibt nur ein wirklich ernstes philosophisches Problem: den Selbstmord. Die Entscheidung, ob das Leben sich lohne oder nicht, beantwortet die Grundfrage der Philosophie. Alles andere – ob die Welt drei Dimensionen und der Geist neun oder zwölf Kategorien habe – kommt erst später. Das sind Spielereien; zunächst heißt es Antwort geben.*«[22]

Die Antworten auf die entscheidenden, *existenziell* bedeutsamen Fragen nach dem Sinn des eigenen Lebens und Sterbens, nach dem großen Ganzen unseres leidvollen, ohnmächtigen, endlichen Daseins auf dieser Welt – es war für Camus so erschreckend unbegreiflich, dass er es als »das Absurde« bezeichnet hat –, kann nur der konkrete einzelne Mensch selbst geben. Er muss sich seiner eigenen Angst vor dem Tod stellen, um mit ihr leben zu können. »Philosophieren heißt Sterben lernen«, formulierte Montaigne diesen Zusammenhang ([1580]1998). Die bewusste Auseinandersetzung mit den großen Fragen des Menschseins ist so alt wie das philosophische Denken selbst. Und angesichts dramatischer Erschütterungen und Krisen der menschlichen Existenz, angesichts von *Leid, Schuld und Tod* – die Viktor Frankl in seinem

22 Camus, 1965, S. 9

Buch *Der leidende Mensch* (1984) als tragische Trias bezeichnet hat – oder auch in Anbetracht von Kriegen, Naturkatastrophen, Armut und Hungersnöten kann niemand sich dieser Frage entziehen, gibt es keine Ablenkungen und Ausflüchte mehr. Akute Todesangst lässt sich nicht verdrängen oder irgendwie aus der Welt schaffen – allenfalls unbewusst in andere leidvolle, lebensfeindliche Energien »umwandeln«. Der Mensch, der von ihr erfasst wird – recht besehen kann es jeden jederzeit treffen –, muss sich seiner Endlichkeit und jederzeit möglichen Nicht-Existenz stellen. Sobald der Einzelne im Bewusstsein der eigenen Sterblichkeit existiert, existiert jeder von uns augenblicklich in einer existenziell wahrhaftigen »Grenzsituation«, wie Karl Jaspers diese bewusste Begegnung mit der eigenen Endlichkeit nannte. Und auf einmal kann das Dasein kostbar und unendlich schön anmuten, gerade weil es so ohnmächtig und endlich ist. Um diesen Zusammenhang geht es bei jeder Selbstvergewisserung des einzelnen Menschen in seinem bewussten eigenen Lebensprozess – ebenso im Rahmen jeder intensiven, möglichst offen, unverstellt, ohne zeitlichen oder sonstigen Druck gestalteten Psychotherapie – und schließlich auch im aufmerksamen, möglichst wiederholten Wahrnehmen eines existenziell bedeutsamen wahrhaftigen Kunstwerks. Sei es in Gestalt eines Gemäldes, einer Musik, eines Buches, auf einer Bühne oder im Kino.

Immer wird sich das Ringen um die Erkenntnis menschlicher Tragik und Größe darin wiederfinden lassen, wird das Kunstwerk unsere leidvolle Ohnmacht und Verletzlichkeit ebenso bezeugen wie die Möglichkeit der Liebe und das Wunder der Schönheit menschlichen Daseins in der Welt. Zugleich wird bei einem existenziell wahrhaftigen Kunstwerk immer auch ein Ringen um die angemessene Form spürbar, werden wir uns als Rezipienten wahrhaftiger Kunst inspiriert und gemeint fühlen können, eingeladen zu einer persönlichen Antwort vor dem Hintergrund unseres eigenen Lebenskunstwerks, das wir tagtäglich mitgestalten.

Die Angst vor dem Tod verdeckt die eigentlich dahinter verborgene Angst vor dem nicht beziehungsweise *falsch* gelebten Leben: Was, wenn dieser Moment der letzte wäre und uns endgültig keine Chance mehr bliebe, etwas zu tun, zu verändern oder auszudrücken, was wir zu gern noch gesagt, entschieden oder erlebt hätten? In der Todesangst überfällt den Einzelnen entsetzliche Ohnmacht wie ein Appell zum Erwachen und Handeln im Sinn seiner Existenz, die nur das eigene Selbst so zum Ausdruck und zur Geltung bringen kann, wie es der ureigenen Sehnsucht entspricht. In dieser schöpferischen Kraft ist alle Energie enthalten, die das eigene Dasein in Lebenskunst verwandeln möchte und sich die dafür angemessenen Ausdrucksformen sucht und findet. In der Gabe dieser unendlichen Sehnsucht, in sich selbst als dem Ort und Zugangsraum zur Welt geborgen sein zu können, entfaltet sich in Tat und Wahrheit die menschliche Existenz in ihrer Ohnmacht und Größe. In ihrer entsetzlichen Angst vor dem Nichts und dem erhabenen Wunder ihrer verletzlichen, wagemutigen inneren und äußeren Schönheit. Die menschliche Existenz bezeugt in jedem wahrhaftigen schöpferischen Ausdruck und in jeder bewussten, aufmerksamen Wahrnehmung ihre tragischen Liebe zum Leben.

Kunst und Leben – Eine Familie inszeniert ihr Trauma im Film

Der Film *In America* von Jim Sheridan aus dem Jahr 2002 eignet sich aus mehreren Gründen ganz besonders gut, den Zusammenhang von Kunst und Leben, vom Leben als einem Gesamtkunstwerk, das wir schöpferisch mitgestalten können, zu verdeutlichen. Gleich auf verschiedenen Ebenen finden sich hier Beispiele für die erstaunliche Nähe und innere Verbindung eigener Erfahrungen mit dem Wunsch und den Fähigkeiten des Menschen, sie auch auf angemessene Weise schöpferisch zum Ausdruck zu bringen.

Zudem offenbart eine tiefenpsychologische Auseinandersetzung mit der Dynamik der Entstehung von *In America* – den mehr oder weniger bewussten Formen der Bewältigung eines traumatischen Erlebens aus der Vergangenheit dieser irischen Familie – einen bedeutsamen Bewusstwerdungs- und Befreiungsprozess für alle am Film Beteiligten. Eine ganz ähnliche Wirkung entfaltet sich zugleich potenziell bei allen Zuschauern, sofern es ihnen gelingt, sich möglichst aufmerksam, empathisch und offen auf die Geschichte des Films einzulassen.

Gerade weil *In America* so überaus authentisch, stimmig und wahrhaftig inszeniert wurde, gelingt es dem Zuschauer leicht, sich in das Geschehen auf der Leinwand hineinziehen zu lassen und mit den Protagonisten im Film auch die eigene Lebensgeschichte zu erfühlen und zu bedenken. Die Personen hinter und vor der Kamera versuchen ihre persönliche, ebenso leid- wie liebevolle Entwicklungsgeschichte mitzuteilen und darzustellen, um sie auf diese Weise nachhaltig verarbeiten zu können – und sie vertrauen damit zugleich der Öffentlichkeit ein ermutigendes und inspirierendes Beispiel gemeinsamer Leidbewältigung an. Im Grunde verhält es sich ganz ähnlich wie in einem gelingenden psychotherapeutischen (psychoanalytischen) Prozess, in den heilsame Bewegung kommt, sofern durch das authentische Bemühen und die potenzielle Offenheit *auf beiden Seiten* eine Übertragung der psychischen Energien möglich wird. Eine vertrauensvolle Nähe, die sich durch die spürbare Aufrichtigkeit der Akteure auf der Leinwand und aller an einer berührend glaubwürdigen Inszenierung Beteiligten vermittelt, weckt auch bei den Zuschauern aufrichtiges Interesse und die empathische Bereitschaft, dem Geschehen ungeteilte Aufmerksamkeit zu schenken. Im therapeutischen Setting verhält es sich ähnlich: die ungeteilte Aufmerksamkeit und mitfühlende Gegenwart eines Zuhörers (eines Psychoanalytikers) führt dazu, dass wiederum dessen spürbare Glaubwürdigkeit von der vertrauensvollen Nähe und zunehmenden Offenheit des Menschen in Therapie beantwortet wird. Dieser Prozess ist natürlich in der Auseinandersetzung mit einer Filmerzählung ein anderer als im leibhaftigen Gespräch mit einem unmittelbar anwesenden Menschen oder mit einer Gruppe im therapeutischen Setting. Auch gibt es bei der Betrachtung eines Films keinen direkten Austausch durch Nachfragen, Anmerken oder Stellungnehmen – allenfalls ließe sich mit den jeweiligen Autor/innen, Darsteller/innen oder anderen am Film beteiligten Personen im Nachhinein eine Diskussion über das von ihnen Ausgedrückte und von uns Wahrgenommene führen (sofern es uns überhaupt gelänge, in Kontakt mit ihnen zu treten).

Bei der Analyse von Kunstwerken beziehungsweise schöpferischen Ausdrucksformen von Menschen geht es immer um einen nachträglichen, zeitversetzten Prozess, der darum nicht weniger intensiv, empathisch, aufmerksam, authentisch und um Wahrhaftigkeit bemüht ist. Gerade aufgrund der möglichen Distanz und ruhigen, selbstbestimmten Aufmerksamkeit kann er sogar wesentlich nachhaltiger, zeitloser und erkenntnisreicher ausfallen. Eine Rezipientin kann sich in die Zeugnisse gleich welcher künstlerischen »Sprache« – in Texte, Bilder, Schauspiele, Lieder, Filme etc. – vertiefen, kann ihre Eindrücke und Erlebnisse jederzeit wiederholen (wie dies Walter Benjamin schon 1935 in seinem berühmten Aufsatz *Das Kunstwerk im Zeitalter seiner technischen Reproduzierbarkeit* beschrieben hatte) und die Begegnungen damit erneuern, sooft es ihre Zeit und ihre Geduld ihr ermöglichen. Immer wieder aufs neue kann sie wahrnehmen und in eine persönliche Beziehung treten zu dem, was ihre Sinne und ihr Geist sie erfahren und erkennen lassen aus jener anderen Welt dieses bestimmten Menschen, der sich da auf diese bestimmte Weise auszudrücken und mitzuteilen versucht hat, ohne dabei wissen zu können (und genau wissen zu wollen), wer da im einzelnen über seinen künstlerischen Ausdruck mit ihm in Beziehung tritt.

Ein Kunstwerk ist zuerst und zuletzt die eigene schöpferische Gestaltung einer konkreten Person (oder mehrerer), ihrer bewussten und unbewussten inneren Dynamik, die sich im schöpferischen Prozess Ausdruck und Geltung zu verschaffen versucht. Und es hat womöglich gerade dadurch zugleich eine befreiende, heilsame, jedenfalls expressive Wirkung. Und ähnlich verhält es sich mit der schöpferischen Gestalt der Wahrnehmung aufseiten der jeweiligen Rezipienten und ihrer bewussten und unbewussten inneren Dynamik, die einem Kunstwerk zuerst und zuletzt ihre eigene Zeit und Aufmerksamkeit widmen, um damit womöglich eine befreiende, heilsame, jedenfalls anregende Wirkung für sich zu erleben. Wegen der sich jederzeit verändernden inneren Befindlichkeit der an diesem Prozess beteiligten Personen – ob Künstler oder Rezipientin –, wäre auch jede tatsächliche Begegnung zwischen beiden, so sie denn möglich wäre, eine ähnlich lebendige, dynamische, spannungs- und erlebnisreiche Beziehung wie die in einem konkreten psychotherapeutischen Prozess. Darin liegt auch die Zeitlosigkeit aller schöpferischen Ausdrucksformen des Menschen, in denen er seine Gedanken, Gefühle und ästhetischen Empfindungen mitzuteilen versucht: als Erinnerung für sich selbst, als Zeugnis für seine Angehörigen oder seine Mit- und Nachwelt – für alle, die sich dafür interessieren, welcher konkrete einzelne Mensch (oder welche Gruppe von Menschen) sich warum auf diese Weise ausgedrückt hat.

Alle Kunst und Wissenschaft, die sich mit den Hervorbringungen und Zeugnissen menschlicher Kreativität beschäftigt und deren Geschichte als Geschichte einer Phänomenologie der unendlichen Vielfalt und Komplexität menschlicher Potentiale begreift, bewahrt die Zeugnisse unserer Sehnsucht für die Ewigkeit und liefert damit zugleich unendlichen Stoff für Forschungen und Analysen der menschlichen Natur und des menschlichen Wesens und deren (Über-)Lebensformen durch Geschichte und Gegenwart. Diesen umfassenden, allgemeinen Rahmen gilt es immer einzubeziehen und mit zu bedenken, bei der eigenen Analyse von Kunstwerken ebenso wie in einer konkreten Psychoanalyse vor dem (Über-)Lebenskunstwerk des konkreten einzelnen Menschen, der sich uns gerade anzuvertrauen versucht, um dem Geheimnis seiner Natur und seines Wesens auf die Spur zu kommen. Und dem wir dabei ebenfalls immer nur auf der Basis unserer eigenen Natur und unseres eigenen Wesens begegnen können, über die wir womöglich mehr oder weniger aufgeklärt sind und uns bestenfalls zeitlebens weiter bewusst zu werden versuchen.

Der Prozess der Auseinandersetzung mit sich selbst, mit einem anderen Menschen oder einem Kunstwerk ist ein *potenziell unendlicher*, schon deshalb, weil mit jedem neuen gegenwärtigen Augenblick, in jedem Moment des *Jetzt*, ein anderer Augenblick bereits wieder vergangen und zu Geschichte geworden ist. Und weil jederzeit zwei so unendlich komplexe, aus bewussten und unbewussten Dynamiken gestaltete und sich fortwährend entwickelnde »Welten« (Zusammenhänge, Menschen, Kunstwerke ...) aufeinandertreffen, dass sich auch andauernd neue, ungeahnte Perspektiven ergeben können – andere Empfindungen, Gefühle und Gedanken als beim letzten Mal.

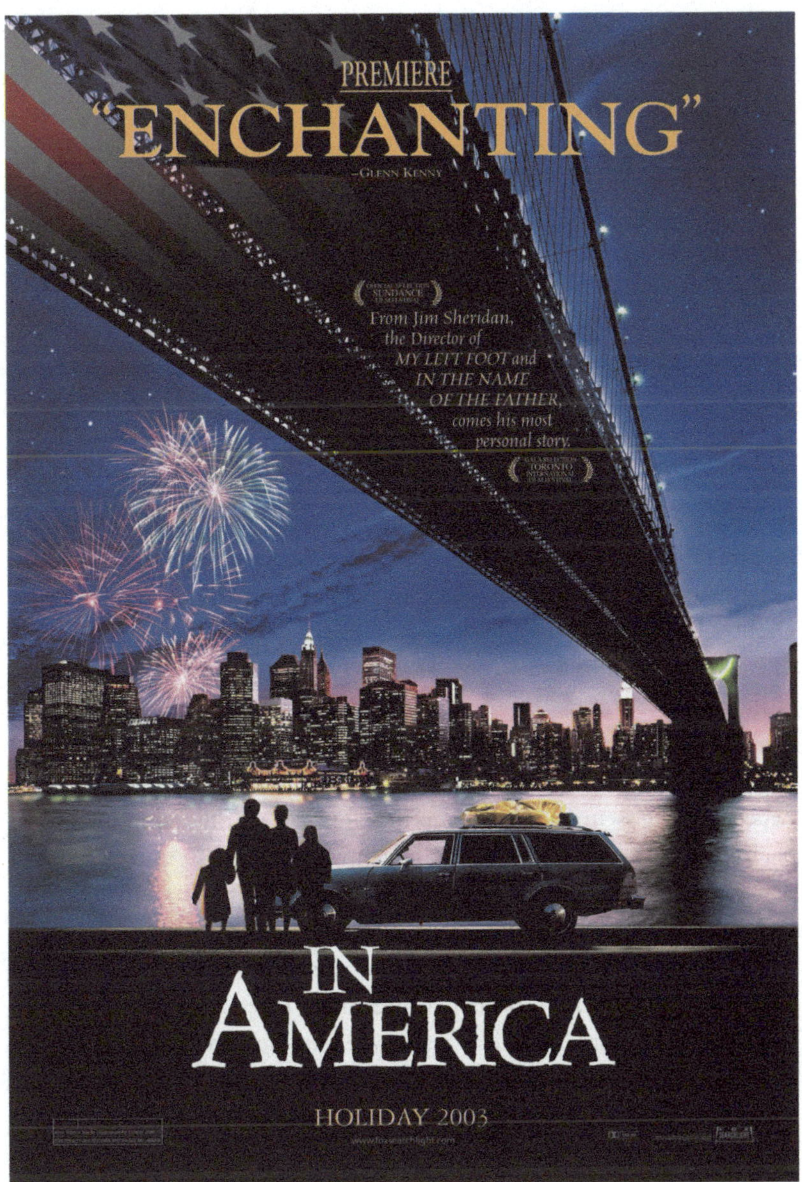

Abb. 6: Filmplakat *In America*

In America

Irland/Großbritannien 2002, 101 Min. Regie: Jim Sheridan. Buch: Jim, Naomi & Kirsten Sheridan. Kamera: Declan Quinn. Musik: Gavin Friday, Maurice Seezer. Schnitt: Naomi Geraghty. Produktion: Jim Sheridan, Arthur Lappin. Besetzung: Samantha Morton, Paddy Considine, Djimon Hounsou, Sarah Bolger, Emma Bolger, Ciaran Cronin.

Kurzkritik

Eine irische Familie immigriert in die USA, um sich eine neue Existenz aufzubauen, doch der Neuanfang ist überschattet vom tragischen Tod des jüngsten Kindes. Nach anfänglichen Schwierigkeiten beginnt die Familie, langsam in New York Fuß zu fassen und den Weg in ein glückliches Leben zu finden. Eine sehr persönliche, von der Autobiografie des Regisseurs inspirierte Immigranten-Geschichte. Die ausgezeichneten darstellerischen Leistungen sowie die fesselnde visuelle Umsetzung verdichten das hervorragende Drehbuch zu einem Film, der lange nachwirkt und zur Reflexion über die Themen Tod, Familie und Heimat anregt. (*Lexikon des Internationalen Films*)

Prolog – Transgenerationale Hintergründe

Die Geschichte des Films *In America* basiert auf realen Begebenheiten im Leben des Regisseurs Jim Sheridan. Er selbst war 1981 illegal in die USA – nach New York – immigriert, zusammen mit seiner Frau und seinen beiden Töchtern, um dort sein Glück im Filmgeschäft zu versuchen. Das Drehbuch zum Film entstand in Zusammenarbeit mit seinen Töchtern Kirsten (*1976) und Naomi (*1972) und verbindet die Erinnerungen der Familienmitglieder an tatsächliche Ereignisse jener Zeit mit fiktionalen Elementen. Auf eine Interview-Frage, wie autobiographisch der Film sei, antwortete Sheridan: »Er ist zu 90 Prozent wahr.«[23] Gewidmet ist der Film seinem toten Bruder Frankie. *Frankie* heißt in der Filmerzählung der an einem Hirntumor verstorbene kleine fünfjährige Sohn von Johnny (Paddy Considine) und Sarah (Samantha Morton), ihre Töchter heißen im Film Christy und Ariel. Wunderbarerweise fanden sich dazu zwei wirkliche Schwestern, Sarah und Emma Bolger, die während der Dreharbeiten in

23 Hamburger Abendblatt, 11.12.2003

genau dem Alter der Sheridan-Töchter zum Zeitpunkt der Filmhandlung (1981) waren, nämlich fünf bzw. zehn Jahre.

Bereits 1990 – Jim Sheridan hatte gerade seinen überaus erfolgreichen, vielfach preisgekrönten Film *Mein linker Fuß* über den Maler Christy Brown (gespielt von Daniel Day-Lewis) verwirklicht – hatte er seine Töchter dazu ermutigt, ein Drehbuch über ihre Kindheitsjahre in Amerika zu schreiben. Damals lebte die Familie bereits wieder in Irland, wo Jim Sheridans nächste Filme entstanden – u.a. *Das Feld* (1990), *Im Namen des Vaters* (1993) und *Der Boxer* (1997).

Für die Realisierung ihres Projektes *In America* arbeitete die Familie dann intensiv in New York (zum Teil an Originalschauplätzen) zusammen. Alle Töchter haben früher oder später wie ihr Vater in der Filmbranche zu arbeiten begonnen: als Autorinnen ebenso wie vor und hinter der Kamera. Die dritte Tochter (Tess) kam damals erst in New York zur Welt – mit »ihrer« Geburt endet auch der Film. Dort bekommt sie von ihren Eltern den Doppel-Namen *Sarah Mateo*, nach dem Vornamen ihrer Film-Mutter *Sarah*, die sie unter Lebensgefahr zur Welt bringt, und dem Vornamen des mit der Familie befreundeten todkranken Malers *Mateo*, der im Film genau in dem Moment stirbt, als das Baby im Brutkasten endlich die Augen aufschlägt...

Das Drehbuch, das von der Wirklichkeit der konkreten Lebensgeschichte der Familie Sheridan abweicht, bietet umfangreiches Material für eine überaus interessante vergleichende Untersuchung, für die es im Rahmen dieser exemplarischen Filmdeutung nur erste Hinweise geben kann. Ein derart autobiographisches Gesamtkunstwerk ist das ideale Zentrum für eine psychoanalytische Biographie dieser irischen Familie in New York, deren innere, transgenerationale Dynamik im individuellen und kollektiven Schreiben des Drehbuches intensiv zum Tragen gekommen sein muss. In Wirklichkeit reicht das Ereignis des frühen Todes von Sheridans Bruders Frankie in das Jahr 1967 zurück, als Jim bereits 18 Jahre alt war. Es war sein eigener Vater, Peter Sheridan, der den Schmerz über den Tod des jüngsten Sohnes mit Arbeit zu betäuben versuchte, und dadurch den Trauerprozess für seine Kinder, seine Enkelkinder und deren Familien so schwer bis unmöglich machte. Sheridan erklärt in seinem begleitenden Kommentar auf DVD, dass er versucht habe, im Film einerseits die frühen Jahre in New York zu erinnern – ganz wesentlich eben mit Hilfe und aus der Perspektive seiner Töchter –, doch zugleich noch einmal die Geschichte seiner eigenen

Jugend und das Verhältnis zu seinen Eltern zu beschreiben. Johnny (Paddy Considine) wird im Film also zum Alter Ego sowohl von Jim Sheridan selbst als auch von dessen Vater, den Jim als Jugendlicher in seinem Schmerz kaum erreichen konnte. Und zugleich ist Sheridan mit Christy als seiner älteren (Film-)Tochter identifiziert, aus deren Perspektive die Geschichte der Einwanderung der Familie erzählt wird. Die jüngere Tochter, Kirsten, erklärte in einem Interview zum Zeitpunkt der amerikanischen Erstaufführung des Films (2003), dass von dem Moment an, als ihr Vater beschlossen habe, das Schicksal seines Bruders Frankie in die Geschichte einzubauen, auch für die Töchter alles verändert war: »*I think we helped my dad, but when he decided to put the Frankie story in, I knew I had to step back. I knew that was the heart and soul of the film, and that's my dad's heart and soul.*«[24] Sie beschrieben jetzt nicht mehr nur die abenteuerlichen Erfahrungen einer Familie in New York, sondern eben auch, quasi aus der Perspektive ihres Großvaters, den schmerzlichen Trauerprozess um den verlorenen Sohn, der sich über ihren Vater Jim und dessen ungelöstes inneres Drama auch damals noch auf die junge Familie in New York auswirkte. Aus der Quelle dieses frühen Leidens speiste sich also offenbar nicht nur die Kreativität der Familie Sheridan – schon der Großvater war in Dublin als Schauspieler und Theaterregisseur tätig und betäubte seinen Kummer vor allem durch Arbeit –, sondern auch der schöpferische Prozess einer gemeinsamen Leidbewältigung: Die aus unterschiedlicher Perspektive betroffenen Familienmitglieder konnten sich und ihre verborgenen Gefühle nun in eine öffentliche Filmerzählung einbringen. Der so authentische wie heilsame Prozess übertrug sich spürbar auf alle am Film Beteiligten, insbesondere auf die vier Hauptdarsteller der Geschichte (eigentlich waren es sogar fünf, denn der an Aids sterbende Mateo wird sogar zu einer Schlüsselfigur der Leidbewältigung).

Indem die tatsächlichen Ereignisse aus der Biographie von Jim Sheridan und seiner Familie schließlich gemeinsam mit seinen Töchtern abgeändert wurden und der Zuschauer diesen Eindruck einer noch offenen, nicht lange zurückliegenden »Wunde« bekommt – als seien die Ereignisse um den schmerzlichen Verlust des Kindes vielleicht sogar der endgültige Anlass für die Auswanderung gewesen –, entsteht noch einmal eine ganz eigene Intensität und Übertragbarkeit für den aufnahmebereiten, empathischen Zuschauer.

24 Today Show, 25.11.2003

Die atmosphärische Gestaltung des Films

Diese »Kur« eines gemeinschaftlichen Projekts überträgt sich durch die außergewöhnliche Ausstrahlungskraft dieses Filmkunstwerkes potenziell auf jeden einzelnen aufmerksamen Zuschauer (falls der nicht gerade seinerseits ein akut schmerzliches Drama abwehren muss). Die besondere, zutiefst melancholische und melodramatische Atmosphäre des Films beruht auf der realen Erfahrung dieser Familie, ihres nicht abgeschlossenen, sondern Jahre später noch dieses Drehbuch befördernden Trauerprozesses. Dessen innere Dringlichkeit überträgt sich bereits mit der Anfangssequenz auf den Zuschauer – beginnend mit einer Befragung durch den Grenzbeamten, die auf sehr intensive Weise die Spannung vermittelt zwischen Verdrängung und Offenlegung der in dieser Geschichte wesentlichen existenziellen Wahrheit: des verstorbenen dritten Kindes. Erzählt und veranschaulicht wird in einer ungeheuer authentisch und glaubwürdig inszenierten Ausdrucksweise – in der die Protagonisten, insbesondere die Kinder, eher ihr richtiges Leben zu dokumentieren scheinen, als nur Rollen in einem Film zu spielen – die tiefe, anhaltende emotionale Erschütterung durch ein unbewältigtes Trauma. Dessen weitgehend unbewusste, weil viel zu lange von allen »tot« geschwiegene Dramatik, drückt als unsägliche Last auf die Stimmung der Familie und jedes einzelnen ihrer Angehörigen. Sie haben sich inzwischen in ihrer jeweiligen Rolle einzurichten versucht, ohne dadurch der weitgehend verdrängten Wahrheit des Vergangenen näherkommen zu können, geschweige denn, das Leid anzunehmen, zu teilen und womöglich zu verarbeiten.

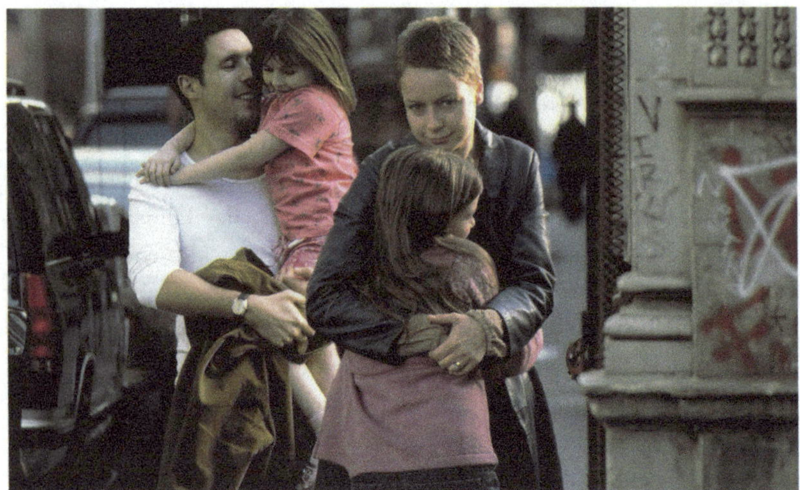

Abb. 7: Die Film-Familie Sheridan im Film *In America*

Sheridans genialer Einfall, quasi in einem »Rollentausch«, seine Film-Tochter Christy gleich von der ersten Szene an immer wieder mit einem Camcorder ihre Umgebung filmen und kommentieren zu lassen und zusätzlich mit diesem Gerät aufgenommene frühere oder gerade entstehende Szenen in die Filmerzählung zu montieren, schafft genau dieses Spannungsverhältnis zwischen Authentizität und beobachtender, nachdenklicher Distanz, die jeden künstlerischen Schaffensprozess begleitet und für den aufnahmebereiten Rezipienten so faszinierend erscheinen lässt.

Aus dem Off, zu noch ganz unscharfen Bildern, aus denen eine im Wind wehende amerikanische Flagge auftaucht, hören wir Christy bereits erzählen: »*Es gibt ein paar Dinge, die man sich wünschen sollte ... und es gibt welche, die man sich nicht wünschen sollte. Das hat mir mein kleiner Bruder Frankie gesagt. Er hat gesagt, ich hätte nur drei Wünsche ... Ich hab ihm in die Augen gesehen, und ich weiß nicht, warum ... aber ich hab ihm geglaubt ...*« Damit ist das Interesse schon geweckt und in der ersten klar erkennbaren Szene »sitzt« der Zuschauer mit im Wagen der Familie, wo der Vater den Kindern noch einmal einschärft: »*Wir machen hier Ferien, nicht vergessen...*« – und die Mutter ihre Tochter ermahnt, den Camcorder wegzulegen, mit dem diese offenbar gerade auch die ersten unscharfen Filmbilder aufgenommen hatte.

Der Wagen hat soeben die Grenzkontrolle erreicht, und da fragt auch bereits ein Beamter, der sich auf der Fahrerseite zum Fenster beugt:

»*Die Ausweise bitte ...* «

»*Wir sind hier in Ferien!*«, ruft Ariel lauthals von hinten, was dem Beamten anscheinend etwas zu forsch klingt.

»*Ist das wahr, Kleines?*«

Als sie dann noch aufgekratzt nachsetzt: »*Ja, und mein Dad arbeitet nicht!*«, winkt der Beamte einen Kollegen herbei, damit der auf der Beifahrerseite auch noch die Mutter ins Verhör nimmt.

»*Aus welchem Grund besuchen Sie die Vereinigten Staaten?*«

»*Wir machen Ferien*«, antwortet Sarah wie vereinbart, und beginnt dann noch andere Erklärungen abzugeben, die der Zuschauer allerdings nicht mehr deutlich verstehen kann, weil jetzt wieder die kommentierende Stimme von Christy zu hören ist:

»*Wie ich Mom und Dad so zuhörte, hatte ich Angst, dass wir gar nicht über die Grenze kommen würden. Und wenn ich nicht mit Frankie reden könnte, wie sollten wir dann nach Amerika reinkommen ... Bitte, Frankie, bitte ... bitte hilf uns, sagte ich ...* «

Und in diesem Moment führt das Drehbuch die entscheidende Irritation ein, mit der die existenzielle Psychodynamik der Geschichte auch für den Zuschauer in Gang gesetzt wird:

»*Wie viele Kinder haben Sie?*«, fragt der erste Beamte auf der Fahrerseite in den Wagen hinein.

»*Äh ... drei*«, antwortet Johnny und sofort fällt ihm seine Frau mit einem vorwurfsvollen Blick ins Wort: »*Zwei!*« Und Johnny korrigiert sich mit trauriger Stimme: »*Zwei ...* «

Der Beamte wird stutzig und schaut in die vorgelegten Papiere: »*Hier steht ›drei‹ ...* «

Johnny wiederholt: »*Zwei ... wir haben eins verloren.*«

Für einen Moment spiegelt sich im Gesicht des Beamten auch die Verwirrung des Zuschauers, der die Tragik hinter den Worten spürt. Sichtlich betroffen flüchtet er sich in heitere Ablenkung. Er schaut auf den Rücksitz und fragt: »*Na, kleine Maus, wie heißt Du?*«

»*Ariel*«, antwortet die fröhlich.

»*Und wie heißt du?*«, will er von ihrer Schwester wissen. Doch Christy scheint mit ihren Gedanken ganz woanders und antwortet ihm nicht.

»*Sie heißt Christy*«, antwortet ihre Mutter stellvertretend.

»*Wie alt bist Du, Christy?*«, versucht der Beamte erneut, mit ihr in Kontakt zu treten.
Doch jetzt springt gleich Ariel für sie ein: »*Sie ist zehn!*«
Der Beamte lächelt in die Runde und überlässt die Familie ihrem Schicksal: »*Willkommen in Amerika!*«
»*Dankeschön*«, erwidert Johnny erleichtert und dreht sich kurz zu den Kindern um. Im Gesicht von Christy spiegeln sich Anspannung und Freude, sie war ganz auf ihre Innenwelt konzentriert.
Während der Wagen hinter dem Schlagbaum Fahrt aufnimmt, hört der Zuschauer wieder Christys Stimme aus dem Off: »*Und damit war mein erster Wunsch aufgebraucht ... Aber ich hatte ja noch zwei übrig.*«
Inzwischen fährt der Wagen durch die Dämmerung auf die Skyline New Yorks zu. »*Manhattan haben wir gehört, bevor wir es gesehen haben. Tausend komische Stimmen kamen von überall her. Und ob ihr's glaubt oder nicht, wir mussten unter dem Wasser hindurchfahren, um in die Stadt zu kommen ... Und wir hatten zu allem den Kontakt verloren. Es war, als wären wir auf 'nem anderen Planeten.*«

Und wie zu Erklärung sehen wir jetzt durch Christys Augen im Camcorder gespeicherte Aufnahmen vom Spiel mit einer Frisbee-Scheibe zwischen einem Erwachsenen und einem kleinen Jungen, der offenbar ihr kleiner Bruder Frankie war.

Rauschhafte Gegenwart und traumatische Vergangenheit

Durch die nachtdunklen Scheiben des fahrenden Autos, in denen sich die Neonlichter vielfach spiegeln und brechen, sieht der Zuschauer die zugleich erschöpften, angespannten und erwartungsvollen Gesichter dieser kleinen Familie. Johnny dreht am Radio, um die Stimmung ein wenig zu lockern. Und als er bei einem Song hängenbleibt und ihn lauter dreht, beginnen die ersten tief berührenden Minuten dieses Films, die einem Zuschauer bereits jetzt Tränen der mitfühlenden Freude und der glücklichen Befreiung in die Augen treiben können. *Do You Believe in Magic?* (1965) singen »The Lovin' Spoonful« aus voller Kehle, während der Wagen gerade aus dem Tunnel auf die Grand Central Station zufährt und dann irgendwo am Broadway, Ecke Times Square, im Verkehr stecken bleibt.

In dieser genialen Filmsequenz gelingt es – hier ganz besonders durch Kameraführung, Schnitt und Regie –, die innere Befindlichkeit der Protagonisten mit den rauschhaft bunten und fantastisch illuminierten Leuchtreklamen und Lichtreflexen der Scheinwerfer zu vereinen. Gespiegelt im Strahlen der Gesichter dieser vier Personen, die im Moment ihrer Ankunft in der Stadt überglücklich sind.

Die dann folgenden Szenen rund um ihr Eintreffen in einem seit je zwielichtigen Stadtteil von Manhattan – Hell's Kitchen – und ihr Einzug in ein noch viel zwielichtigeres Haus voller Außenseiter der Gesellschaft – Junkies, Kleinkriminelle, Prostituierte, Arbeitslose und Künstler –, wirken sehr authentisch und nah am tatsächlichen Geschehen jener Zeit. Vermutlich auch, weil alle Familienmitglieder Details ihrer Erinnerungen zum Drehbuch beitragen konnten. Nur in dieser Gegend Manhattans war für sie eine Wohnung bezahlbar – war Hell's Kitchen doch bereits seit der großen Hungersnot in Irland, Mitte des 19. Jahrhunderts, zum Armenviertel irischer Einwanderer in New York geworden.

Im Zeitraffer verfolgt der Zuschauer nun, wie die Familie eine völlig desolate Dachbodenwohnung renoviert und sich darin behaglich einzurichten versucht. Wir erleben Johnny dabei, wie er die defekte Dusche an einer frei im Raum stehenden Badewanne repariert, bis endlich der von den Kindern ersehnte Wasserstrahl aus der Leitung kommt und sie sich darunter abkühlen können. Währenddessen bemüht sich der Vater, den Text für ein Vorsprechen am Theater auswendig zu lernen.

Gleich danach veranschaulicht eine überaus dynamisch, einfühlsam und liebevoll inszenierte Szene das Bemühen umeinander und den Zusammenhalt in dieser Familie auf tragisch-komische Weise: Da es in jenem Sommer in der New Yorker Dachwohnung unerträglich heiß geworden ist, besorgt Johnny eine Klimaanlage – die er in eben dem Theater entwendet hat, in dem er als Nebendarsteller jobbte –, und wir sehen, wie er das Gerät durch den ringsum tosenden Verkehr auf der Straße hinter sich her zieht und dann eigenhändig bis in den dritten Stock hinaufschleppt, um in der Wohnung feststellen zu müssen, dass an der Geräteschnur der falsche Stecker sitzt. Nachdem er sich den richtigen Stecker erst durch die Rückgabe von Pfandflaschen kaufen kann und es endlich gelingt, sich für Momente an einer kühlen Brise in der Wohnung zu erfreuen, brennen prompt im ganzen Haus die Sicherungen durch. Zur Belohnung bei so viel Frust gehen alle gemeinsam ins Kino und schauen sich *E. T. – der Außerirdische* (Spielberg, 1982) an und kehren anschließend noch in einer Eisdiele namens »Heaven« ein. Weil

Ariel dort darüber jammert, was sie alles vermisse, dass sie niemanden zum Spielen habe, ihre Schwester Christy sich die ganze Zeit mit ihrem Camcorder beschäftige und auch der Vater nicht mehr so wie früher mit ihnen spiele, gehen sie zum Trost für die Kleine sogar noch zusammen auf den Rummelplatz. In dessen nächtlich bunt illuminierter Atmosphäre wird eine dramatisch intensive Schlüsselszene des Films vorbereitet – und zwar mit einer weiteren, außerordentlich dicht inszenierten, ebenso spannenden wie beglückenden minutenlangen Sequenz, die einen diese Familie – dank ihrer kongenialen Darsteller – endgültig ins Herz schließen lässt.

Das Trauma des Vaters und die Sehnsucht der Mutter

Welche der einzelnen Szenen genau so stattgefunden haben, welche für den Film abgeändert oder zusätzlich eingebaut wurden und warum, lässt sich auf der DVD (20th Century Fox, 2006) dem Off-Kommentar des Regisseurs entnehmen, der erstaunlichen und sehr persönlichen Aufschluss über seine Absichten und Empfindungen zu bestimmten Szenen gibt. Was Sheridan erwähnt und was nicht, wann er eine Bemerkung zu den wundervollen Augen von Samantha Morton macht oder wie er den Gesichtsausdruck eines Kindes beschreibt, wäre eine eigene Analyse wert, für die hier nicht der Raum ist. Doch für die Dimensionen der Filmdeutung, zwischen dem Selbst des Regisseurs sowie der anderen am Film mitwirkenden Personen und dem des aufmerksamen Zuschauers, der sich mit den mehr oder weniger bewusst inszenierten Gefühlen und Gedanken des Films und seinen eigenen Assoziationen dazu verbunden erleben kann (oder nicht), eröffnen sich unendliche Potenziale der Erkenntnis.

An jener erwähnten zentralen Stelle der Filmhandlung, die der Wirklichkeit seiner damaligen Situation entspricht, und in der er zum Trost für seine Tochter Kirsten (Ariel) bei einem Wurfspiel unbedingt eine E.T.-Puppe zu gewinnen versuchte und dabei beinahe das ganze Geld der Familie verspielte, erwähnt Sheridan selber seine *Verdrängung* und *Projektion* bei dieser Szene, in der er das Gefühl hatte, wieder seinen rechthaberischen, der Wettleidenschaft für Pferderennen verfallenen Vater vor sich zu sehen. Tatsächlich jedoch habe er, inspiriert vom Drehbuch seiner Tochter, die Dynamik seines *eigenen* Verhaltens an jenem denkwürdigen Abend inszeniert. Geschah es womöglich unbewusst mit der Absicht, sich zugleich von seiner eigenen Herrschsucht wie der des Vaters zu befreien? Jedenfalls schlägt die Euphorie über das schließlich gewonnene Stofftier, die zunächst nach all der Anspannung in ausgelassene Albernheit und lustige Spielchen mündete, später in der Wohnung für Johnny in schiere Verzweiflung um. Gerade noch schien an der Wurfbude das letzte Geld der Familie verloren, so dass Christy bereits heimlich ihren zweiten Wunsch gen Himmel schicken musste: »*Da habe ich gesagt, Frankie, du musst mir noch einen zweiten Wunsch erfüllen ... Bis heute glaubt mein Dad, dass er es gewesen ist, der den E.T. gewonnen hat ...* «, hören wir sie aus dem Off kommentieren. Doch auf einmal holt Johnny die Vergangenheit wieder ein. Er zieht sich die Augenbinde herunter, die ihm Sarah im Treppenhaus umgebunden hatte, damit er mit seinen Töchtern Versteckspielen konnte, als komme ihm mitten im Spiel etwas Schreckliches in den Sinn. Als dürfe es ihnen miteinander nicht gut gehen, als könnten sie nicht einfach ausgelassen und fröhlich sein, sinkt Johnny zu Boden und starrt plötzlich wie weggetreten ins Leere. Die Kinder sind verwirrt, und Sarah kniet sich neben ihn: »*Johnny, was hast du?*« Der kann es kaum aussprechen: »*Ich war auf der Suche nach ihm ... ich war auf der Suche nach Frankie ...* «

An dieser Stelle sind Sheridans Erklärungen besonders interessant. Sie geben Auskunft über seine Vermutungen zum eigenen Verhalten und über die Hintergründe seines ästhetischen Empfindens, das seine Erlebnisse in dieser Art und Weise inszeniert:

> »*Er hat in seiner Vorstellung das tote Kind gesehen. Also kann er nicht mehr in seiner Fantasie Zuflucht suchen. In seiner Fantasie herrschen Hoffnung und Freude. In gewisser Weise ist das Kind in ihm gestorben. Und als es wieder zum Leben erwacht, was widersprüchlich klingt, ist das sein Tod. Und ich glaube, so bin ich geworden. Ich bin öfter im Leben angegriffen worden und dann passiert diese seltsame Sache ... Wenn ich in Lebensgefahr bin, mein Leben wirklich gefährdet ist, aus irgendeinem Grund plötzlich etwas fühle wie: o.k., ich bin bereits tot. Also zeig mal, was du draufhast. Und das war es, was mir passiert ist. Ich habe Leute abgewehrt, die mich abstechen wollten, nur durch Coolness. Das ist schon seltsam.*«[25]

25 Die Kommentare von Sheridan werden hier als Mitschriften der deutschen Untertitel von der DVD des Films wiedergegeben.

Die Kamera zeigt das traurig mitfühlende Gesicht von Christy in Großaufnahme, und Sarah, die ihren Mann sofort versteht, flüstert ihm ins Ohr: »*Geh, spiel mit den Kindern, Johnny* ...« Doch der ist noch in seinem Schmerz gefangen: »... *und ich konnte ihn nicht finden ... glaubst du, ich werde verrückt?*« – »*Spiel, Johnny ... spiel einfach weiter* ...«, beharrt Sarah, »*spiel weiter, Liebster* ...« Und als ob ihn ihre zärtliche Stimme erreicht habe, zieht er sich das Tuch vor die Augen und sucht wieder mit bedrohlich klingenden Lauten als vermeintliches »Monster« nach seinen Töchtern, die sogleich erneut vor Vergnügen jauchzen. Wie liebevoll und dankbar ihn seine Frau in diesem Moment ansieht, wie wahrhaftig einfühlsam Samantha Morton der Rolle von Sheridans Frau Ausdruck verleiht und die Kamera sie für den Zuschauer hier ins Bild setzt, ist – jedenfalls für mich – einer der berührendsten Augenblicke, die ich je in einem Film wahrgenommen habe. Sheridan dazu:

> »*Die Blicke sind alle toll. Manche haben mir nach der Ur-Aufführung des Films gesagt, ›der Film ist großartig ... aber es sind so viele Nahaufnahmen.‹ Ich sagte, keine Ahnung, die Nahaufnahmen waren mir nicht bewusst ... Die meisten denken wohl, dass Darsteller durch Nahaufnahmen abstrakt wirken, außerhalb der Realität des Sets stehen, in einer Art schwebender Sphäre ... Aber ich denke, das trifft nur zu, wenn die Blicke ausdruckslos sind. Es steckt viel Intimität darin, wenn man einen Blick erwidern muss. Hört man nur die Stimme, zieht es einen in die schwebende Sphäre, man weiß nicht mehr, wo man ist. Das ist bedrückend. Das zeigt die Entwicklung, die unser Leben genommen hat, was die Intimität bzw. ihr Fehlen betrifft. Darum sind Nahaufnahmen beängstigend. Der Ur-Typus der Nahaufnahme ist sehr machtvoll, der Blick unserer Mutter, an deren Brust wir saugen ... Das ist ein machtvoller Mechanismus, der nur selten eingesetzt werden sollte, nehme ich an. Ich muss meine Mutter sehr geliebt haben, weil ich das dauernd einsetze.*«

Sarah schaut dem Spiel eine Weile ergriffen zu, dann ruft sie laut nach ihrem Mann: »*Johnny...!*« – bis der sich erneut die Augenbinde abstreift –, »*du hast mich nicht gefunden.*« »*Ich hab' dich gar nicht gesucht* ...«, antwortet Johnny, vom Herumtoben ganz außer Atem. »*Ja, genau ... du hast mich gar nicht gesucht*«, erwidert Sarah mit einem verführerischen Blick, den Johnny versteht und beantwortet: »*Ich finde dich ..., ganz egal, wo du dich versteckst ...*« In diesem Moment zeigt die Kamera das Gesicht von Christy, die tief berührt zwischen ihren Eltern hin und her schaut. Johnny zieht sich das Tuch wieder ins Gesicht und tappt langsam in Richtung seiner Frau. Die reagiert prompt, greift nach ihrer Handtasche und gibt sie den Kindern. »*Nehmt das Geld, geht ins ›Heaven‹, Paulina kümmert sich um euch.*« Die Szene mündet schließlich in einem Liebesakt zwischen den Eltern, den die Regie dramaturgisch mit der Freude der Kinder in der Eisdiele verbindet und außerdem, unterlegt von einer treibenden Trommelmusik, mit dem Leiden des todkranken Malers Mateo, der zur gleichen Zeit in seiner Wohnung, eine Etage darunter, schreit, randaliert und gegen sein Schicksal wütet. Obendrein tobt noch ein Gewitter, das sich blitzend und krachend über der Stadt entlädt. Als Sarah gerade verschwitzt und mit einem seligen Lächeln in ihr Kissen sinkt, kommentiert Christys Stimme aus dem Off: »*Und das war der Moment, in dem das Baby gezeugt wurde.*« Gleich darauf kippt die Stimmung zwischen den Eltern erneut, da jetzt auch Sarah, im Moment des Glücks, an ihren verstorbenen Sohn denken muss. »*Frankie hatte deine Augen, Johnny*«, erklärt sie ihm, als diesmal *er* fragt, was denn los sei. Und wir erleben, dass auch Sarah von Schuldgefühlen gequält wird und fürchtet, ihr Mann könne ihr vorwerfen, sie hätte den Treppensturz des Sohnes verhindern können (der in Wahrheit bereits Folge seines Hirntumors war).

Erlösung und Wahrheit

Bis dahin hat der Zuschauer bereits mehrfach erfahren, wie sehr der Tod von Frankie das Familienleben noch immer überschattet, aber jetzt kommt im Film noch der Hausbewohner Mateo ins Spiel. Von ihm weiß man bis zu diesem Zeitpunkt kaum etwas, außer, dass sich dieser seltsame, hünenhaft große, dunkelhäutige Mann in seiner Wohnung verschanzt hat – »Keep away« steht mit Ölfarbe an die Tür gemalt – und dort immer wieder herumschreit. Weil die Mädchen in ihrer Verkleidung zu Halloween entschlossen an seine Tür klopfen und »Süßes oder Saures« rufen, kommen sie schließlich als erste in Kontakt mit Mateo. Als er wutentbrannt die Tür aufreißt, weil er sich durch das vehemente Klopfen gestört fühlt, erschrecken nicht nur die Mädchen, auch der Zuschauer kann diese Gestalt zunächst nicht richtig einschätzen. Doch die Spannung legt sich sogleich, als er die beiden

Mädchen hereinbittet, freundlich auf ihre Fragen antwortet und sich gerührt zeigt von dem aufrichtigen Interesse der Kinder an ihm. Angeregt durch das Gespräch über ihr gemeinsames Wohnhaus, das Mateo auf eine seiner vielen Leinwände gemalt hat, die überall im Raum herumstehen, und das er als ein »magisches Haus« bezeichnet, erzählen ihm die Kinder schließlich von ihrem verstorbenen Bruder Frankie, der auch an Magie geglaubt habe. Als Mateo die Geschichte von Frankies tragischer Erkrankung erfährt, beginnt er zu weinen, und die Kinder wundern sich (wie der Zuschauer auch) über diesen Gefühlausbruch – nachdem Mateo kurz zuvor noch so voller Wut war. Ariel legt ihm besänftigend eine Hand auf die Schulter und sagt: »*Es geht ihm gut ... Er ist jetzt im Himmel.*«

Mateo möchte den Kindern gerne zu Halloween etwas schenken und schaut dazu auch in seinem Kühlschrank nach. Mit den Mädchen erkennen auch die Zuschauer, dass hinter der Tür nichts als Medikamente in Schachteln und braunen Flaschen verschiedener Größe gelagert sind. Damit erahnen wir erstmals etwas von Mateos todbringender Erkrankung. In der Filmfigur dieses schwarzen, todkranken Malers sind angeblich verschiedene reale Personen jener Zeit miteinander verwoben, unter anderem die des jungen afro-amerikanischen Maler-Genies Basquiat, den Sheridan damals in New York kennenlernte und der sich in seinen Bildern immer wieder auch mit dem Thema Tod auseinandersetzte (er starb bereits 1988 an einer Überdosis Heroin). Mateo mag dem Zuschauer auf den ersten Blick wie ein exotischer Fremdkörper erscheinen, doch wird er gleichsam zum Vermittler im traumatischen Grundkonflikt dieser Familie. Zuerst können sich die Kinder mit ihm identifizieren, während Johnny sich in einer Mischung aus Angst und Eifersucht ihm gegenüber anfangs noch sehr reserviert verhält. Doch durch die Parallelität von Mateos Sterben mit der Geburt des Babys lernt die Familie endlich den Tod Frankies angemessen zu betrauern. Sie müssen das Trauma nicht länger verdrängen, um weiterleben zu können. Unter dem Unbewältigten der Vergangenheit, unter den Abspaltungen ihres Vaters, hatten im realen Leben – eben »transgenerational« – auch die Sheridan-Töchter noch zu leiden. So wie Jim neben seinem eigenen Schmerz über den Verlust des kleinen Bruders zeitlebens noch die Verdrängungen seines Vaters zu ertragen hatte, der versuchte, sich innerlich zu betäuben und seinen tiefen Schmerz und seine Schuldgefühle mit Alkohol, Spielsucht und einem rastlosen Arbeitspensum abzuwehren.

Über diese wichtigen Zusammenhänge gibt der Regie-Kommentar zu einer Szene Aufschluss, die im Film ein paar Minuten später stattfindet. Während Sarah ebenfalls gleich Vertrauen zu Mateo fasst und ihn spontan zum gemeinsamen Abendessen einlädt, als sie von seinem Kühlschrank voller Medikamente hört, spüren wir Johnnys Eifersucht und Abneigung gegen Mateo, je stärker die Zuneigung seiner Familie zu dem Künstler wird. Als bald darauf auch noch ernste Schwangerschaftskomplikationen auftreten und Sarah Johnny im Streit mangelndes Einfühlungsvermögen vorhält, stürmt er aus der Wohnung und trifft dabei auf Mateo, gegen den sich nun seine ganze Wut entlädt.

Er stellt ihn in seinem Atelier zur Rede, indem er einen Satz Mateos wiederholt: »›*Das Baby bringt sein eigenes Glück mit‹ ... ja? Ich sag dir, was für'n Glück das Baby bringt ... Das Baby kann sie infizieren, und dann steh'n zwei Mädchen ohne ihre Mom dar ... Also halt mal besser deine Schnauze!*«
»*Du **glaubst** nicht ...*«, antwortet Mateo betont ruhig.
Johnny, der schon im Gehen war, dreht sich langsam zu ihm um und geht mit weit aufgerissenen Augen auf Mateo zu:
»*An was? ... An Gott? ... Weißt du, ich hab' ihn um 'nen Gefallen gebeten ... Ich hab' gesagt, nimm mich anstelle von ihm ... Und er hat uns beide genommen, dieser Gott ... Und sieh mal, wer jetzt an meiner Stelle ist*«, Johnny wankt mit irrem Blick ein paar Schritte rückwärts, »*ich bin 'n Scheiß-Gespenst ... Ich existier' gar nicht ... Ich kann nicht denken, ich kann nicht lachen ... weinen auch nicht ... Ich kann ... Scheiße nochmal ... nicht fühlen!*«, schreit er auf und schlägt sich dabei rasend mit voller Wucht auf den Kopf. Dann wankt er wieder verzweifelt auf Mateo zu, provoziert durch dessen Ruhe in diesem Moment:
»*Willst du mit mir tauschen? ... Wärst du gern an meiner Stelle?*«
»*Das wünschte ich*«, entgegnet der.
Der Zuschauer weiß hier schon mehr als Johnny, der sofort eifersüchtig wird: »*Liebst du sie ... liebst du sie?*«, fragt er in verzweifelter Empörung.
Jetzt beherrscht sich auch Mateo nur mehr mühsam und erwidert entschlossen Johnnys Blick, der ihn nur noch entgeistert anstarren kann: »*Nein ... aber ich liebe dich ... und ich liebe deine wundervolle Frau ... und ich liebe deine Kinder ... und ich liebe sogar euer ungeborenes Kind...*«
Er wird immer lauter und schreit Johnny ins Gesicht: »*...und ich liebe sogar deinen ... deinen Zorn ... Ich liebe alles, alles was lebt ...!*«

Erschöpft wendet er seinen Blick ab und die Kamera zeigt uns jetzt in Großaufnahme, was Johnny in diesem Moment langsam begreift: »*Du* ... ***stirbst*** ... *Das tut mir leid* ...«

Während er beschämt mit gesenktem Kopf aus Mateos Atelier geht, erklingen die ersten Takte des wunderbaren Liedes »Desperado« aus dem Off. Zuerst hören wir nur Christys Stimme und sehen sie nach einer Überblende in Jeansjacke und mit Cowboyhut singend im Scheinwerferlicht auf einer kleinen Bühne, während ihre Eltern unter den Zuschauern sitzen und Johnny stolz seine Tochter mit dem Camcorder filmt. Die Regie verbindet diese Situation im Off-Ton mit Bildern der beiden Mädchen, die sich im abendlichen Schlafzimmer auf dem Gerät Aufzeichnungen aus glücklicheren Tagen in Irland anschauen, in denen auch Frankie vorkommt. Dazwischen wiederum sehen wir Szenen mit Johnny am Steuer eines Taxis im nächtlichen New York. Die filmische Montage verbindet hier Erinnerung und Gegenwart und kommt in Christys Gesang ergreifend intensiv zum Ausdruck.

Das Lied *Desperado* (1973) von den »Eagles« handelt von einem Außenseiter, der sich offenbar von seinen Gefühlen abgespalten hat, um besser durchs Leben zu kommen und dadurch immer einsamer wird. In der letzten Strophe heißt es:

> Desperado, why don't you come to your senses?
> Come down from your fences;
> open the gate
> It may be rainin', but there's a rainbow above you
> You better let somebody love you,
> before it's too late.

Durch die Dramaturgie dieser Szene werden Christy und Johnny gleichsam als Jim Sheridan (alias Christy) und sein Vater Peter (alias Johnny) wieder gegenwärtig. Und das Lied wird textlich zu einem Appell der Tochter an den Vater – einem Appell zur Selbstfindung durch die Annahme des Leids, um endlich wieder frei und zur Liebe bereit zu sein.

Doch noch einmal zurück zur Szene des Zusammentreffens des verzweifelten Johnny und des sterbenskranken Mateo, die Sheridan in seinem Regie-Kommentar erstaunlich klar analysiert:

»*Witzigerweise ist die Figur Mateo fast ein Alter Ego, ein spiritueller Vater, der das tun kann, was Paddy [Johnny] verwehrt ist. Er kann den Tod anbrüllen, kann aus dem Tod Kunst machen, kann gegen ihn kämpfen, sich mit ihm abfinden. Er ist an dem Punkt, an dem er alle Gefühle zulassen kann ... Wenn man sich selbst zur Figur macht, ist es sehr schwer, sich widersprüchlich darzustellen, denn wenn man sich mit eigenen Augen betrachtet, versteht man seine Handlungen, selbst die verrückten. (...) Ich musste das schreiben, weil es um seinen [Johnnys] Konflikt mit Gott ging und dass er sich selbst verloren hatte, als das Kind starb. (...) In dieser Szene versuchte ich also die Widersprüche, die in ihm herrschen, zu zeigen, was sehr schwierig ist. Man neigt ja dazu, weil man weiß, dass es egomanisch ist, etwas über sich selbst zu drehen, sehr hart zu sich selbst zu sein. Ich musste also lernen, diese Figur zu mögen, was wohl dasselbe ist, wie sich selbst zu mögen. Deshalb sagt Mateo, sein Alter Ego: ›Du musst dich selbst lieben, du darfst nicht so hart zu dir sein.‹ Darum geht es hier. Ich finde, das ist eine sehr gute Szene. Die Idee, dass der Schwarze aus Afrika, der an AIDS stirbt, der spirituelle Führer sein könnte, gefiel mir. Denn das ist witzigerweise subversiv, ohne dass man es merkt.*«

Sheridan führt also in der Gestalt Mateos gleichsam einen dramaturgischen Katalysator in das Geschehen ein, mit dessen Hilfe es ihm erheblich leichter und anschaulicher gelingt, vom Drama der unausgedrückten Gefühle in seiner eigenen Familie zu erzählen. Und zugleich stellt er, identifiziert mit Christys Perspektive (deren Camcorder obendrein seine persönliche Befreiung als Filmemacher symbolisiert) noch einmal die Geschichte seiner eigenen Herkunftsfamilie dar und die emotionale Unnahbarkeit seines Vaters.

In dieser doppelten Spiegelung und deren Vermittlung im Film *In America* entfaltet sich die kathartische Kraft der schöpferischen Ausdrucksform für die am Film direkt beteiligten Personen. Und zugleich wird sie für potenziell alle Menschen im eigenen Erleben nachfühlbar, die bereit sind, diesem Gesamtkunstwerk ihre Aufmerksamkeit zu schenken. Mit dieser tief berührenden Sequenz, die Sheridans großartige Erzählweise anschaulich werden lässt, wird das überaus dramatische Finale des Films vorbereitet, das am Ende die Fäden des Lebens und der Freude mit denen von Leid, Krankheit und Tod verknüpft.

Die gemeinsame Trauer und die Offenheit gegenüber den eigenen bedrohlichen Gefühlen von (Todes-)Angst, Ohnmacht und Einsamkeit ermöglichen am Ende, die Kraft der Liebe und Verbundenheit mit dem Leben (wieder) zu finden: in sich selbst und in der Beziehung zu seinen Mitmenschen.

Katharsis im Angesicht des Todes

Für Jim Sheridan und seine Familie ist der Leidens- und Entwicklungsprozess in diesem Film, der ihre New Yorker Zeit so authentisch wie möglich und so verschlüsselt wie nötig nachzuerzählen versucht, spitzt sich die Situation noch einmal existenziell dramatisch zu: durch Erfahrungen und Entscheidungen auf Leben und Tod, in die alle Hauptpersonen des Films eingebunden sind. Sie werden schließlich einen Prozess zwischen Verdrängung, ohnmächtiger Empörung, Annahme des Unabänderlichen, Trauer über den Verlust und Aufbruch in ein neues, schöpferisch gestaltbares Leben vollziehen. Für jede einzelne Person dieser Geschichte ist es dabei eine ureigene, subjektive, jeweils anders empfundene und anders zu beantwortende Herausforderung, vor die sie sich jeweils durch die unausweichliche Tatsache des Todes und auch des jederzeit möglichen eigenen Sterbens gestellt sieht. Das letzte Drittel des Films inszeniert diese inneren Zusammenhänge von Tod und Leben derart dicht, einfühlsam und tief berührend, dass sich auch im aufmerksamen Zuschauer ein Prozess existenzieller Erschütterung und Katharsis vollziehen kann.

Im Film verschlechtert sich Mateos Zustand zusehends, während parallel die Ungewissheit über das lebensbedrohliche Schwangerschaftsrisiko für Sarah und ihr Kind wächst. Zunächst werden uns beide Leidensprozesse und deren existenzielle Krisen getrennt voneinander vermittelt. Schließlich wird ein bewusster spiritueller Zusammenhang zwischen Mateos Sterben und dem Überleben des neugeborenen Kindes inszeniert. Dies wird zusätzlich durch Sheridans Regie-Kommentar deutlich, der zeigt, wie die schöpferische Freiheit im Umgang mit dem realen Geschehen zum Ausdruck und Mittel einer therapeutischen Kur wurde, in deren Verlauf alle sich entwickelt haben und verändert zu sich selbst gekommen sind.

Es kommt zu einer letzten Begegnung zwischen den Mädchen und ihrer Mutter in der Wohnung des bereits vom Tode gezeichneten Mateo.
»*Wieso hast du da so Flecken?*«, fragt Ariel ihn bekümmert, als sie beim Näherkommen seine Hautveränderungen bemerkt.
Mateo lächelt sie an und winkt sie zu sich, als habe er auf diese Frage nur gewartet:
»*Wenn ich dir jetzt ein Geheimnis verrate, sagst du's dann nicht weiter?*«
»*Nein ... bestimmt nicht.*«
Mateo flüstert: »*Ich bin ein Außerirdischer ... wie E.T. ... von einem fremden Planeten. Meine Haut ist zu empfindlich für diese Erde ... und die Luft ist zu rau für mich ...*«
Ariel scheint zu verstehen, was er ihr sagen will: »*Gehst du nach Hause, wie E.T.?*«
»*Ich vermute mal, ich geh nach Haus ...*«
»*Wann gehst du denn?*«
»*Bald.*«
»*Sagst du mir ›auf Wiedersehen‹?*«
»*Das mach ich.*«
»*Versprochen?*«, fragt Ariel mit banger Stimme.
»*Ja ... ich verspreche es dir*«, antwortet Mateo, der spürt, wie wichtig für Ariel sein Versprechen ist, doch der Zuschauer ahnt bereits, dass es dafür zu spät sein könnte.
Auch Ariel versucht jetzt den Ernst der Lage zu überspielen: »*Mom bekommt ein Baby! Was meinst du, wie soll es heißen? Vielleicht kann es so heißen wie du?*«
Doch Mateo hat bereits die Augen geschlossen und antwortet Ariel nicht mehr.
»*Ich denke, er schläft*«, beruhigt sie sich selbst und schaut in Richtung ihrer Mutter.
Jetzt wechselt die Szene und wir hören dazu wieder Christys Stimme aus dem Off: »*Meine Mom musste ins Krankenhaus. Da dachte ich, ich muss meinen dritten Wunsch einsetzen. Aber ich musste sehr vorsichtig sein. Wenn das Baby zu früh kam, konnte das Baby sterben. Und wenn das Baby zu spät kam, konnte meine Mom sterben. Man muss sehr vorsichtig sein mit dem, was man sich wünscht.*«
Die Mutter bleibt im Krankenhaus zurück, und wir erleben Johnny allein mit seinen Töchtern im Alltag. Als er ihnen am Abend Gute Nacht sagen

will, wird die Sorge der drei gleichsam hautnah spürbar, auch, dass Johnny, obwohl er stark zu sein versucht, der eigentlich Hilflose ist.

»*Dad, wann sagst du denn Christys Gebet?*«, will Ariel wissen.

Offenbar hat die Mutter mit den beiden Kindern ein gemeinsames Abendritual entwickelt, von dem Johnny nichts weiß und in das er nicht eingeweiht worden ist, weil die anderen ihm nicht zutrauen, mit ihrem Kummer gut umgehen zu können.

»*Das kann ich nicht*«, erwidert Johnny verunsichert.

Christy kommt ihm zu Hilfe: »*Ich sag's.*«

»*In Ordnung*«.

»*Du musst knien*«, verlangt Ariel.

»*Was?*«

»*Willst du nicht knien?*«

»*Nein ... das mach ich nicht ... nein*«. Johnny wird sichtlich verlegen.

Ariel wirkt traurig und verwirrt: »*Mom kniet sich immer hin.*«

»*Daddys sind nun mal anders*«, weicht Johnny aus.

»*Ich will Mom!*«, fängt Ariel beinahe zu weinen an.

Und Johnny hofft auf Christys Hilfe: »*Christy, sag das Gebet, bitte ...* «

Es sind magische Formeln, die sich Christy für sich und ihre kleine Schwester ausgedacht hat. Und einmal mehr scheint sie nicht nur die Emotionen der anderen nachempfinden zu können, sondern auch noch zu deren Trösterin zu werden:

»*Keine Monster, keine Geister. Keine Albträume, keine Hexen. Keine Leute, die in die Küche gehen und das Geschirr kaputtschlagen. Keine Teufel, die aus dem Spiegel kommen. Keine Puppen, die lebendig werden. Mateo soll nach Hause gehen dürfen. Frankie ist im Himmel. Das Baby kommt nicht zu früh oder zu spät. Mom, Dad, Christy und Ariel, alle zusammen in einer fröhlichen Familie. Und das Beste für die Welt. Amen.*«

Johnny ist sichtlich gerührt: »*Ihr seid ganz großartig ... Also dann, bis morgen früh.*«

»*Nacht Dad!*«, rufen die Kinder ihm nach.

Doch gleich darauf kommt es zu einer dramatischen Szene in der Küche, die verstörend vor Augen führt, wie weit der Vater emotional von seinen Töchtern entfernt ist: Während Johnny, genervt vom Lernen für das nächste Vorsprechen, mit einer entsprechenden Geste vor sich hin flucht: »*Am besten stecke ich meinen Kopf in den Herd und dann ist Schluss*«, steht plötzlich Ariel in ihrem Schlafanzug neben ihm und fragt: »*Wo ist Dad? ... Ich will meinen Dad.*«

Johnny lächelt sie irritiert an: »*Ich bin dein Dad*«. Doch Ariel widerspricht entschieden: »*Du bist nicht mein Dad ... Ich will meinen richtigen Dad.*«

Dann kommt es zu einer verzweifelten Auseinandersetzung zwischen den beiden. Ariel will zu ihrer Mom und fragt ihn, was er mit ihr gemacht habe, und als Johnny seine Tochter auf den Arm nimmt und von sich als ihrem »richtigen« Dad überzeugen will, beginnt sie erst recht nach ihrer Mutter zu schreien. Er reibt ihr mit einem feuchten Tuch übers Gesicht und versucht sie mit krampfhafter Heiterkeit abzulenken, doch Ariel wirkt zutiefst verstört in ihrer Angst.

Bis im Gegenschnitt eine aufgehende gelbe Blüte im Bild erscheint, leicht unscharf, wie mit dem Camcorder gefilmt. Und aus dem Off hören wir Christys Stimme lapidar sagen: »*Und so kam der Frühling und mit ihm das Baby. Es war zu früh gekommen.*«

Im nächsten Moment erklingen die ersten Takte des Liedes *Turn! Turn! Turn!* (1965) von »The Byrds«, und die Kamera zeigt in Großaufnahme, wie Sarah sich in ihrem Krankenhausbett aufrichtet und mit entsetztem Gesicht bemerkt, dass der Geburtsvorgang einsetzt. In schnellen Schnitten beschreibt der Film das Szenario – Sarah wird auf einer Liege in den Kreissaal geschoben, Johnny zieht sich im Gehen einen Arztkittel über, um bei der Geburt dabei sein zu können, die Kinder sitzen angstvoll wartend auf einer Bank im Flur ... – bis hin zum besorgten Blick von Johnny auf das Baby im Brutkasten.

»*Wir haben sie fürs erste stabilisiert*«, sagt ihm der zuständige Arzt, »*aber sie braucht innerhalb der nächsten zwei Stunden eine Bluttransfusion.*« Als Johnny, an Sarahs Bett sitzend, mit seiner gerade erst wieder aufwachenden Frau darüber reden will, weil es von beiden Eltern die Zustimmung für diese Behandlung braucht, gerät Sarah in eine schwere traumatische Krise. Darin vermischt sich Frankies Tod mit dem lebensbedrohlichen Zustand des Babys, und Sarah wird von Schuldgefühlen und ohnmächtiger Wut überflutet, die sie auf den entsetzten Johnny projiziert. »*Du gibst meinem Baby kein schlechtes Blut ...*«, empört Sarah sich plötzlich, »*du hast meinem Baby schlechtes Blut gegeben ... und deswegen ist er tot ... deswegen ist er die Treppe runtergefallen.*« Ihre Stimme klingt auf einmal hasserfüllt, sie will sich sogar von ihrer Tropfkanüle losreißen und aufstehen, um nach Frankie zu suchen.

Johnny kann sie nur mit Mühe im Bett festhalten. Sarah fragt in ihrem Wahn immer wieder, warum er das Gitter nicht abgebaut habe (über das Frankie offenbar gestürzt ist) und gibt Johnny die Schuld an seinem Tod. Auch der Zuschauer wird zunehmend verstört von dieser Szene, in der jetzt bei Sarah, die bislang so tapfer wirkte, das traumatische Erleben durch den Schutzpanzer der Verdrängung hervorbricht. Erst eine Beruhigungsspritze des herbeigeeilten Arztes lässt sie für einen Moment in die Realität des Jetzt zurückfinden. Sie fleht Johnny um Hilfe an: »*Rette mein Baby, bitte, Johnny ... du musst sie retten, bitte ...* «

»*Mach ich ... das mach ich*«, verspricht der seiner Frau, »*es wird alles gut.*«

Doch als ob Sheridan uns bewusst an das Leiden der Kinder gemahnen wollte, mit der nicht bewältigten – weil unausgedrückten – Trauer der Eltern (insbesondere des Vaters) umgehen zu müssen, baut er an dieser Stelle eine für die Dramaturgie des Films wesentliche Szene ein. Dadurch transformiert er schöpferisch zugleich das Drama seiner eigenen Kindheit – nämlich die Unnahbarkeit seines traumatisierten Vaters. Christy wird hier zum Alter Ego Sheridans als Kind, wobei es ihr nun gelingt, den eigenen Schmerz auszudrücken. Im Sprechzimmer des leitenden Arztes berät man sich über das weitere Vorgehen:

»*Es gibt nur eine einzige Möglichkeit ...* «, gibt dieser zu bedenken.

»*Und welche?*«, will Johnny wissen.

»*Sind Sie 0 negativ?*«

»*Ich ...* «, antwortet Christy.

»*Christy ist 0 negativ*«, erklärt Ariel, die mit dem Thema offenbar längst vertraut ist.

»*Was, wenn ich's auch hab?*«, fragt Christy besorgt.

»*Was denn?*« Johnny versteht nicht, was sie meint.

»*Mateos Krankheit.*«

»*Das ist unmöglich, Christy*«, versucht sie ihr Vater zu beruhigen.

»*Woher weißt du das?*«

»*Gott würde dir so was nicht antun.*«

Doch das ist für Christy kein Trost: »*Du glaubst nicht an Gott.*«

Ariel spürt die Spannung zwischen den beiden: »*Ich hab' Angst*«, sagt sie kleinlaut.

»*Hab keine Angst*«, versucht Johnny zu beschwichtigen.

»*Sie sterben alle ...* « Ariel wirkt verstört.

Johnny wendet sich wieder hilfesuchend an den Arzt: »*Wird sie's schaffen?*«
Der will ihm nichts versprechen: »*Ohne wird sie es nicht überleben.*«
Wir sehen Christy in Großaufnahme, wie sie sich gerade todtraurig zu erinnern scheint: »*Das hat der Arzt gesagt, bevor sie Frankie aufgemacht haben.*«
»*Was sollen wir tun?*«, will der Arzt jetzt endgültig wissen.
»*Ich geb' ihr das Blut*«, wirkt Christy fest entschlossen.
»*Ist das eine Entscheidung?*«, fragt der Doktor noch einmal nach.
Johnny stimmt erleichtert zu: »*Christy gibt ihr das Blut.*« Dann beugt er sich zu seiner Tochter hinunter und berührt sanft ihr Haar: »*Alles in Ordnung, Kleines.*«
Doch Christy weicht seiner Geste aus: »*Sag nicht ›Kleines‹ zu mir*«, empört sie sich. »*Ich bin die Starke in der Familie ... seit über einem Jahr. Seit Frankie tot ist ... Er war auch mein Bruder. Es ist nicht meine Schuld, dass er tot ist. Es ist nicht meine Schuld, dass ich noch lebe ...*«
Zu lange hat das Kind seine Gefühle unterdrückt, um die Eltern und ihre kleine Schwester nicht damit zu belasten, doch in diesem Moment, da sie schon wieder eine Verantwortung über Leben und Tod zu tragen hat und der Vater sie »von oben herab« behandelt, erträgt sie es nicht länger.
Als ob Johnny ihren Schmerz erspüren kann, kniet er sich in diesem Moment vor sie hin: »*Christy ...*«
Doch die muss jetzt endlich reden: »*Mom hat immer geweint, weil er ihr Sohn war. Aber er war auch mein Bruder ... Ich hab' auch geweint, wenn's keiner gesehen hat ... Und ich hab' jede Nacht mit ihm geredet.*«
»*Das hat sie, Dad*«, kommt Ariel ihr zu Hilfe.
»*... ich hab jede Nacht mit ihm geredet ... bis ...*« Christy ist den Tränen nahe.
Johnny will, dass sie weiterspricht: »*... bis?*«
»*... bis ich gemerkt hab', dass ich mit mir selbst geredet hab'.*«

In dieser besonders bedeutsamen Szene ist der Regie-Kommentar von Sheridan sehr erhellend. An der Stelle, als Christy sich zur Blutspende entschließt, erläutert er:

> »*Jetzt kommt die Szene, die wohl erklärt, wie ich mich als Kind beim Tod meines Bruders fühlte. Ich trug den Schmerz der ganzen Familie. Natürlich nicht wirklich, aber so empfand ich es ... und das Gefühl ist mir geblieben.*« *[Sheridan scheint hier kurz*

aufzuschluchzen, dann spricht er, wie ausweichend, über die Besetzung der Rolle, die er zunächst keiner Zehnjährigen geben wollte, weil er dachte, sie würde es nicht verkraften. Dann fährt er mit der eigenen Geschichte fort] »Ich schätze, diese Dinge konnte ich meinem Vater nie sagen ...« [An dieser Stelle lacht Sheridan verkrampft auf] »Aber das habe ich doch. Seltsamerweise, als ich ›Im Namen des Vaters‹ drehte, der von einem guten Vater handelt, sagte ich zu ihm, dass ich einen guten Vater zeigen würde. Am Schluss der Premiere kam er auf die Bühne und umarmte mich. Das Publikum war links von uns und er flüsterte mir rechts ins Ohr: ›Ich liebe dich‹. Das ist das einzige Mal, an das ich mich erinnere, dass er das sagte.«

Es wird in den kommentierenden Äußerungen Sheridans ebenso deutlich wie in der Zuspitzung der Geschichte, dass durch die Geburt seiner dritten Tochter, bei der es tatsächlich lebensbedrohliche Komplikationen gab, auch das emotionale Drama der unbewältigten, tief verdrängten Ereignisse um den frühen Tod seines kleinen Bruders bei allen Familienangehörigen wieder aufgebrochen ist.

Aus dieser Grenzsituation heraus entwickelte sich so viele Jahre später das Projekt *In America*. In dieser verfremdeten, Distanz schaffenden Form, durch die Rollenverkehrung zwischen Sheridan-Sohn und -Vater, zwischen Vater (Johnny) und ältester Tochter (Christy), echtem Bruder und Film-Sohn bzw. Film-Bruder (Frankie) ist es gelungen, zwanzig Jahre nach den ursprünglichen Ereignissen, durch die gemeinsame bewusste Erinnerung so viele wahrhaftige Emotionen wieder wachzurufen und zu veranschaulichen – schöpferisch zu verarbeiten –, dass auch für den aufmerksamen Zuschauer in der Übertragung dieser therapeutisch-kathartische Effekt ermöglicht wird. Zumal sich früher oder später jeder konkrete Einzelne mit der unausweichlichen Tatsache seines Todes und der eigenen existenziellen Angst davor konfrontiert sieht und auf seine ureigene Weise darauf zu antworten hat. Durch die Authentizität der betroffenen Personen vor und hinter der Kamera, vor allem auch durch die kongenialen und ebenso gemeinsam ausgewählten Darsteller und Darstellerinnen, die den autobiographischen und fiktionalen Ereignissen einen so ergreifend wahrhaftigen Ausdruck verleihen, gelingt die empathische Reaktion auf diese Geschichte sozusagen »spielend« – wie von selbst – und rührt bei jedem Zuschauer an eigene Erlebnisse, Fragen und Zweifel, die ihm dadurch mehr oder weniger drastisch ins Bewusstsein gehoben werden können, sofern sie nicht abgewehrt werden müssen.

Über den Tod hinaus

Noch einmal die Gegenüberstellung zwischen Filmhandlung und Kommentar, die Gedanken von Christy, während sie ihr Blut für das Überleben des Babys spendet – und die Gedanken von Sheridan, der darüber spricht, wie es ihm gelungen ist, traumatische Situationen seines Lebens zu überstehen.

Die Kamera blickt während der Blutabnahme abwechselnd in das Gesicht von Christy und aus deren Perspektive in die Gesichter der mit im Raum anwesenden Personen: »*Ich saß da mit meinem Dad und alle Geräusche von New York verschwanden. Ich konnte nur noch das Blut in meinen Ohren pochen hören. Aber aus irgendeinem Grund fühlte ich mich glücklich. Ich fragte mich, ob Frankie sich so gefühlt hatte, so besonders ... Jeder guckt dich an, als würde er in einen Spiegel sehen. Alle lachen ... nur nicht mit ihren Augen. Wusste Frankie, dass er sterben würde? Hat er deswegen immer genickt und uns angelächelt?*«

Sheridan erwähnt hier kurz die öffentliche Meinung über die Bedeutung von Blutsverwandtschaft und beginnt dann mit einer anderen Geschichte:

> »[...] *ich war in Situationen, die ich schon vorhin erwähnt habe, wo ich beinahe erstochen worden wäre und so was.*« *[Wenig später baut Sheridan die Geschichte einer Messerattacke auf ihn noch in die Handlung ein]* »*Ich habe immer gefühlt, dass wir alle eins sind, selbst die Person, die mich angreift. Das ist schon komisch. Ich habe für mich einen sicheren Ort gefunden, der sich schwer erklären lässt.*«

In der Logik der Filmhandlung, die immer konzentrierter auf ihr Ende zutreibt und das Todesthema noch weiter verdichtet, ist Johnny allerdings noch nicht bei sich und seiner inneren Mitte angekommen.

Gerade jetzt, in seiner verzweifelten Ungewissheit, besucht er den sterbenden Mateo, seinen »spirituellen Vater«, am Krankenbett, ohne dass dieser noch mit ihm reden könnte. Doch Johnny hofft offenbar, er könne ihn hören, und so erfährt auch der Zuschauer wieder seinen Schmerz, den er

Mateo schon einmal anvertraut hatte: »*Als er* [Frankie] *starb, habe ich Gott verflucht. Und ich sagte zu ihm, diese rotzigen Tränen wirst du an mir nie im Leben mehr sehen ... Also kann ich jetzt nicht weinen. Na ja, ich dachte, ich komme hier her ... und du wachst auf und hältst meine Hand ... Ich weine, und die Kleine wär' in Ordnung. Alles wär' dann o.k.*« Die Kamera zeigt Mateo in Großaufnahme, wie er unter seinem Beatmungsgerät regungslos daliegt. »*Wir brauchen ein Wunder, Mateo ...*«

Nach dieser Szene folgt die oben erwähnte Sequenz mit dem Überfall: Beim Zurückkommen aus der Klinik geht ein befreundeter Junkie im Treppenhaus mit dem Messer auf Johnny los, um Geld zu erpressen. Ähnliches war Sheridan eigentlich anderswo widerfahren, doch er baut es hier in den Film ein, um zu zeigen, welche Kräfte er zu entwickeln vermag, wenn er in Lebensgefahr ist. Johnnys Verzweiflung ist in diesem Augenblick größer als die Todesangst und er schreit sich seine Wut über den feigen Angreifer dermaßen aggressiv aus dem Leib, dass dieser erschrocken von ihm ablässt.

Christys Stimme aus dem Off – zum Bild des Babys an seinen Schläuchen im Brutkasten – holt den Zuschauer wieder ins Zentrum der Tragödie zurück: »*Wir warteten darauf, dass das Baby ein Lebenszeichen von sich gab, aber sie lag einfach immer nur da ... sie lag einfach da.*« Langsam schwenkt die Kamera auf die besorgten Gesichter der Eltern über dem Inkubator in Nahaufnahme – und in der nächsten Szene zeigt sie Mateo mit geschlossenen Augen in seinem Krankenbett, jetzt ohne Atemmaske. Auf einmal fängt er stöhnend an, in einem afrikanischen Dialekt vor sich hin zu reden. Auf ganz besonders berührende Weise gelingt es Sheridan hier, die existenzielle Bedeutung der Nähe und Verbundenheit von Tod und Leben zu inszenieren, derer sich wohl kein Zuschauer verschließen kann. Die Kraft und Magie der Filmsprache werden hier geradezu idealtypisch spürbar: etwa zwei Minuten lang werden wie in einem Dialog von Schnitt und Gegenschnitt Mateo, wie er seine letzten Sätze vor sich hinmurmelt, als spräche er damit Zauberformeln aus, und im Wechsel dazu das Baby, wie es langsam die Augen aufschlägt und dann zu zappeln und zu schreien beginnt, in Beziehung gesetzt: Tod und Leben als parallele Ereignisse des Daseins. Sheridan kommentiert diese Sequenz wie folgt:

> *»Ich wollte zeigen, dass mit Djimons [Mateos] Tod ... na ja, nicht die alte Geschichte von dem Schwarzen, der stirbt, und dem Kind, das überlebt, sondern eher, dass Djimon stirbt und durch das Kind ... findet der Geist der Vaterschaft wieder seinen Platz in dem Vater. Es scheint fast, als sei der Vater ... wie Wordsworth sagte: ›Das Kind ist der Vater des Mannes.‹ Das Verständnis des Kindes ... von der Berührung des Vaters bringt ihm das verlorene Gefühl, ein Vater zu sein, zurück. Mit anderen Worten, er konnte seine Kinder nicht berühren, weil er fürchtete, auch sie könnten sterben. Doch jetzt holt er [Johnny] dieses Kind ins Leben zurück bzw. ermöglicht ihm wieder die menschliche Berührung. Djimons Figur muss in jenem Moment verschwinden, da er sein Alter Ego darstellte. Also wird er als spirituelle Präsenz zu einem Teil der Hauptfigur. Ich weiß nicht, ob die Leute das verstehen. Das hat mit Ratio nichts zu tun.«*

Im Hintergrund ertönt dazu eine zugleich ruhig melodische und magisch flirrende Musik, die alle Blicke und Gesten zu verbinden und zu betonen scheint. Johnny und Sarah reichen den winzigen Händen des Babys einen Finger durch die seitlichen Öffnungen des Inkubators, und als es danach greift, hört es auf zu weinen und scheint dabei zugleich die letzten Worte von Mateo zu vernehmen, der in diesem Moment stirbt. Im Regiekommentar zu dieser so bedeutsamen Sequenz nimmt Sheridan auch sein Vater-Thema wieder auf sowie die Verarbeitung der traumatischen Ereignisse um den Tod seines Bruders und die Unfähigkeit des Vaters, sich dem ohnmächtigen Schmerz zu stellen und ihn gemeinsam mit der ebenso leidenden Familie zu tragen und zu bewältigen. So gelingt es viele Jahre später dem Sohn und dessen Familie endlich, die emotionalen Blockaden, die Sprachlosigkeit und die schuldhaften Verstrickungen zu lösen, indem sich diesmal alle Betroffenen gemeinsam, durch die Inszenierung dieser so entscheidenden existenziellen Lebensphase – erstmals oder endgültig – *bewusst* den Dämonen ihrer Vergangenheit stellen. Jeder Einzelne auf seine Weise und besonders nachhaltig eben Jim Sheridan als Vater, dessen eigenes Trauma transgenerational weiter fortwirkte und der es nicht zuletzt aus Liebe zu seiner Frau und seinen Töchtern, die ihn so, wie er war, ertragen haben, auf diese ebenso schöne wie wahrhaftige Weise in ein Kunstwerk verwandeln wollte.

Zeit für Tränen

Die letzten Minuten des Films markieren dabei den entscheidenden Höhe- und Wendepunkt im Entwicklungsprozess dieser Familie, weshalb sie hier wiedergegeben werden, aber sich dem tiefen eigenen Erleben des Zuschauers dadurch allenfalls annähern. Dazu meint Sheridan: »*Normalerweise ist das Ende eines Films das Ende eines Dreiakters, wie da, als das Baby ins Leben zurückkehrt und Djimon [Mateo] stirbt. Das ist schon recht eindringlich, aber ich wollte es möglichst dämpfen, um noch etwas Gefühlsaufwallung für den Schluss zu bewahren ... Wir sind am Ende, denken, alles ist vorbei, aber dann setzen wir nochmal einen drauf.*«

Während die Eltern und Christy überaus glücklich wirken, als Sarah mit dem Baby auf dem Arm nach Hause zurückkehrt, ist Ariel mit einem anderen Kummer beschäftigt. In einer kurzen Szene, die mit dem Camcorder von Christy gefilmt wird – gerade hatte sie noch ihre Mutter im Hausflur damit aufgenommen –, geht Ariel durch die bereits ausgeräumte Wohnung von Mateo und setzt sich traurig auf ein altes Sofa.

»*Was ist denn?*«, hören wir Christy fragen.

»*Er hat nicht ›auf Wiedersehen‹ gesagt.*«

»*Was?*«

»*Er hat nicht ›auf Wiedersehen‹ gesagt*«, wiederholt Ariel enttäuscht, während Christy betroffen aufhört, sie zu filmen.

Am Abend findet in der Wohnung eine kleine Feier anlässlich der Geburt des Babys statt, zu der Hausbewohner und Freunde gekommen sind. Doch Ariel scheint noch immer untröstlich, dass Mateo ohne Abschied gegangen ist. Als die Gäste bereits weg sind, räumen die Kinder gerade die leeren Flaschen vom Tisch. Im Hintergrund sieht man Sarah mit dem Baby im Arm auf dem Sofa.

Johnny sitzt vor dem Fenster auf dem Absatz der Feuerleiter, um über den Dächern der Stadt den riesigen Vollmond zu bestaunen. Von dort ruft er nach Christy, die zu ihm nach draußen klettert: »*Komm mal her!*«

»*Ja?*«, fragt die und setzt sich neben Johnny.

Der zeigt gen Himmel: »*Guck mal da hoch und sag mir, was du siehst.*«

»*Den Vollmond.*«

»*Und was siehst du noch?*«

Christy überlegt, was er meinen könnte. »*Sterne ...* «

»*Siehst du denn Mateo nicht?*«, fragt Johnny übertrieben ernsthaft und schaut wieder gen Himmel. »*Er fährt da am Mond vorbei auf seinem Fahrrad … und er winkt Ariel zum Abschied.*« Jetzt lächelt er Christy zu, die ihn anstrahlt für seine Idee aus »E.T.«
»*Wollen wir es ihr sagen?*«
»*Ja …*«, sie dreht sich in Richtung des Fensters und klopft behutsam gegen die Scheibe. »*Ariel …!*«, ruft sie so leise wir möglich, um das Baby nicht aufzuwecken. Die Kleine klettert nach draußen und Christy zeigt ihr, wohin sie schauen soll: »*Guck mal da oben, guck, da fährt Mateo mit seinem Fahrrad am Mond vorbei.*«
»*Wo?*«
Jetzt mischt Johnny sich ein: »*Da, guck da …! Siehst du denn nicht wie er dir winkt?*«
Ariel schaut angestrengt: »*Nein.*«
»*Doch, da ist er doch, da!*«, beharrt Johnny und zeigt Richtung Mond, den wir jetzt in Großaufnahme sehen, so dass sogar die Krater darauf zu erkennen sind.
Christy unterstützt ihren Vater: »*Er fliegt am Mond vorbei … siehst du ihn noch immer nicht?*«
»*Nein!*« Ariel dreht sich kopfschüttelnd zu ihrer Schwester um.
Und Johnny wird immer aufgeregter: »*Siehst du ihn denn nicht, wie er dir winkt? Er winkt dir zum Abschied – so wie er's dir versprochen hat.*«
Jetzt kann Ariel nicht länger widerstehen und glaubt den Schwindel wirklich: »*Oh ja! Wiedersehen, Mateo!*«, frohlockt sie winkend und die beiden anderen stimmen mit ein: »*Wiedersehen, Mateo! Ja … Wiedersehen!*«
Ariel ist jetzt ganz aus dem Häuschen: »*Wiedersehen, Mateo, pass auf Frankie auf!*«
»*Ja, pass auf auf Frankie*«, ruft jetzt auch Christy, mit beiden Armen gen Himmel winkend.
Als auch Johnny diesen Satz aussprechen will, bricht ihm die Stimme: »*Pass auf Fran…*« Verzweifelt dreht er sich zu Christy um, die so viel stärker wirkt als er.
Und wieder hören wir ihre Stimme aus dem Off. Der Kreis schließt sich zum Anfang und wir erinnern uns, dass sie es war, die uns von Beginn an durch diese Geschichte geführt hat: »*Und dann wurde es Zeit für meinen dritten Wunsch.*«

Christy schaut ihren Vater mit festem Blick direkt in die Augen: »*Sag Frankie ›auf Wiedersehen‹, Dad.*«
Johnny wirkt erschrocken und ängstlich: »*Was?*«
»*Sag Frankie ›auf Wiedersehen‹.*«
»›*Auf Wiedersehen*‹, *Frankie*«, flüstert Johnny und atmet schwer.
»*Er kann dich nicht hören, Dad.*«
Mit letzter Kraft sagt Johnny, kaum lauter: »›*Auf Wiedersehen*‹, *Frankie.*« Er kann den Blick nicht von seiner Tochter wenden, die sich so viel Mühe mit ihm gibt, und beginnt zu weinen.

Christy sieht ihren Vater dankbar und gerührt an und streichelt ihm über seinen gebeugten Kopf. »*Gehst du jetzt, ja …?*«, bittet der sie flüsternd, als ob er sich schäme vor ihr.

Doch Christy weiß längst selbst, was zu tun ist. Und in der nächsten Szene steht sie neben Ariel vor ihrer Mutter, die gerade das Baby schlafen gelegt hat. »*Mom, Dad braucht dich*«, sagt sie nur und Sarah versteht sofort. Johnny reicht ihr mit Tränen in den Augen die Hand, als sie durch das Fenster zu ihm auf die Feuerleiter klettert. Wir sehen wie die beiden einander im Mondlicht umarmen und küssen – traurig, erschöpft und überglücklich zugleich. Dann erscheint als Camcorder-Szene für einen Moment Mateo glücklich lächelnd auf einer Schaukel im Schnee. Und als nächstes zeigt uns die Kamera die Kinder im Wohnzimmer, wo Christy sich in ihrem Gerät gerade alte Aufnahmen anschaut. Unscharf ist ihr Bruder mit kahlem Kopf im Krankenhaus zu erkennen. Christy spricht dazu ein letztes Mal aus dem Off: »*Für Frankie war es genauso schwer zu lächeln*[26]*, als der Tumor bösartig war, wie für meinen Dad, danach zu weinen. Aber sie haben's beide hingekriegt …* « Dann verschwindet das Bild auf dem Recorder. »*Ich mache das jetzt aus … So möchte ich Frankie nicht mehr sehen.*« Einen Moment lang blickt Christy in Großaufnahme direkt in die Kamera und somit in die Augen des Zuschauers.

---

26 Sheridan erzählt im Off-Kommentar dazu folgendes: »*Als mein Bruder krank war, bevor das jemand wusste, nahm ich ihn mit ins Kino und kaufte ihm ein Eis, (…) Frankie lächelte mich dankbar an. Aber ich weiß immer noch, dass ich dachte: ›Ein Glück, dass ich da war und er mich anlächelte.‹ Jahre später dachte ich, sein Lächeln sei … da war mir erstmals klar, dass etwas nicht stimmte, weil sein Lächeln nicht echt war.*«

Zuletzt wechselt das Bild auf die nächtlich erleuchtete Skyline von Manhattan, mit dem Vollmond über der Stadt. Und Christys Stimme fragt uns: »*Habt ihr immer noch ein Bild von mir im Kopf? Genauso ist das mit dem Bild, das ich von Frankie haben möchte ... So eins, dass man für immer in Erinnerung behalten kann ... Wenn ihr jetzt in die wirkliche Welt zurückkehrt, bitte ich Frankie, mich bitte ... bitte ... gehen zu lassen.*«

Kein Zuschauer wird an dieser Stelle wohl unberührt bleiben, und noch bei jeder öffentlichen Vorführung des Films fließen hörbar Tränen. Das letzte Bild zeigt den Vollmond in Nahaufnahme, dann eine Schwarzblende, in die hinein der eigens für diesen Film komponierte Song *Time Enough for Tears* gesungen von Andrea Corr (von der irischen Band »The Corrs«) anhebt und dazu die Widmung eingeblendet wird: »Dedicated to the Memory of Frankie Sheridan«. Endlich kann die Trauer um den Verlust, die Tatsache unseres Todes und das Drama menschlicher Ohnmacht wirklich zugelassen werden und erst dadurch verwandelt werden – in die Kraft einer liebevollen Solidarität unter den Menschen, die ihr Schicksal gemeinsam annehmen und gestalten können, sobald sie keine Energie mehr an dessen Verleugnung verlieren »müssen«, sondern im Bewusstsein des Todes ihre Gegenwart mit Schönheit und Wahrhaftigkeit erfüllen können.

Die therapeutische Kraft des Films: »Erschaffen Sie eine eigene Geschichte«

Sheridan hat seine persönliche Sicht auf sein eigenes Schicksal mit dem Erleben seiner Familie sowie allen am Film Mitwirkenden geteilt – insbesondere mit der Ausdruckskraft seiner am Drehbuch beteiligten Töchter. Gemeinsam haben sie die Darsteller und Darstellerinnen ausgesucht, die sich empathisch und verständnisvoll in diese berührende autobiographische Geschichte einfühlen konnten. Und schließlich haben sie dieses gemeinsam gestaltete Kunstwerk dem Publikum geschenkt, damit es sich seinerseits aufmerksam und empathisch diesem Film zuwenden kann, und um darin womöglich bewusst oder unbewusst Zusammenhänge mit der jeweils eigenen existenziellen Situation zu entdecken oder zu erspüren. Mit einem in sich stimmigen und in angemessener Form erzählenden Film kann diese Übertragung auf eindrucksvolle Weise gelingen. Durch das vertiefende Verständnis der Hintergründe und der Entstehungsgeschichte wird sogar noch eine weitere Dimension des Wahrhaftigen zugänglich, in der die Bedeutung der schöpferischen Potentiale des Menschen am Beispiel dieser bestimmten konkreten

Lebensgeschichte gleichsam archetypisch erkennbar wird. Wenn es Jim Sheridan mit *In America* tatsächlich gelungen ist, den Prozess seiner Befreiung aus den traumatischen Verstrickungen seiner eigenen Biographie authentisch und schöpferisch zu inszenieren – die berührende Intensität und fast dokumentarisch anmutende Wahrhaftigkeit sprechen dafür –, dann kann sein Film als überaus komplexes Beispiel für die therapeutische Kraft dieses Mediums »gelesen« werden und sich die Psychoanalyse um eine wesentliche, überaus lebendige und aus dem Reich des Unbewussten schöpferisch gestaltbare Dimension erweitert sehen: die *Filmdeutung als Weg zum Selbst* – eines Selbst, das zeitlebens auch an seinem eigenen Drehbuch schreibt, bis die letzte Klappe fällt.

Dazu passend kommentiert Sheridan am Ende des Films die Inszenierung von Christys Blick direkt in die Kamera und ihre letzten Worte.

> *»Dieser Blick geradewegs in die Kamera ist seltsam für einen Spielfilm. Und dann die Idee, dass ich das Publikum aufforderte, sich ihr Gesicht oder den Eindruck von ihrem Gesicht zu merken, um in der Fantasie einen eigenen Film zu erschaffen: ›Machen Sie sich nicht von den Ihnen vermittelten Bildern abhängig. Erschaffen Sie eigene Geschichten. Erlauben Sie nicht, dass Ihnen die Welt der Massenunterhaltung Ihre Fantasie nimmt. Danke, dass Sie sich diesen Film angesehen haben.‹«*

3. »Ich empöre mich, also sind wir«[27] – Gemeinsam im Kino

Filmgeschichten werden zum Spiegel einer tief verborgenen Sehnsucht nach dem eigenen Selbst und dem Selbst der Anderen, die sich mit uns auf die Suche nach *Erkenntnis* begeben möchten, die in der Wurzel nichts als die *Liebe* zum Leben im Sinn hat: von der leidenschaftlichen Liebe, die sich *auf* der Kinoleinwand erleben lässt, zur leidenschaftlichen Liebe *für* den Kinofilm, der immer wieder magische Kräfte wachzurufen scheint.

Sehr bald nach meiner persönlichen »Offenbarung« durch den Film *Paris, Texas*, der mich wie nie zuvor die existenzielle Wucht eines Filmkunstwerks erleben ließ, wurde auch mein philosophisches Interesse an dieser Ausdrucksform menschlicher Sehnsucht auf wundervolle Weise bestärkt. Kino wurde für mich zum symbolischen Begegnungsraum von Phantasie und Wirklichkeit. Zwischen mir und dieser Filmerzählung war es zu einer innigen Liebesbeziehung gekommen – so überwältigend schön, tröstlich und erhellend, als habe ein gnädiges Schicksal im richtigen Moment einen bestimmten Menschen meinen Weg kreuzen lassen, um mir neue Hoffnung für mein Leben zu schenken. Bei diesem Film, der in jeder Szene vollkommen wahrhaftig wirkte, an dem für mich alles wie noch nie erlebt zusammenstimmte und dessen Geschichte so übertragbar passend zu meiner eigenen komponiert erschien, waren es alle an diesem Filmwunder Beteiligten gemeinsam, die mir damals im alltäglichen Chaos meiner Gegenwart ihre Liebe schenkten. Ich durfte diese Bilder sehen, diese Klänge hören, in den Gesichtern dieser Menschen lesen, ihre Ohnmacht und ihre verzweifelte Liebe spüren, doch ebenso ihre Sehnsucht nach wahrhaftiger Nähe und den Glauben an die Dauer eines erfüllten Augenblicks.

Wer sich eine solche Geschichte einfallen lässt, wer sie so bebildert, vertont und inszeniert, wer die Figuren auf der Leinwand so eindringlich mit

27 Camus, Albert, Der Mensch in der Revolte (1951, S. 21)

Leben zu erfüllen vermag, dass sie zu Herzen geht wie das eigene Schicksal, muss von einer ähnlichen Sehnsucht beseelt sein und sich jedem Zuschauer liebend gerne anvertrauen wollen, der sie wahrzunehmen bereit und offen dafür ist. Hier war für mich hautnah anschaulich zu erleben, welche Kraft in einer existenziellen Geschichte über die Unmöglichkeit einer »Liebe« wohnt, die es nicht gibt, weil keiner an sich glauben kann. In der die beiden »Liebenden« sich unbewusst verzehren nach ihrem inneren Bild der geliebten Person, die der Andere für sie zu verkörpern scheint. Doch dem keiner von beiden wirklich zu entsprechen vermag, weil beide zunächst ihre eigene Befreiung durch den Anderen erwarten. Zum ersten Mal kam mir die verzweifelte Suche eines Einzelnen nach Geborgenheit und Liebe so klar und wahrhaftig in einem Film entgegen, bei dem zugleich spürbar wurde, wie sehr diese tiefe Verzweiflung in der beschämenden Kindheitsgeschichte eines Menschen ihren Anfang genommen hatte: in der ganz konkreten Tragik einer bestimmten einzelnen Lebensgeschichte, doch auch in der Kindschaft des Menschseins überhaupt; in dieser absurd unbegreiflichen und überaus leidvoll erfahrbaren existenziellen Angst (Kierkegaard hatte sie »Krankheit zum Tode« genannt); in unserer chronischen Bedürftigkeit und Ohnmacht, die sich Rettung von außen erhofft und in der wir bereit sind, uns jeder Ideologie, jeder Sucht und jeder Lüge zu verschreiben, wenn die nur Sicherheit, Macht und eine Art von Glück versprechen.

Filme spiegeln die Dramen des Menschseins

Bei näherem Hinsehen finden sich in wahrhaftigen Filmen alle existenziellen Dramen des Menschseins gespiegelt und lassen sich die unterschiedlichen Formen und Möglichkeiten der Auseinandersetzung mit den existenziellen Konflikten erhellen, die sich daraus ergeben. Und zugleich werden in solchen Filmen für die Zuschauer auch die tieferen Ursachen eines verzweifelten oder vertrauensvollen Umgangs mit sich selbst in der jeweiligen Krise sichtbar. Im Leben wie im Film kann ein Mensch von extremer physischer oder sozialer Not gepeinigt sein, von Krankheit, Armut oder irgendeiner anderen himmelschreienden Ungerechtigkeit. Oder er kann von einer zutiefst verzweifelten Sehnsucht gequält werden, die sich in ihrer Unerfülltheit nicht länger ertragen lässt. Alles, was einen anfällig, verführbar oder süchtig werden lässt, kann auch in einer Filmgeschichte auftauchen. Genauso kann uns ein Film zur Hoffnung ermutigen: eine fatale Ausweglosigkeit vor Augen führen, aus der überraschend neue Kraft erwächst; ein Leiden, das verborgene Schönheit zum Ausdruck bringt; Lügen, die an ihren inneren Widersprüchen scheitern und zuletzt in Aufrichtigkeit münden; gewalttätig erstarrte Konflikte, die auf einmal von Liebe befriedet werden.

Es gibt unzählige Beispiele wahrhaftiger Filme, die sich um eine möglichst zugespitzte, verdichtete und differenzierte Darstellung der menschlichen Lebenswirklichkeit bemühen. Indem sie dem Publikum existenziell wesentliche Zustände, Befindlichkeiten und Konflikte übertragbar gültig, anschaulich und nachvollziehbar vermitteln. Es werden weltweit jährlich Tausende neuer Kinofilme produziert und veröffentlicht, doch finden sich in der Flut verlogener, drogenartig konsumierbarer Massenware immer auch viele *Perlen der Wahrhaftigkeit.* Filme, die den Zuschauern tief berührende, erhellende und bestärkende Momente schenken, die zu einer ermutigend glaubwürdigen Geschichte verwoben sind. So dass es eine helle Freude wird, sie im Kino zu erleben.

Die Ergriffenheit mit Anderen teilen

Die eigene Begeisterung und Ergriffenheit von einer zutiefst berührenden Geschichte möchte sich Ausdruck verschaffen und das in sich Erlebte auch mit anderen teilen. So wie es im Theater, in der Oper oder bei einem Konzert gelegentlich Szenenapplaus gibt, der ansteckend wirken kann und manchmal den ganzen Saal ergreift, gehen wir auch ins Kino gerne mit einer vertrauten Person oder einer Gruppe von Gleichgesinnten, die sich auf einen bestimmten Film gemeinsam gefreut haben. Wenn das Herz übergeht und die Tränen fließen oder eine Situation so komisch wirkt, dass wir befreiend lauthals auflachen müssen, sind wir gern in Gesellschaft von Menschen, die unseren Kummer und unsere Freude teilen. Es bestärkt die Aufrichtigkeit des eigenen Empfindens und unsere Nähe und Verbundenheit als menschliche Wesen, wenn wir im gleichen Moment ein leises Schluchzen vernehmen können, das unserem eigenen zu antworten scheint. Oder wenn das Gelächter ringsum so ansteckend wirkt, als ob es eine lustige Szene auf der Leinwand für immer in unserer Erinnerung aufbewahren möchte. Ein gemeinsames Lachen im Kino wird wie zu einer unvergesslichen Melodie, ähnlich jenem Chor, in dem ein mitsingendes Publikum der geliebten Band auf der Bühne antwortet. Unsere tiefempfundenen wahrhaftigen Gefühle und aufrichtigen Gedanken verbindet jede Kunstform, die der unbegreiflichen existenziellen Wirklichkeit des Menschen – ihrer Endlichkeit, ihrem Wunder, ihrem Leid und ihrem Geheimnis – auf staunende Weise Ausdruck zu geben versucht, potenziell mit den Fragen und Antworten jedes einzelnen Menschen. Der schöpferische Ausdruck der eigenen Sehnsucht, der eigenen Träume, des eigenen Begehrens, der eigenen Angst und des eigenen Leidens verwandelt die konkrete, besondere, unvergleichliche Existenz dieses einzigartigen Subjekts in eine potenziell übertragbare, einfühlsame, seelenverwandte, erhellende und bestärkende Energie der *Selbst-Erkenntnis auch für andere*. Dabei drücken einzelne Künstlerinnen und Künstler (Schriftsteller, Musiker, Sänger, Schauspieler, Maler ...) sich auf ihre je eigene Weise öffentlich aus, um von anderen Einzelnen wahrgenommen werden zu können – jede und jeder für sich oder einige bis viele gemeinsam, bei einer Lesung, einem Konzert, auf einer Theaterbühne oder in einer Ausstellung.

Was macht ein wahrhaftiges Kunstwerk aus?

Mit der Kunstform *Film* und dessen öffentlichem Aufführungsort *Kino* verhält es sich anders, sie scheint alle übrigen Künste in sich zu vereinen. Sowohl aufseiten der am Prozess seiner Entstehung beteiligten Einzelnen wie auch aufseiten des Publikums, in dem jeder für sich bleiben kann mit seinem bewegenden Leinwanderlebnis oder sich verbunden fühlen und austauschen mit den an diesem Abend in ihrer komplexen Gestimmtheit zugleich anwesenden Menschen.

Ein wahrhaftiges Filmkunstwerk ermöglicht jedem, der sich dem besonderen schöpferischen Ausdruck aller daran beteiligten Einzelnen angemessen aufmerksam widmet, die Erfahrung einer Dimension solidarischer Verbundenheit, in der sich das Wesen der fragenden, sehnsüchtigen menschlichen Existenz mit deren Bestimmung zur schöpferischen Gestalterin ihrer persönlichen Lebenswirklichkeit verbindet. Eine vielfältig verwobene, differenziert behutsam oder aufwühlend drastisch erzählte Filmhandlung verlangt geradezu nach einem direkten Austausch. Weil der einzelne Mensch »ganzheitlich« auf so vielen Ebenen zugleich berührt wird – bewusst und unbewusst, in Vergangenheit, Gegenwart und Zukunft, in seinen Erinnerungen, in seiner augenblicklichen Stimmung, in seiner Sehnsucht nach Veränderung, mit Bildern, Klängen und Worten, über Blicke und Gesten –, fragt er sich, wie es anderen mit dieser Geschichte und diesen Gestalten auf der Leinwand wohl ergehen mag. Durch dieses leibhaftig berührende ästhetische Erlebnis wird der einzelne Zuschauer jederzeit an sich selbst erinnert, ohne sich bewusst erklären zu können, woran das wohl liegen mag.

Bei keiner anderen Kunstform wird der Mensch auf so vielen Ebenen, mit so vielen Sinnen zugleich berührt und angesprochen, keine andere nimmt seine Wahrnehmung derart assoziativ und komplex in Anspruch und fordert ihn zur Antwort heraus, wie bei einem konzentrierten Filmerlebnis im Kino. Nur hierbei wird derart intensiv erlebbar, dass es im Grunde keinen Bedeutungsunterschied gibt zwischen dem Prozess der *Schaffung* eines Kunstwerks und dem Prozess seiner aufmerksamen *Wahrnehmung*, zwischen der *Gabe* eines *schöpferisch handelnden* Menschen und der *Hingabe* eines *bewusst empfänglichen* Menschen, zwischen kreativem Tun und wachem Denken.

So wie in der Liebe Geben und Nehmen zusammengehören und es kein Machtgefälle zwischen diesen beiden Seiten gibt, sich nur immer wieder deren Energiefelder abwechseln oder mischen können, je nachdem, welche Idee gerade angemessen umgesetzt oder liebevoll erkannt sein möchte, wünscht sich jeder Künstler zumindest *einen* Menschen, der ihn durch seine Wahrnehmung bezeugt und würdigt. Und sei es auch »nur« das »innere Kind« dieser bestimmten schöpferischen Person, aus dessen *spielerischer Phantasie* sich ursprünglich alle Kunst entwickelt hat, und dessen *sehnsüchtige Lebensfreude* es dem Dasein und der Liebe anderer schöpferischer Menschen gegenüber – kleiner und großer Kinder und Künstler – empfänglich sein lässt.

Als die Idee Gestalt annahm, die Magie der Filmsprache nicht länger nur bei mir selbst zu erleben, mich allein von ihr beschenken, inspirieren und verwandeln zu lassen, womöglich manchmal noch zu zweit oder in einer Gruppe von Freunden, begann die Suche nach anderen Möglichkeiten und Zusammenhängen, um mit dem *Medium Spielfilm* zu arbeiten. Um dieser so besonderen Kunstform, die der Komplexität und Beziehungsdynamik menschlicher Existenz entspricht wie keine andere, auch *öffentlich* Raum geben zu können.

Von der Traumdeutung zur Filmdeutung

Von der *Traumdeutung* zur *Filmdeutung* lag der Weg für mich sehr nahe, denn in beiden Fällen wird unser Unbewusstes von Bildern und Erinnerungen, Gefühlen und Gedanken heimgesucht und inspiriert. Zuerst ganz ohne unser Zutun (außer sich schlafen zu legen oder ins Kino zu gehen), weil aus der

Tiefe einer vermeintlichen Ohnmacht auf einmal ein seltsames Empfinden und Denken auftaucht, dem wir nachforschen möchten, da es uns beunruhigt, verstört oder aufwühlt. Oder vielleicht auch, weil für Momente darin eine alte Sehnsucht anklingt, die uns wieder erinnert, begeistert und zuversichtlich stimmt. Solche Impulse sollten sich aufnehmen und schöpferisch verwandeln lassen, für die Selbsterkenntnis wie vor allem für die psychotherapeutische Arbeit mit Einzelnen und Gruppen – das war die Grundidee. Die *Filmdeutung* sollte ähnlich erhellend und bestärkend einsetzbar sein, wie es auch bei der gemeinsamen Analyse und Interpretation von inneren Bildern, Phantasien und Träumen immer wieder befreiend hilfreich gelingen konnte.

Die Arbeit mit dem Medium Film für therapeutische, pädagogische, ästhetische und erkenntnistheoretische Fragen und Prozesse hat inzwischen in vielen Bereichen eine eigene Tradition entwickelt und bereits in zahlreichen Büchern und Aufsätzen zum Thema Ausdruck gefunden.[28] Was sich jedoch mit zunehmender Digitalisierung und Verfügbarkeit von Filmen dramatisch zu wandeln begann, war die Bedeutung des Kinos als öffentlichem Begegnungsraum, das heißt des Kinos als eines möglichen Ortes der Auseinandersetzung mit den großen existenziellen Themen und Fragen des einzelnen Menschen an sich selbst und an die Gesellschaft, in der er lebt: Wer bin ich? Wer bist du? Wer sind wir? Wie können wir in einer täglich aufs Neue von innerer und äußerer Gewalt und Entfremdung bedrohten Welt möglichst solidarisch verbunden und zugleich eigenständig leben?

Zwar tauchen Fragen nach den globalen Zusammenhängen der konkreten Existenz jedes einzelnen Menschen mit den Rahmenbedingungen einer Gesellschaft in einem existenziell wahrhaftig erzählten Film selten ausdrücklich auf. Auch wenn die gesellschaftlichen Verhältnisse potenziell durch die Beziehungsfähigkeit und Beziehungskultur aller Angehörenden mitgestaltet werden – ähnlich wie die »Atmosphäre« in einer Familie durch das Zusammenwirken aller Verwandten erzeugt wird, wie aktiv oder passiv sie daran auch beteiligt sein mögen. Doch macht es die Wahrhaftigkeit eines Films aus, dass er einen Zuschauer durch eine subtile Inszenierung dazu inspiriert, auch über die Hintergründe der Filmhandlung nachzudenken, über Fragen der Veränderung und Gestaltung der Gesellschaft und der menschlichen Beziehungen, und sich, wenn möglich, mit anderen Menschen darüber auszutauschen.

---

28 vgl. Teischel, 2017

Wie wäre es also, wenn es gelänge, diese dem Film als Gemeinschafts- und Gesamtkunstwerk innewohnende soziale und solidarische Dimension zu bestärken und zu entfalten? Kino als öffentlicher Erlebnisraum könnte so zu einem Ort existenzieller Begegnung und bewusst miteinander geteilter und einander öffentlich anvertrauter Wahrnehmung werden. Womöglich ließen sich dadurch die Momente der Selbstfindung des Einzelnen, die aus seinem persönlichen Erleben wahrhaftiger Momente im Film entstehen und sich mit seiner aktuellen und bisherigen Lebenswirklichkeit verbinden, zugleich mit den Lebenswirklichkeiten der anderen Zuschauer im Kinosaal in Berührung bringen. Wenn das Publikum beginnt, einander persönliche Empfindungen und Gedanken anzuvertrauen und sich dabei wahrhaftige Aufmerksamkeit zu schenken versucht, können zum Prozess der Selbsterkenntnis womöglich noch kostbare Momente solidarischer Verbundenheit hinzukommen. Das Wunder menschlicher Nähe und der mögliche Trost von Fremden, die einander absichtslos inspirieren, indem sie ihre persönlichen Empfindungen und Gedanken in diesem Moment, an diesem Abend, unter diesen Gästen öffentlich zum Ausdruck bringen, wodurch sie wiederum sich und dem Publikum in einem wesentlich anderen Licht erscheinen könnten – wie schön das wäre!

So reifte Ende 2017 der Plan, an meinem damaligen und aktuellen Wohnort Klagenfurt am Wörthersee Kontakt zu jenem örtlichen Kinobetreiber aufzunehmen, der einige Jahre zuvor das aus dem Jahr 1956 stammende Traditionskino der Stadt stilecht renoviert und mit neuer Technik ausgestattet hatte. Da ich nur knapp zwanzig Minuten Fußweg entfernt vom *Wulfenia* wohnte und das Programm seit der Renovierung immer mehr zu Arthouse-Filmen tendierte, war dieses Kino seit langem schon mein bevorzugtes Filmtheater.

»Schau hin ...« – Film & Gespräch im Kino

Filmreife Zusammenhänge

Nicht nur Filme enden manchmal besonders verheißungsvoll und ermutigend, schenken Kraft wie ein schöner Traum, der einen im Alltag noch lange beflügelt – auch das wirkliche Leben kann sich rückblickend als filmreif gelungen erweisen, weil es sich entwickelt hat wie ersehnt. Wenn gut ausging, was davor hoffnungslos verfahren schien, wenn plötzlich befreiende Perspektiven auftauchten und neue Wege sich eröffnet haben, die zuvor undenkbar gewesen sind. Das Leben kann sich verändern, weil Menschen einander inspirieren, Orte heimatlich erscheinen und Überzeugungen Gestalt annehmen, die im Verborgenen gereift sind und eines Tages ihren passenden Ausdruck finden.

So hat sich bei mir die leidvolle Erfahrung eines entfremdeten Daseins schon früh mit dem tiefen Glaube an die Magie wahrhaftiger (Film-)Kunst verbunden, mit deren Verheißung anderer Möglichkeiten und der Sehnsucht, gemeinsam mit Gleichgesinnten ein von Schönheit, Kunst und Liebe erfülltes Leben gestalten zu können. Und wenn es mir heutzutage so erscheint, als habe sich hier in Klagenfurt, in diesem Kino, nach Jahrzehnten des Suchens, Findens und Wieder-Verlierens, nach privatem und beruflichem Scheitern, nach Trennungen und Neuanfängen, Wegen und Umwegen schließlich alles zueinander gefügt, als sei dieses Schicksal seit je ins Drehbuch meines Lebens eingeschrieben gewesen (von wem oder was auch immer), kann ich das nur staunend und dankbar annehmen. Als Geschenk einer unbegreiflichen, existenziellen Vernunft, mit der ich offenbar unbewusst seit je zusammengearbeitet habe. Deren Logik erscheint so geheimnisvoll und vielversprechend wie ein wahrhaftiger Film, den wir am Ende als ergreifend schön und verstörend zugleich erlebt haben können. So ähnlich wie es dem Publikum beim Eröffnungsabend unserer Veranstaltungsreihe mit dem Film *Arrival* ergangen ist. Dazu gleich mehr ...

Wie kam es zu meiner romantischen Beziehung mit diesem besonderen Ort, der mich dreißig Jahre zuvor (1987) schon fasziniert hatte, als ich aus einem ganz anderen Grund erstmals in Klagenfurt gewesen bin und dabei auch dem Wulfenia Kino einen Besuch abgestattet habe? Weil auch dort gerade ein persönlicher Schicksalsfilm auf dem Spielplan stand – *Sodbrennen*

(Mike Nichols, USA 1986, orig.: *Heartburn*) –, der mir in meiner damaligen Heimatstadt Bonn dabei geholfen hatte, das Scheitern meiner Ehe und die Trennung von H. zu verkraften. Als ich mir einmal mehr wie Sisyphos vorgekommen war, zwischen Verzweiflung und Neuanfang, frei genug, diese Herausforderung meines Lebens anzunehmen und zugleich in Sorge, dass es wieder misslingen könnte.

Die Geschichte von *Heartburn*, der den autobiographischen Roman der Regisseurin und Drehbuchautorin Nora Ephron auf die Leinwand brachte, bildet dabei nur den Rahmen für das tragikomische Erwachen und den entschlossenen Aufbruch der Hauptdarstellerin, die zuletzt mutig in ihre eigene, selbstbestimmte Welt geht. Ähnlich wie Ephron selbst sich erst nach der Scheidung von ihrem notorisch untreuen Ehemann zu jener großartigen Autorin und Regisseurin entwickeln konnte, als die sie weltberühmt werden sollte.

Besonders schön habe ich es damals empfunden, dass auch in diesem Film Meryl Streep die Protagonistin verkörperte – hatte sie doch etwa ein Jahr zuvor erst dem ungeheuren Wagemut von Karen Blixen so berührend glaubwürdig Gestalt verliehen. Als wolle mich sogar diese Schauspielerin auf verborgenen Pfaden einmal mehr darin bestärken, nicht länger aus Rücksicht auf andere am inzwischen nicht mehr passenden Platz auszuhalten.

Den Titelsong, *Coming around again* (1986), den Carly Simon eigens für *Heartburn* komponiert hatte, empfand ich bei jedem Wiederhören ungeheuer tröstlich und konnte es daher kaum erwarten, mir den Film in Klagenfurt erneut anzuschauen. Die gleichnamige CD (mit weiteren Liedern aus dem Film) war damals noch nicht erhältlich, und so konnte ich mich später, als ich mir das herzergreifende Stück oft in Endlosschleife anhörte, gleich noch an meine schönen Tage am Wörthersee erinnern.

So entzückt war ich schon damals von dieser Stadt und dem wunderschönen alten Lichtspieltheater mit Balkon (damals bestand das Kino nur aus diesem einen großen Saal), dass ich mich an meinem letzten Abend noch einmal vor einem Seitenausgang des Wulfenia eingefunden habe, um dort, mit dem Ohr an der Tür, den Schlusssequenzen des Films zu lauschen. Wenn die Protagonistin bei einem Essen mit Freunden ihrem untreuen Ehemann vor aller Augen eine Sahnetorte ins Gesicht drückt, um ihn und den gemeinsamen Wohnort Washington bald darauf endgültig zu verlassen. Während sie zuletzt mit ihren beiden Töchtern das Flugzeug nach New York besteigt, erklingt noch einmal dieses Lied, in dessen Text ich schwelgen konnte, als sei er eigens für mich geschrieben worden:

> I know nothing stays the same
> But if you're willing to play the game
> It's coming around again
> So don't mind if I fall apart
> There's more room in a broken heart

Natürlich konnte ich damals nicht einmal im Traum vorhersehen, dass ich dreißig Jahre später in dieser Stadt leben und als Psychotherapeut arbeiten würde – und obendrein in diesem nostalgischen Kinosaal meine Sehnsucht nach wahrhaftiger Filmkunst mit einem begeisterten Publikum teilen dürfte. Doch auf eine seltsame Art empfand ich diesen Ort schon damals vertraut und mich selbst dort auf Schritt und Tritt geborgen »wie im richtigen Film«. Dass sich sogar hier diese autobiographische Geschichte auf dem Spielplan des Kinos befand, kam mir da schon fast wie ein himmlisches Zeichen vor. Bereits am Vorabend meiner Rückreise nach Bonn dachte ich wehmütig daran, wie es wohl wäre, in dieser schönen Gegend heimisch sein zu können, und ich beneidete ihre Bewohner als ich die Stadt wieder verlassen musste.

Philosophische Praxis

Ich hatte zu dieser Zeit meines Lebens in Bonn bereits andere Pläne zu verwirklichen begonnen, die mich überhaupt auf die Idee gebracht hatten, einmal nach Klagenfurt zu reisen. Noch während meiner Zeit als Buchhändler und bald nach meiner Promotion in Philosophie[29] eröffnete ich in Bonn-Beuel (als einer der ersten damals) im Oktober 1986 eine Philosophische Praxis, die ich ab dem Sommer des nächsten Jahres endlich hauptberuflich betreiben wollte.

Am Tag meiner Abreise nach Klagenfurt, am 14. März 1987, warf ich meine Kündigung als Buchhändler in den Briefkasten, nicht zuletzt, um

29 Die erst möglich wurde, als ich an der Bonner Universität einen willigen Zweitgutachter (Heinz Robert Schlette) traf, der ein guter Kunde in der Buchhandlung war und meinen »Doktorvater« (Gerd-Günther Grau) in Hannover persönlich kannte. Beiden war der existenzphilosophische Bezug meiner Arbeit (1986) vertraut.

meinen Entschluss mit dieser Reise an den Wörthersee noch einmal symbolisch zu bestärken. Die Universität Klagenfurt war seinerzeit eine Vorreiterin der Bewegung einer angewandten praktischen Philosophie, die sich darum bemühte, die »Mutter aller Wissenschaften« endlich aus ihrem Elfenbeinturm zu befreien, um das reiche, jahrtausendealte Wissen in einer lebendigen Beratungs- und Gesprächspraxis fruchtbar werden zu lassen.

Auf dem Tiefpunkt meiner psychosomatischen Krise, etwa vier, fünf Jahre zuvor (s. Kapitel »Du musst dein Leben ändern«), als mir schmerzlich klargeworden war, dass ich mein Leben ändern musste, wenn ich überhaupt noch eins haben wollte, hatte ich vom Projekt »Philosophische Praxis« zum ersten Mal erfahren. Der medienwirksame Auftritt ihres Gründers (Gerd B. Achenbach) hatte mich veranlasst, ihn um einen persönlichen Gesprächstermin zu bitten. Davon hatte ich mir eine Ermutigung versprochen, endlich meine inneren und äußeren Fesseln lösen zu dürfen. Diese Ermutigung erfuhr ich tatsächlich durch Dr. Achenbach, doch war meine Zeit zur Umsetzung der Praxis-Idee noch längst nicht gekommen. Bevor ich mich wirklich traute, zu neuen Ufern aufzubrechen, musste ich offenbar erst noch tiefer sinken. Am 24. Februar 1983 fuhr ich allein mit dem Auto um 4 Uhr morgens (um rechtzeitig gegen 9:30 Uhr bei ihm in Bergisch Gladbach sein zu können) noch unter zwischenzeitlichen Panikattacken Richtung Rheinland. In jene Region, die mir etwa sechzehn Monate später, am Ende des Tunnels, in dem ich zu ersticken drohte, in Bonn ein neues Leben ermöglicht hat. Diese Entwicklung war damals in keiner Weise vorhersehbar, weil erst die Annahme meiner Bewerbung als Volontär bei Bouvier im Frühsommer 1984 mir diesen lebensrettenden Neubeginn ermöglicht hat.

Als dann mit *Jenseits von Afrika* und der Rückkehr zu meinen frühen Sehnsuchtswurzeln – sowie dem langen Abschied von H. –, meine nächste Wendezeit begonnen hatte, war auch *Heartburn* intensiv daran mitbeteiligt, endlich konsequent meinen ureigenen Weg gehen zu können. In meinem Kalender findet sich am 9. Februar 1987 (kurz nach der deutschen Erstaufführung) unter dem Eintrag des Original-Filmtitels *Heartburn* noch der auf dem Plakat stehende Text notiert – »*Sex ... Love ... Marriage ... Some people don't know when to quit!*« –, der mir anscheinend ebenso aus der Seele sprach wie der Refrain des Songs von Carly Simon: *So don't mind, if I fall apart, there's more room in a broken heart*. Genau!

Sehnsucht schreibt das Drehbuch

Für unseren künftigen Lebensweg können wir immer nur mit der eigenen Sehnsucht kooperieren, denn ein Drehbuch der unvorhersehbaren, schicksalhaften Ereignisse wäre immer nur im Nachhinein zu schreiben. Aus heutiger Perspektive jedoch kam unbewusst und schicksalhaft bereits in jenen Tagen meiner Reise nach Klagenfurt eine Entwicklung in Gang, die sechzehn Jahre später erst, durch viele andere »zufällige« Ereignisse im Lebens-Script befördert, wirklich Gestalt annehmen konnte.

Ich sollte 2003 von Deutschland nach Österreich auswandern und genau an diesem Ort, von dem ich damals schon dachte, wie schön es sein müsste, in dieser Stadt und dieser Landschaft leben zu können, eine psychotherapeutische Ausbildung absolvieren und bald darauf eine ebensolche Praxis eröffnen, was nur in Österreich auch für viele andere Quellberufe (u.a. für Philosophen) gesetzlich möglich war. Und zu guter Letzt schien hier noch ein Märchen wahr zu werden, als ich die gemeinsame Filmdeutung tatsächlich in jenem Kino etablieren konnte, vor dem ich seinerzeit, an einem sternenklaren Märzabend des Jahres 1987 noch ein zweites Mal so sehnsüchtig gestanden bin.

Schon in meinen Bonner Jahren wurde die Auseinandersetzung mit Filmkunst durch die existenziell erschütternden Momente im Kino wie im Alltag des Lebens besonders intensiv. So wie mir in dieser Stadt die Liebe wie nie zuvor begegnet ist, wurde es mir dort auch möglich, mich der Welt und den Menschen in meiner Umgebung auf bisher unbekannte Weise zu öffnen. Hingebungsvoll interessiert und wachen Sinnes fing ich in jener Zeit nicht nur an, Tagebuch zu schreiben, mich mit Freunden und Kollegen zu treffen, Feten zu feiern, auf Konzerte und ins Theater zu gehen – vor allem entdeckte ich meine Leidenschaft für die Filmkunst und das Kino als einem idealen Sehnsuchtsort. Naheliegend wie die beiden Programm-Kinos gleich bei mir um die Ecke (in Bonn-Beuel) – und so wahrhaftig und inspirierend wie eine Kunstform nur sein kann. Zur Zeit meiner Reise nach Klagenfurt war diese Leidenschaft also längst entbrannt, und ich hatte monatliche Kino-Termine bereits ins Programm meiner Philosophischen Praxis aufgenommen. Im Anschluss an ein gemeinsames Film-Erlebnis ging es zum Gespräch entweder zurück in die Praxis oder ins italienische Restaurant ganz in der Nähe der Kinos.

Das Leben führt Regie

Doch vor meiner Auswanderung nach Klagenfurt hatte das Leben noch anderes mit mir vor. Ich hatte mit meiner Idee, mich als freischaffender Philosoph selbständig zu machen, finanziell alles auf eine Karte gesetzt. Außer dem Betrag auf einem Sparbuch, das mein Vater noch zu Lebzeiten für mich eingerichtet hatte, besaß ich keinerlei eigene Ersparnisse. Zuletzt verkaufte ich sogar noch mein Auto an einen Arbeitskollegen, um das Projekt der Philosophischen Praxis wenigstens ein Jahr lang hauptberuflich erproben zu können. Das war gewiss ziemlich blauäugig, doch ein Anfang war gemacht.

Ähnlich wie mich das Ende der ersten beruflichen Selbstständigkeit, als nach dem Verkauf unseres Ladens damals auch die Lebensgemeinschaft mit E. zu Ende ging, im Juni 1984 schließlich zu neuen Horizonten aufbrechen ließ, führten diese überlebenswichtigen Bonner Jahre zuletzt so unbewusst wie folgerichtig zu einer weiteren Entwicklungsstufe.

Als sich absehen ließ, wann die finanziellen Reserven endgültig erschöpft sein würden – und weil meine Sehnsucht nach Afrika mit jedem Kinobesuch und jedem Wiederhören der Filmmusik weiter angewachsen war –, beschloss ich, mir noch den Herzenswunsch einer Reise nach Kenia zu erfüllen und mein restliches Geld lieber dafür zu investieren. Danach würde ich mir wohl wieder eine bezahlte Arbeitsstelle im Buchhandel suchen müssen und nach Beendigung meines Praxis-Projekts auch die Stadt verlassen.

Nach der Rückkehr von der bis dahin teuersten Reise meines Lebens, die ich als einen langen glückseligen Wachtraum erlebt hatte, fiel mir dies nur umso leichter. Jetzt war ich zwar finanziell praktisch am Ende, doch mein Herz war zugleich so übervoll vom Glück der Erfüllung dieser Sehnsucht aus Kindertagen, dass ich mich mit all meiner verfügbaren Energie dem Nachdenken und Schreiben über dieses Phänomen widmen wollte – über die elementare Lebenskraft der *Sehnsucht* nach dem eigenen Selbst, die unser Menschsein befreit und jeden Einzelnen erst wahrhaftig zu sich kommen lässt. Und als »wollte« sich mir das Schicksal auch jetzt wieder gnädig erweisen, bekam ich ausgerechnet vom nördlichsten Punkt des Landes als erstes eine Antwort auf meine Bewerbungsschreiben und eine Einladung zu einem Vorstellungsgespräch. Die Inselbuchhandlung Voss, in Westerland auf Sylt, suchte Mitarbeiter für die Sommersaison 1988, und prompt hatte ich für die nächsten zwei Jahre einen Arbeitsplatz an der Nordsee, der mein Nachdenken und Schreiben über die Sehnsucht in einem Maß beflügeln konnte wie kein anderer es vermocht hätte.

Die Empfindungen und Gedanken dieser Zeit habe ich anderswo notiert, doch die sehnsüchtige Energie meiner Inseljahre und der langen hellen Sommerabende, die ich oft schreibend im Strandkorb verbrachte, nachdem die Feriengäste abgezogen waren, hat sich in einen langen Essay über die Sehnsucht eingeschrieben (*Das Maß der Sehnsucht*, 2002).

Es schlossen sich dort an der Nordsee noch andere Schicksalskreise, durch deren Integration sich meine innere Entfremdung in (Über-)Lebenskunst zu verwandeln begann. Zumal ich einst auf der Insel Norderney, als dorthin »verschicktes« asthmakrankes Kind von nicht einmal drei Jahren, einige der schrecklichsten und prägendsten Monate meines Lebens an der Nordsee verbracht hatte – und dann, vierzehn Jahre später (1970), als Jugendlicher, ausgerechnet auf Sylt, für einige glückliche Sommerwochen so verliebt gewesen bin wie noch nie.

Nach dieser zweijährigen Zeit des Erinnerns und des philosophischen Erwachens am Meer, wollte ich dort im Hohen Norden nicht länger bleiben, und es zog mich zurück in die Stadt. Über Stationen in Mannheim, München, Potsdam und Berlin, wo ich ebenso dem Buchhandel wie dem Schreiben, der Philosophie und dem Kino treu geblieben bin – auch den Menschen, mit denen ich diese Leidenschaften teilen konnte. Und ich habe, so gut es ging, unterwegs diese verschiedenen Künste immer miteinander zu verbinden versucht, bis ich schließlich, mithilfe des Lebens, am unbewussten Zielort meiner Sehnsucht, in Klagenfurt, angekommen bin. Auch dort habe ich anfangs, neben der Ausbildung zum Psychotherapeuten, noch eine Zeitlang in meinem Brotberuf als Buchhändler arbeiten können.

»*Am Ende wird alles gut, und wenn es noch nicht gut ist, ist es noch nicht das Ende*«, heißt es. Und als sich endlich auch diese Sehnsucht noch erfüllte, als *Psychotherapeut* mit Menschen arbeiten zu können, die an ihren unerfüllten Wünschen und verlorenen Träumen litten, schienen sich alle bisherigen Leidenschaften im alltäglichen Denken und Handeln miteinander zu verbinden. Sogar der Film hatte schließlich, theoretisch und praktisch, einen zentralen Platz in meiner therapeutischen Arbeit bekommen.

Das Kino als gemeinsamer Sehnsuchtsraum

Was ich mir allerdings noch immer ersehnte, war eine (Wieder-)Belebung des Kinos als öffentlichem Begegnungsraum, einem gemeinschaftlichen kulturellen Ort, an dem die Sehnsucht eine Spielstätte haben konnte, an der wir einander daran erinnerten, was mit uns geschehen war und was wir uns zu erträumen wagten. Durch meine häufigen Besuche im Wulfenia Kino, in dessen Nähe ich inzwischen seit vielen Jahren wohnte, wurde diese Idee unbewusst immer wieder aufs Neue angeregt. Als ich den Entschluss fasste, auch dieser leidenschaftlichen Spur noch zu folgen, war ich gerade erneut ziemlich sehnsuchtsbeflügelt – nach der Rückkehr von einer weiteren Afrika-Reise, knapp dreißig Jahre nach meiner ersten Exkursion auf den Spuren von Karen Blixen. Und vor allem fühlte ich mich ermutigt durch die berührenden Erlebnisse einer *Selbsterfahrungswoche mit Film*, Ende Oktober 2017, bei der sich auf besonders intensive und geradezu schwebend leichte Weise die Wahrnehmung von Filmerzählungen mit den Biographien der Teilnehmenden verbinden ließen.

Und so wandte ich mich im November 2017 an die Geschäftsführerin des Wulfenia Kinos, in der Hoffnung, sie für mein Projekt begeistern zu können. Die Antwort ließ ziemlich lange auf sich warten, und ich hatte meine Idee beinahe wieder aus dem Blick verloren – und unbewusst vielleicht auch schon abgeschrieben –, als es Anfang des Jahres 2018 doch zu einem ersten persönlichen Treffen im Kino kam und die Idee konkrete Gestalt annahm. Ich erstellte eine erste Liste möglicher Filmtitel für die Reihe, die Kinobetreiber wollten sich ihrerseits um die Abklärung der Vorführrechte und Gebühren kümmern. Ebenso wurden Treffen mit einem Team möglicher Moderatoren geplant, außerdem Werbemaßnahmen und Öffentlichkeitsarbeit. Als es gleich mit dem ersten Wunschfilm ein Lizenzproblem gab und sich herausstellte, dass ältere Filme schwer bis gar nicht zu beschaffen waren (zum Auftakt unserer Reihe hatte ich *Die Truman Show* vorgesehen, weil dieser Film auf geniale Weise die Frage thematisierte, wie wir Wahrhaftigkeit von Lüge unterscheiden können), beschränkten wir die Filmauswahl zunächst auf Werke der jüngeren Vergangenheit. Da ich diese Filmreihe als ihr Initiator auch eröffnen wollte, kam mir sofort ein ziemlich aktueller Film in den Sinn, den ich im Kino leider verpasst und wenige Monate zuvor erstmals auf DVD gesehen hatte. Bereits Filmplakat und Trailer hatten mich überaus fasziniert, und als ich mir den Film anschaute, war ich bereits von der Magie der Eröffnungssequenz hin und weg. *Arrival* von Denis Villeneuve aus dem Jahr 2016 sollte zum idealen Eröffnungsfilm unserer Reihe werden, der das Motto »Schau hin« auf höchst stimmige Art und Weise einlöste.

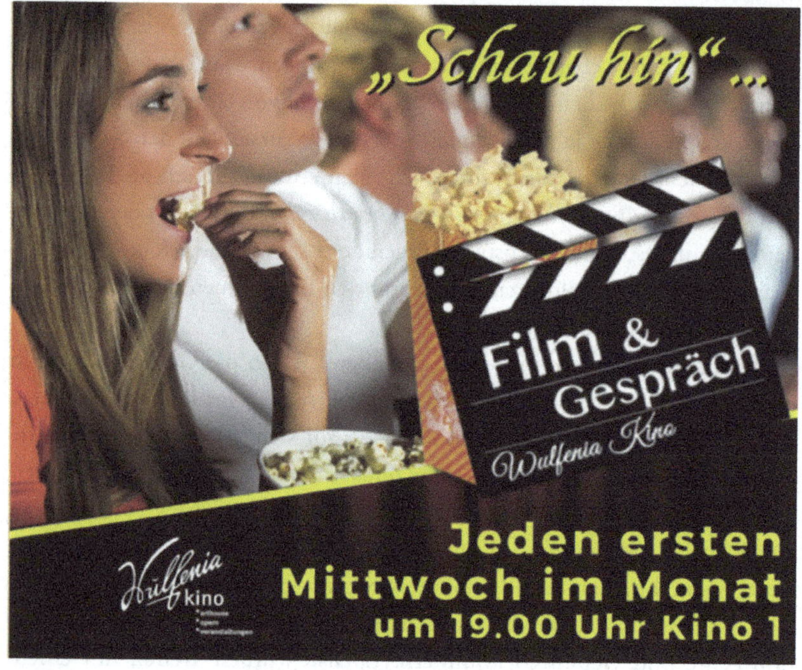

Abb. 8: Ankündigung der Veranstaltungsreihe »Schau hin … Film & Gespräch«

Eine Ankunft – Momente für die Ewigkeit

Mittwoch, 13. Juni 2018 – der Tag der Premiere unserer Veranstaltungsreihe. Wir hatten vorab zahlreiche Flyer verteilt und auch über Hinweise in der örtlichen Presse um Aufmerksamkeit geworben. An diesem ersten Abend war es besonders spannend, wie viele Zuschauer sich überhaupt einfänden und ob uns ein verheißungsvoller Start gelingen würde. Die Geschäftsführerin des Kinos war ebenso anwesend wie ihr für Layout und Werbung zuständiger Kollege. Nach einer kurzen Prüfung von Bild und Ton sowie der Mikrofontechnik im Kinosaal warteten wir gemeinsam gespannt auf die Ankunft der ersten Zuschauer. Weil diese im Foyer zunächst noch zurückgehalten wurden – es gibt im Wulfenia insgesamt fünf Kinosäle mit unterschiedlichen Anfangszeiten –, kamen die Gäste erst zehn Minuten vor Beginn der Vorstellung in den Saal, was die Anspannung noch erhöhte.

Nachdem ich der Geschäftsführerin kurz den geplanten Ablauf erklärt hatte und von einer etwa fünfzehnminütigen Pause sprach, die zwischen Film und Diskussion vorgesehen sei, wurde sie ihrerseits nervös und gab zu bedenken, dass dann zum Gespräch eventuell kaum einer mehr in den Saal zurückkehren würde. Doch diesbezüglich war ich mir ganz sicher, nach meinen langjährigen Erfahrungen mit der Filmgruppe in der hiesigen Reha-Klinik (dort konnte ich als Psychotherapeut sieben Jahre lang eine eigene Filmtherapie-Gruppe leiten). Eine Pause musste nach einem gut zweistündigen Film einfach sein, schon für einen Gang zur Toilette oder ein Getränk an der Bar, um sich bereits ein wenig miteinander austauschen zu können und das berührende Erlebnis etwas nachwirken zu lassen.

Kurz vor 19:00 Uhr staute es sich am Eingang des Kinos, sodass wir uns gleich entschieden, etwas später zu beginnen, zumal gerade beim Eröffnungsabend unserer Reihe die einleitende Vorrede möglichst ungestört für alle zu hören sein sollte.

Der Kinosaal 5 des Wulfenia (der im Obergeschoss des Hauses liegt, am weitesten entfernt vom Foyer, ohne einen direkt angrenzenden Nachbarsaal) ist mit seinen 120 Plätzen in sanft ansteigenden Sitzreihen der drittgrößte des Hauses. Wir hatten ihn auch deshalb für unsere Veranstaltung ausgesucht, weil man dort nicht durch vorbeiziehende Besucher anderer Vorstellungen gestört werden konnte. Das war günstig für die Akustik im Saal, um sich auch ohne technische Hilfsmittel noch gut verständigen zu können, obwohl uns insgesamt drei Mikrofone zur Verfügung standen. Eines mit Kabel, das direkt mit der Tonanlage des Kinosaals verbunden war, für den Moderator des Abends, und zwei kabellose Mikrofone, die während der Diskussion von Mitarbeitern des Kinos im Publikum herumgereicht werden konnten.

Nachdem die etwa siebzig Zuschauerinnen und Zuschauer (auch aus dem Kollegenkreis) im Saal Platz genommen hatten, hielt ich eine kleine Eröffnungsrede, um die Intentionen des Projekts zu erläutern und das Publikum auf die gemeinsame Reise einzustimmen:

»Herzlich willkommen zu dieser neuen Veranstaltungsreihe Film & Gespräch im Wulfenia-Kino. An jedem ersten Mittwoch im Monat soll es künftig die Möglichkeit geben, einer besonderen Filmgeschichte gemeinsam Aufmerksamkeit zu schenken und im Anschluss an das Filmerlebnis miteinander darüber ins Gespräch zu kommen.

Was ist die Idee von Film & Gespräch?

Zu reden über einen Film, um den Reichtum dieser Kunstform, die wahrhaftig ein Gesamtkunstwerk erschafft, an dem jeweils ungeheuer viele Menschen mitgewirkt haben, bewusst erfahrbar werden zu lassen. Gerade dadurch, dass wir uns hier, im öffentlichen Raum eines schönen Kinosaals, gemeinsam einer Filmgeschichte widmen und anschließend darüber austauschen können, erschaffen wir, als das Publikum, unsererseits ein Kunstwerk der Wahrnehmung, gemeinsam und ein jeder auf seine Weise.

Jede/r Einzelne ist auf persönliche Weise kompetent

Dabei ist jede und jeder Einzelne von Ihnen auf eigene, persönliche Weise kompetent, weil es im Erlebnis von Kunst immer um Ihre persönliche Lebenserfahrung geht und um Ihre persönlichen Gefühle und Gedanken. Die entfalten sich im Erlebnis der in einem bestimmten Filmkunstwerk dargestellten inneren und äußeren Welten, die ihrerseits der persönlichen Lebensgeschichte jener Menschen entstammen, die diesen bestimmten

Film gemeinsam geschaffen haben. Die Beteiligten an einem Film schenken uns ihr Werk, wir schenken ihm unsere Aufmerksamkeit – und im gelungenen Fall beruht diese Liebe auf Gegenseitigkeit.

Eine kostbare Erfahrung

Dabei ist jeder einzelne Augenblick kostbar und jedes Gefühl, das wir empfinden, jede gedankliche Assoziation, die sich bei uns einstellt und jede Bemerkung darüber, die wir mit anderen teilen möchten, hat eine besondere, eigene Bedeutung.
Dabei können wir keine »Fehler« machen, sondern immer nur so aufrichtig wie möglich sein. Es geht nicht um Wissen, Vollständigkeit oder Quantität des Erkannten oder Gesagten, sondern einzig um unsere Innenwelt und unsere Aufmerksamkeit, die wir den Erlebnissen auf der Leinwand anvertrauen und mit den anderen Zuschauern im Kino teilen können oder nicht. Im Spiegel berührender Filmgeschichten können menschliche Schicksale nicht nur empathisch erfahrbar werden, sie können uns potentiell auch weltweit grenzüberschreitend solidarisch verbinden. Das macht die besondere Faszination und Bedeutung dieses Mediums aus.
Dieser Abend ist auf jeden Fall, unabhängig davon, wie er genau verläuft, ein kleines Gesamtkunstwerk an Zeit, Aufmerksamkeit und Empathie, das wir den Künstlern auf der Leinwand (vor und hinter den »Kulissen«) und einander hier im Saal des Wulfenia-Kinos schenken. Dafür möchte ich allen Anwesenden schon jetzt herzlich danken – insbesondere auch dem verantwortlichen Team des Wulfenia-Kinos, das diese Veranstaltung möglich gemacht hat.

Zum Ablauf und zum Film des Abends

Nach dem gemeinsamen Filmerlebnis, das manchmal länger und manchmal kürzer dauert, was dann auch das Ende der Veranstaltung um eine halbe Stunde verschieben kann, werden wir

eine Pause von ca. 15 Minuten einlegen und danach mit dem Filmgespräch beginnen. Dabei warten wir nicht auf einzelne Gäste, die sich vielleicht außerhalb verplaudern, sondern bitten Sie vielmehr, Ihre Einfälle hier im Saal mit den anderen Gästen zu teilen.
Sie haben in der Pause (und zu Beginn der Veranstaltung) die Gelegenheit, sich im Foyer mit einem Getränk zu versorgen, das sie selbstverständlich mit in den Saal hineinnehmen können. Von Popcorn und anderen kulinarischen Genüssen bitten wir allerdings an diesen Filmabenden abzusehen, um die gemeinsame Wahrnehmung für sich selbst und andere möglichst wenig abzulenken.
Für das Filmgespräch bitten wir Sie, möglichst in den vorderen Reihen des Saales Platz zu nehmen, damit wir einander auch ohne Mikrofon einigermaßen gut verstehen können. Die Akustik im Saal ist ziemlich gut, und es sollte uns gelingen, eine möglichst angenehme und entspannte Atmosphäre zu schaffen, in der unsere Gefühle und Gedanken Raum bekommen können. Für das gemeinsame Gespräch werden wir uns jedes Mal etwa eine Stunde Zeit nehmen können.

Zuletzt noch ein paar kurze Bemerkungen zum heute ausgewählten Film, dessen Kurzbeschreibung Sie auch auf dem Flyer zu dieser Veranstaltung finden.
›Arrival‹ von Denis Villeneuve habe ich ziemlich spontan ausgewählt, weil mir dieser Film sowohl thematisch wie auch von seiner besonderen Machart – ein Genrefilm, der gar keiner ist – als ein besonders passendes Beispiel erscheint, um die ganze Vielfalt und Komplexität der gegenwärtigen Filmkunst zu veranschaulichen. Dieser Film wirft ebenso philosophische wie psychologische Fragen auf, lässt uns über die Wirklichkeit der eigenen Existenz ebenso nachdenken wie über das Wesen der Zeit und die Bedeutung des Universums, in dem es womöglich noch ganz andere Lebensformen gibt, als wir uns vorstellen können. Doch dieser Film schwelgt nicht in beliebigen Science-Fiction-Phantasien, sondern lässt unsere tiefen Ängste vor dem Fremden und

Unbekannten spürbar werden, die doch immer etwas mit den Abgründen unserer eigenen Existenz zu tun haben.«

Nach der Pause kamen tatsächlich fast alle Personen wieder in den Saal zurück. Viele folgten meiner Bitte, sich in den vorderen Sitzreihen einzufinden, doch manche setzten sich lieber wieder an ihren vorherigen, vertrauten Platz. Die an diesem Abend gemeinsam ins Kino gekommen waren, zu zweit oder in einer kleineren Gruppe, blieben auch jetzt zusammen. Einige kamen mit einem Getränk zurück in den Saal, einer Flasche Bier, einem Wasser oder einem Glas Wein, und überall schienen die Leute angeregt ins Gespräch vertieft. Für mich war schon im Foyer zu spüren gewesen, wie intensiv der Film die Zuschauer beschäftigte, hatte ich im Vorübergehen Komplimente gehört oder lächelnd ein *Wow!* zugerufen bekommen – was für ein unglaublich bewegender Film da gerade zu erleben war! Nur sehr wenige Zuschauer kannten *Arrival* bereits und hatten sich auf ein Wiedersehen auf der Kinoleinwand gefreut, die meisten waren so verblüfft und ergriffen wie ich nach dem ersten Erlebnis dieser magisch rätselhaften Geschichte. Einige Kollegen kamen noch vor dem Gespräch direkt auf mich zu, um mich zur Wahl dieses Films zu beglückwünschen.

Ich eröffnete das Gespräch zunächst mit meiner Freude über die Rückkehr des Publikums in den Saal und bedankte mich, wie schon gleich nach der Vorstellung, für die Atmosphäre andächtiger Aufmerksamkeit. Danach bekannte ich meine eigene, aufs Neue erfahrene Betroffenheit von diesem Film, den ich am heutigen Abend zum vierten Mal erlebt hatte, allerdings zum ersten Mal im Kino auf großer Leinwand. Ich betonte noch einmal, wie sehr die komplexe Thematik und Gestalt dieses Films, der sich jeder eindeutigen Erklärung entzieht, *Arrival* für mich gleich so unwiderstehlich gemacht und dass ich mir sehr gewünscht hatte, dem Geheimnis dieser Geschichte womöglich heute gemeinsam mit dem Publikum näher auf die Spur kommen zu können.

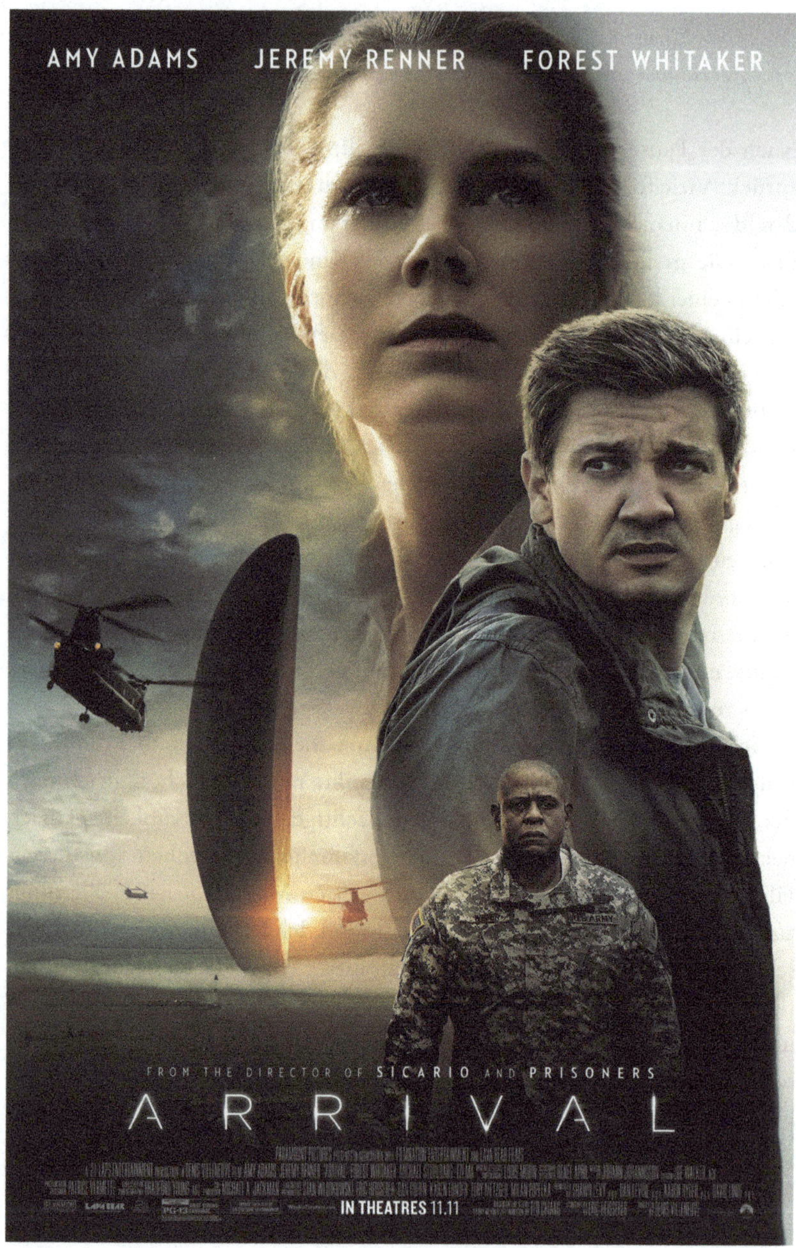

Abb. 9 : Filmplakat *Arrival* – Der Eröffnungsfilm

Arrival

USA 2016, 117 Min. Regie: Denis Villeneuve. Drehbuch: Eric Heisserer, nach einer Kurzgeschichte von Ted Chiang. Musik: Jóhann Jóhannsson. Kamera: Bradford Young. Schnitt: Joe Walker. Produktion: Dan Levine, Shawn Levy, David Linde, Karen Lunder, Aaron Lunder. Darsteller: Amy Adams, Jeremy Renner, Forest Whitaker, Michael Stuhlbarg, Mark O'Brian.

Kurzkritik

Nach der Landung von zwölf ellipsenförmigen Alien-Raumschiffen an unterschiedlichen Orten der Erde scheitern erste Versuche, die Signale der fremden Wesen zu entschlüsseln. Die US-Regierung schickt ein Team um eine Sprachwissenschaftlerin und einen Physiker nach Montana, um Kontakt zu den Außerirdischen herzustellen und deren Absichten in Erfahrung zu bringen. Der mit großer Behutsamkeit inszenierte Science-Fiction-Film konzentriert sich ganz auf die Figurenpsychologie und erkundet stilistisch elegant erkenntnistheoretische Fragen. Inszeniert nah an der Figur der Linguistin, lösen sich Handlung und Psychologie zuweilen in der Entschleunigung auf, und doch bleibt stets genügend Raum, um das zentrale Geheimnis um Sprache, Zeit und Weltwahrnehmung zu wahren. (*Lexikon des Internationalen Films*)

Prolog

Das Drehbuch des Films basiert auf einer Kurzgeschichte mit dem Titel *Story of Your Life* (2011) von Ted Chiang, der auch an der Verfilmung beteiligt war. Auch diese Vorlage bleibt bewusst offen und rätselhaft, und der Film nimmt die wesentlichen, zutiefst existenziellen und philosophischen Themen und Fragestellungen des literarischen Werkes auf. Dabei inszeniert Villeneuve die ursprüngliche Geschichte auf eine in jeder Hinsicht spektakuläre Weise (was sich beispielsweise auch an seinen zahlreichen Nominierungen in so ziemlich allen Kategorien bekannter Filmpreise zeigt) und lässt den Film zu einem ebenso universalen wie zeitlosen Beispiel für die existenzerhellende und solidaritätsstiftende Kraft des Kinos werden. Villeneuve ist es mit seinem Team gelungen, eine phantastische Sogwirkung zu erzeugen, die direkt ins Unbewusste des Zuschauers zielt, so als habe dieser selbst während des Films eine Begegnung der nie erlebten Art. Abgesehen von der stupenden Darstellungskunst von Amy Adams, die als Protagonistin des Films, als Linguistin Dr. Louise Banks, Kontakt zu den Außerirdischen aufnimmt, gelingt das besonders durch die visuelle Gestaltung (Szenenbild, Kamera, Schnitt) und die magischen Klänge einer eigens für die Begegnung mit diesen fremden Wesen komponierten Musik.

Die Magie der Inszenierung

Von der literarischen Vorlage übernimmt das Drehbuch die Idee der Kontaktaufnahme zwischen Außerirdischen und einer Sprachwissenschaftlerin, der es gelingt, sich in die gänzlich andere Weltsicht und Logik dieser fremden Wesen hineinzudenken und eine Verbindung mit ihnen herzustellen. So wie sich darin ebenso die Erzählebenen zwischen Vergangenheit und Zukunft, Erinnerung und Gegenwart, Phantasie und Wirklichkeit auf verwirrende Art und Weise mischen.

Durch den begrenzten Zeitrahmen der Filmversion und deren so verdichtete und komplexe Dynamik, die über verschiedene Assoziations- und Sinneskanäle wirkt und den aufmerksamen Zuschauer gleichzeitig bewusst und unbewusst erreicht, potenziert sich die ursprüngliche Idee der Kurzgeschichte ins Unermessliche. Durch die filmische Inszenierung der phantastischen Thematik dieser Science-Fiction-Story entsteht eine unbeschreibliche Intensität, die sich auch in der weltweit nahezu einhelligen Faszination von *Arrival* widerspiegelt.

Die universale Bedeutung dieses Films wird gerade auch an seiner vieldeutigen Rätselhaftigkeit offenkundig. Der Film mutet *seltsam* an wie das Leben – dass da überhaupt *etwas ist* und *nicht nichts* – und wirkt *unbegreiflich* wie die Tatsache der menschlichen Existenz inmitten dieser Welt.

Hypnotische Klänge

Eine geheimnisvolle Atmosphäre breitet sich unterschwellig vom ersten Moment an aus, die durch eine irritierend melancholische Eröffnungssequenz – und begleitet von einer kongenialen Komposition des Musikers Max Richter: *On the Nature of Daylight* (2004) – geradezu hypnotisch verstärkt wird.

Zumal wenn ein Zuschauer, so wie ich, dazu auch noch den Songtext des Liedes *This Better Earth* (Clyde Otis, 1960) im Kopf hat, der in einer anderen Version von Richters Stück mit der herzergreifenden Stimme der Blues-Sängerin Dinah Washington intoniert wird:

> This bitter earth
> Well, what fruit it bears
> Ooh, this bitter earth
> And if my life is like the dust
> Ooh, that hides the glow of a rose
> What good am I?
> Heaven only knows
> Lord, this bitter earth
> Yes, can be so cold
> Today you're young
> Too soon, you're old
> But while a voice within me cries
> I'm sure someone may answer my call

Vor Jahren war mir Richters Melodie in Verbindung mit diesem wehklagenden Gesang schon einmal unvergesslich nahegegangen, im Abspann eines anderen Films – *Shutter Island* (2010) von Martin Scorsese, der darin, in Form eines Thrillers, die Psychose eines schwer traumatisierten Mannes inszeniert. Seit ich mir den Soundtrack dieses Films zugelegt hatte, ist dieses Lied zu einem der meistgehörten in meinem Leben geworden. Ich kann mich in seinen schwermütigen Harmonien immer wieder aufs Neue verlieren und fühle mich in der unendlichen Traurigkeit seines Textes wie für alle Zeit geborgen. *This Bitter Earth* in genau dieser mit Gesang kombinierten Version möge mich bitte am Tag meines Abschieds in die jenseitige Welt begleiten und dort auch gern täglich für mich erklingen, dachte ich manchmal spätabends beim Wein, während die Endloswiederholung im Hintergrund lief.

Die erste Begegnung mit dieser Musik hatte ich übrigens in der Spielzeit 2011/12 im Stadttheater Klagenfurt. In der ergreifenden Sterbeszene am Ende des Dramas *Süden* (1987) von Julien Green (der auf seinen besonderen Wunsch in der dortigen Stadtpfarrkirche begraben liegt) erklang die gesungene Form, bis der Vorhang fiel. Das Stück hatte mich durch die tragische Unfähigkeit seiner Hauptfiguren, einander ihre Liebe auszudrücken, so dass sie sich daher zuletzt ihrem Scheitern ergeben, in den Schlussminuten zu

Tränen gerührt. Und ich suchte noch am Abend im Programmheft des Theaterstücks nach den Angaben zu dieser betörenden Musik und fand dadurch auch den Hinweis auf den Soundtrack zu *Shutter Island.*

Die ersten Minuten des Films

All diese Erinnerungen werden für mich während des Intros von *Arrival* auf einmal wieder lebendig, als noch während der ersten Schwarzblende, nach den Einblendungen der Produktionsfirmen im Vorspann, die ersten Takte zu *On the Nature of Daylight* erklingen. Langsam fährt dann die Kamera unter einer dunklen Holzdecke entlang, und im dämmrigen Gegenlicht sehen wir aus dem Inneren eines Hauses hinaus auf einen großen See, an dem es gelegen ist. Vor der Fensterfront wird ein Esstisch mit Stühlen sichtbar, auf dem noch Teller stehen, eine leere Weinflasche und zwei benutzte Gläser mit Resten darin, so als habe da kürzlich ein Paar gemeinsam zu Abend gegessen. Aus dem Off hören wir die ruhige Stimme einer Erzählerin über die anhaltende Geigenmusik wie zu sich selbst sprechen: »*Ich dachte immer, das ist der Anfang deiner Geschichte ... Das Gedächtnis ist schon etwas Merkwürdiges. Es funktioniert anders, als ich dachte. Wir sind so sehr an die Zeit gefesselt und ihre Abfolge.*«

Jetzt sehen wir in Nahaufnahme das Gesicht einer Mutter – offenbar ist sie die Erzählerin –, die sich lächelnd über ein schlafendes Baby beugt und es, dessen kleine Hand haltend, nachdenklich anschaut. Dann wird das Baby von den Armen eines anderen Menschen, der neben dem Bett zu stehen scheint und nur als Schemen zu erkennen ist, emporgehoben. Als dieser es hält, fängt das Baby zu weinen an und die Mutter signalisiert, dass sie es wieder übernehmen möchte. »*Komm zurück zu mir*«, kommentiert sie lächelnd, während in Großaufnahme sichtbar wird, dass sie einen Ehering trägt.

Nun springt die Szene in eine andere Zeit, und ein etwa fünfjähriges Mädchen mit einem Cowboyhut ruft »*Hände hoch!*« in die Kamera, worauf die Person der Mutter aus der ersten Szene ihr mit ausgestreckten Armen entgegengeht. Die beiden spielen auf der Wiese beim Haus, im Hintergrund derselbe See wie zu Anfang. Beide schauen einander fröhlich an, die Kleine hat ein Spielzeugpferd aus Stoff unter sich, mit dem sie lachend umherläuft.

»*Bist du der Sheriff in dieser Stadt hier?*«, fragt die Mutter, während sie Daumen und Zeigefinger gegeneinander bewegt und sich dem Mädchen

mit großen Schritten nähert. »*Das sind meine Kitzelpistolen, damit kriege ich dich.*«
Die Kleine kichert vergnügt. »*Nein* ... «
»*Soll ich dich fangen?*«, fragt die Mutter. »*Lauf lieber weg.*«

Beide wirken beim Spiel innig verbunden und werfen einander liebevolle Blicke zu. Dann rückt die Kamera das spielende Kind extrem unscharf in den Hintergrund, während der Zuschauer ihm mit den Augen der nachdenklichen Mutter folgt.

Als jetzt die Erzählstimme aus dem Off wiedereinsetzt, wird klar, dass in diesem Film auch von der gemeinsamen Geschichte dieser beiden die Rede sein soll.

»*Ich erinnere mich an Momente aus der Mitte* ... «, ist die Erzählerin zu hören. Und ein inzwischen älter gewordenes, etwa zehnjähriges Mädchen, sagt im warmen Lichtschein von seinem Bett aus zur Mutter, auf deren Gute-Nacht-Kuss hin, »*Ich hab' dich lieb*« – um gleich im nächsten Augenblick, nach einem jähen Szenenwechsel, direkt in die Kamera »*Ich hasse dich!*« zu schreien.

Anschließend erleben wir eine ärztliche Untersuchung der inzwischen jugendlichen Tochter mit und aus einigem Abstand die Szene einer kurzen Unterredung auf dem Gang einer Klinik, während der die Mutter von der Ärztin offensichtlich eine erschütternde Nachricht mitgeteilt bekommt. Denn im nächsten Moment bricht sie verzweifelt in Tränen aus und es folgt ihr Kommentar aus dem Off: »*Und das war das Ende.*«

Hinter einem Vorhang im blauweißen Gegenlicht eines Krankenzimmers, sehen wir die Mutter weinend Abschied nehmen von ihrer aufgebahrt liegenden kahlköpfigen Tochter. Flehentlich schluchzt die Mutter ihr die gleichen Worte zu, mit denen sie gerade noch ihr weinendes Baby wieder in die Arme geschlossen hatte, von dessen Nähe sie so entzückt war: »*Komm zurück zu mir.*«

Zu den letzten Klängen von Richters Musik geht die Mutter im nächsten Bild allein einen Krankenhausflur entlang. Und während der nachfolgenden Schwarzblende hören wir erneut ihre Erzählstimme und sehen die Frau in einem anderen Gebäude, mit einer Umhängetasche über ihrer Schulter, eine Treppe entlanggehen: »*Aber jetzt bin ich mir nicht mehr so sicher, ob ich noch an Anfang und Ende glaube. Es gibt Tage, die deine Geschichte über dein Leben hinaus bestimmen. Wie der Tag, an dem sie ankamen.*«

In diesen zwei Minuten des Intros entfaltet *Arrival* nicht nur den Spannungsbogen seines Themas der »Zeit« und der vermeintlichen Logik und Gesetzmäßigkeit ihrer Abläufe, sondern es deuten sich auch die großen Fragen nach Wesen und Sinn von Leben und Tod an, dem tragischen Verlust eines Kindes, das an einer unheilbaren Krankheit verstirbt und der Ohnmacht seiner Mutter, die mit ihrem Schmerz weiterzuleben versucht. Doch woher diese kurz und vieldeutig anklingende Geschichte rührt und wohin sie führen könnte, wer diese junge Mutter ist und warum sie ihrer offenbar an Krebs verstorbenen Tochter die Geschichte ihrer gemeinsamen Beziehung wie rückblickend zu erzählen beginnt, lässt sich da noch keinesfalls erahnen.

Mit dem sehr persönlichen Beginn der Filmerzählung und durch die angenehme Stimme der sympathisch wirkenden Protagonistin, die mit ihrer Tochter liebevoll verbunden zu sein scheint, bis sie ein so schwerer Schicksalsschlag trifft, werden wir als Zuschauer unwiderstehlich hineingezogen und wollen die ganze Geschichte dieser beiden Menschen erfahren. Was geschah an diesem denkwürdigen »*Tag, an dem sie ankamen*«?

Rätselhafte Zusammenhänge

Die Protagonistin, Dr. Louise Banks, arbeitet offensichtlich als Sprachwissenschaftlerin an einer Universität. Während einer Vorlesung verbreitet sich plötzlich unter den Studenten die Nachricht von zwölf gigantisch großen, muschelförmigen Raumschiffen, die an zwölf verschiedenen, über den Globus verteilten Standorten aufgetaucht sind und dort am Himmel verharren. Allgemeine Panik bricht aus, denn die im Fernsehen übertragenen Bilder wirken zutiefst beunruhigend, zumal sich niemand erklären kann, was die Absicht dieser fremdartigen Invasion sein könnte.

Dieses vordergründige Geschehen, das auch die Zuschauer zunächst danach fragen lässt, was es mit der Landung dieser zwölf Raumschiffe auf sich hat und was deren Botschaft an die Menschheit beziehungsweise die Regierungen der Staaten, in denen sie gelandet sind, sein könnte, wird über die Dauer des Films davon begleitet, verstehen zu wollen, was diese merkwürdigen Anfangssequenzen, in denen Louise anscheinend rückblickend sich selbst und ihrer Tochter Entscheidendes zu erzählen versucht, mit dem spektakulären Handlungsrahmen zu tun haben?

Immer wieder sind in den linearen Verlauf der Geschichte von der Begegnung mit den Außerirdischen unerwartet Rückblenden eingebaut, die im

Publikum die Frage nach den inneren Zusammenhängen zwischen den persönlichen Erlebnissen von Louise, ihrer Arbeit als Sprachwissenschaftlerin und ihrer Beteiligung an dieser weltpolitisch brisanten Aktion verstärken. Mögen diese Reminiszenzen zunächst noch irritierend wirken, werden sie, auch als lichte Momente zwischen den bedrückend düsteren Schauplätzen, bald geradezu herbeigesehnt und geben sich bis zum großen Finale als wesentlicher Kern der Geschichte zu erkennen.

In der Vorlage *Story of Your Life* geht es um die Reflexion der Bedeutung von Zeit und Raum, um die Grenzen unseres bewussten Erkennens und unseren Glauben an eine Möglichkeit von Verständnis und Nähe, jenseits aller Unterschiede – zwischen Menschen, zwischen den Geschlechtern, zwischen verschiedenen Kulturen und sogar gegenüber vollkommen fremd erscheinenden Wesen aus einer anderen Welt. Der Film ist dabei ein ebenso großer Wurf wie jener Erzählband, dem die Story von *Arrival* entstammt und der in der deutschen Ausgabe den programmatisch klingenden Titel einer anderen wesentlichen Geschichte von Ted Chiang trägt: *Die Hölle ist die Abwesenheit Gottes.*

Um die großen Fragen und Themen des Menschseins geht es auch in den anderen Filmen von Denis Villeneuve, der mit sicherem Gespür literarische Stoffe auswählt und auf ebenso verstörende wie tief berührende Weise zu inszenieren versteht. Das Drama der menschlichen Existenz und deren Suche nach einem Halt in sich selbst – zwischen Ohnmacht und Schuld, Nichtwissen und Hoffnung, Angst und Liebe – wird in immer wieder überraschenden Varianten durchgespielt und inszeniert. Mit Akteuren, die sich in die ihnen zugedachte Rolle derart intensiv einzufühlen vermögen, weil diese offenbar auch in ihnen zentral bedeutsame Dimensionen der menschlichen Existenz berührt.

Vermutlich ließe sich *Arrival* auch als lediglich phantasievolle Unterhaltung der üblichen Genre-Art »Science Fiction« betrachten, über deren oft abstrus erscheinende Logik ein Zuschauer gern hinwegsieht, wenn er sich in fremde Welten entführen lassen möchte. Ähnlich wie dem Kind im Erwachsenen die liebevoll illustrierten Figuren und überzeichneten Charaktere in der Welt von Entenhausen genügen, um sich in diesem bunten Universum eine Zeitlang geborgen fühlen zu können.

Sobald wir diesem Film jedoch wirklich Zeit und Aufmerksamkeit schenken, erheben sich in uns viele Fragen wie von selbst und fühlt sich eine Zuschauerin emotional hineingezogen und zugleich als ein denkendes Wesen auf Distanz gehalten – wie es nur wahrhaft große Kunst vermag. Wenn sich ein Rezipient zugleich gemeint und erwünscht fühlt von einem Werk, weiß er sich dadurch auch eingeladen und bestärkt, darauf zu antworten. Wenn er sich von einem Kunstwerk derart widergespiegelt erlebt, als habe die Geschichte (die Musik, das Bild, das Theaterstück, der Film ...) etwas mit ihm ganz persönlich zu tun. Wenn ein bestimmter Charakter, ein Gesicht, ja womöglich nur dieser eine Blick ganz und gar ihm zu gelten scheint, da er ihn an einen bestimmten Moment der eigenen Geschichte erinnert oder er sich so intensiv wie nie zuvor berührt und angesprochen erlebt hat. So war es um mich und meine Aufmerksamkeit schon während der ersten Takte dieser wundervollen Musik (wieder) geschehen: der Film *hatte* mich und ich *wusste*, dass ich in den folgenden zwei Stunden an etwas Großem teilhaben würde.

Die Reaktion des Publikums

Die andächtige Atmosphäre im Kinosaal zeigte ebenso wie der ungeheuer intensive und inspirierte Verlauf der anschließenden Diskussion mit dem Publikum, dass es niemanden zu geben schien, den dieser Film unberührt ließ. Dass er tatsächlich sehr vielen auf eine ganz besondere Art und Weise nahegegangen war und seine Zuschauer mit Leib und Seele erreicht hatte. Die Übertragung dieser nur scheinbar so weit von einem hiesigen Alltag entfernten Geschichte gelang ganz mühelos und so nachvollziehbar, als hätten auch wir auf Vermittlung von Louise Banks oder gar an ihrer Stelle mit den *Heptapoden* genannten Außerirdischen Kontakt aufgenommen und uns in deren zirkuläres Denken einzufühlen begonnen.

Es soll hier nicht der genaue Diskussionsverlauf rekapituliert werden – mein Erlebnisprotokoll möchte vielmehr die leidenschaftliche Dynamik in der gemeinsamen Gestaltung dieses Abends durch ein überaus engagiertes, hingebungsvoll mitfühlendes Publikum würdigen. Die Zuschauer reichten einander nicht nur bereitwillig die Mikrofone weiter, es knüpfte sich ebenso selbstverständlich leicht wie solidarisch tragfähig ein Netz stimmiger Assoziationen zum gemeinsamen vorherigen Filmerlebnis. Dieses wirkte offensichtlich derart intensiv nach, dass nicht nur fast alle Gäste zurück in den Kinosaal kamen, sondern über eine Stunde lang so wach und lebhaft – quer durch die Sitzreihen und über ihre vermeintlichen Unterschiede von Alter,

Geschlecht oder Berufszugehörigkeit hinweg –, sich austauschten und einander anvertrauten, dass die Zeit wie im Nu verflog und ich den Abend schließlich nach etwa siebzig Minuten Diskussion beendete. Allen war klar, dass die durch den Film angeregten Themen und existenziellen Fragestellungen einen so weiten Raum des Weiterdenkens und Einfühlens eröffneten, dass sich noch stunden- und tagelang weiterdiskutieren ließe. Wie spannend und bewegend würde es wohl sein, wenn genau dieses Publikum des heutigen Abends die Möglichkeit bekäme, sich etwa eine Woche lang mit den von *Arrival* inspirierten großen Fragen zu beschäftigen und sich dabei jederzeit von einer erneuten Vorführung des Films wieder verzaubern zu lassen, um immer noch andere Aspekte in der Geschichte aufzufinden und zu bedenken? Die Gespräche würden mit der Zeit zunehmend konkreter und persönlicher, denn allmählich könnte die Lebensgeschichte jedes Einzelnen zum Vorschein kommen und sich mit bestimmten Aspekten der Leinwandgeschichte zu seiner ureigenen Antwort verknüpfen. Im Publikum muss weder eine Linguistin, ein Physiker, ein Soldat oder ein Geheimdienstmitarbeiter sein, um aus der Rahmenerzählung von *Arrival* eine für sich passende Übertragung ableiten zu können. Ein zeitlos wahrhaftiges Kunstwerk wird gerade an seiner universell übertragbaren Gültigkeit erkennbar, ganz unabhängig vor welchem Hintergrund und in welcher Epoche sich seine Geschichte abspielt.

Sehr früh wurde in der Diskussion auf den Mut von Louise Banks verwiesen. Ihre Bereitschaft, den Schutzanzug auszuziehen und sich den Fremden als Mensch erkennen zu geben, sei ein Schlüsselmoment des Films. Sie wird als die eindeutige Leitfigur der Geschichte identifiziert, mit ihr beginnt und endet die Erzählung. Louise ist nicht nur ihrer Zeit voraus, auch im wörtlichen Sinn, weil sie ihr Schicksal gleich zu Beginn vorwegnimmt. An ihrem Umgang mit den fremdartigen Lebewesen wie auch mit dem Unbegreiflichen und Unvermeidbaren in ihrer eigenen Existenz wird zudem eine innere Größe offenbar, die alle anderen (übrigens ausnahmslos männlichen!) Protagonisten des Films früher oder später schmerzlich vermissen lassen. Louise versucht der rätselhaften Sprachlogik des heptapodischen Denkens auf die Spur zu kommen und ist zur demütigen Hingabe an das Leben und die Liebe bereit, obwohl sie, wie aus den Rückblenden im Verlauf der Geschichte klar wird, um den frühen Tod ihres Kindes von Anfang an weiß.

Zurück in die Zukunft

Die Irritation über diese rückblickend in die Zukunft gerichtete Erzählweise setzte rege Diskussionen darüber in Gang, was mit einer solchen Idee beabsichtigt sein könnte und wie logisch ein solches Spiel mit den Zeitebenen überhaupt sei. Louise scheint es sogar selbst gegen Ende noch nicht zu verstehen, als herauskommt, dass ihr Telefonat mit General Shang, jenem chinesischen Oberbefehlshaber, der den vernichtenden Militärschlag gegen die Außerirdischen in letzter Minute noch absagte, nur möglich geworden ist, weil der ihr in einer näheren Zukunft, während der Präsentation ihres Buches über die Enträtselung der heptapodischen Sprache, die Nummer seines Mobiltelefons mitgeteilt hat. Auf dem konnte Louise ihn anrufen, um Shang noch einmal an die letzten Worte seiner verstorbenen Frau zu erinnern, die er ihr bei diesem Zusammentreffen in der Zukunft selbst mitgeteilt hatte: »*Im Krieg gibt es keine Gewinner, nur Witwen.*« Damit gelingt es Louise schließlich, den General umzustimmen und die Katastrophe für die Menschheit noch abzuwenden. Im Film wird der Satz Louise ins Ohr geflüstert und erscheint dem Publikum daher wie eine magische Zauberformel. In der literarischen Vorlage *Story of Your Life* ist die Botschaft von Shangs Frau jedoch nachzulesen.

Louise als Lichtgestalt

Spätestens an dieser Stelle des Films, nachdem Louise allein den Kontakt mit einem der Außerirdischen in dessen Raumschiffkapsel gesucht hatte und, beseelt von dessen Erklärungen für die Mission, das Drama eines Krieges um jeden Preis abwenden will, ist sie für alle im Kinosaal zur Heldin geworden. Ihr Einsatz für einen friedlichen, respektvollen und würdigen Umgang mit zwar ganz fremden, doch bis zum Beweis des Gegenteils für friedvoll und potentiell solidarisch gehaltene Wesen, ließ Louise nicht nur auf der Leinwand, sondern auch in den Herzen des Publikums an diesem Abend zur Lichtgestalt werden. Seit den ersten Minuten des Films gab es bereits eine besondere Verbundenheit mit Louise, als einer von einem besonders schweren Schicksal gezeichneten Frau, die nicht nur den frühen Tod ihrer Tochter im noch jugendlichen Alter zu ertragen hatte, sondern noch dazu mit Talenten begabt schien, die zugleich Gnade oder Fluch sein konnten. Weil Louise bereit und fähig dazu war, Kontakt mit den Außerirdischen aufzunehmen und ihre kreisförmigen Schriftzeichen deuten zu lernen, geriet sie unmerklich in deren vollkommen andere Welt eines gleichsam kosmisch erweiterten Bewusstseins und eine der linearen, ziel- und zweckorientierten Denkweise der Menschen ganz fremden Sicht auf das Leben.

Die Vorstellung der Entwicklung eines völlig anderen, *zirkulären* Denkens, in der unser übliches Verständnis von Geburt und Tod, Werden und Vergehen, Vergangenheit, Gegenwart und Zukunft als unvermeidlichem Zeitablauf nicht mehr gilt, erschließt sich an diesem Abend auch dem Publikum erst mit weitergehender Diskussion – so wie diese Vorstellung auch für Louise erst schrittweise aufbrechen kann. Je tiefer sie in die Geheimnisse der heptapodischen Sprache eindringt, in der sich das Weltverhältnis dieser fremdartigen Kopffüßler abbildet.

Dass die Fremdlinge und ihre Raumschiffe eher abstrakt symbolisch gestaltet sind, wird vom Publikum als sehr stimmig erlebt, ebenso wie die genial zu den Bildern passende Musik zu einer Art magischen Distanzierung führt, die dadurch auf den Zuschauer nur um so anziehender wirkt. Ähnlich wie die filmisch extrem spektakulär sichtbar gemachte Zeichensprache in Bann zieht: Endlos variable Kreisgestalten mit ihren bizarren Ausformungen, Verknüpfungen und Verzweigungen an den Rändern und Knotenpunkten werden mit tintenartiger Flüssigkeit in den Raum gespritzt und nehmen darin für Momente Gestalt an. Alles scheint in Bewegung, sich gleichzeitig aufzulösen und wieder neu miteinander zu verbinden, als gehöre alles mit allem zusammen. Dass die Linguistin bereit ist, sich Zeit zu nehmen und erst einmal die Struktur der anderen Sprache verstehen möchte, bevor sie in ihrer eigenen die von ihr verlangten Fragen stellt (»Woher kommen Sie?«, »Warum sind Sie hier?«, »Was wollen Sie von uns?«) – das bemerken viele Zuschauer ausdrücklich als ein Zeichen ihrer Einfühlsamkeit.

Vertrauen ins Schicksal

Während die Männer im Film, repräsentiert durch Militärs, Sicherheitsagenten und regierungstreue Beamte, schon längst im Angriffsmodus sind und alles ihnen Fremde und Unbekannte unter Generalverdacht stellen – je mächtiger sie kraft ihres Amtes sind, desto heftiger werden ihre Drohgebärden –, öffnet Louise nicht nur symbolisch ihren Schutzanzug, sondern wendet sich interessiert und vertrauensvoll der unbekannten Zeichensprache zu. Ian Donnelly, ein Physiker, der Louise für diesen Einsatz zur Seite gestellt ist, erscheint zwar ebenso als Vertreter einer chauvinistisch-naturwissenschaftlichen Sicht auf die Welt, doch ist er kein Militär und wirkt von Anfang an fasziniert von Louises aufrichtigem Forschungsinteresse. Er vertraut ihrer Ernsthaftigkeit mehr als dem Machtgebaren von Colonel Weber und dem System, dem dieser zu dienen hat.

Ian wird gleich in der ersten Begegnung mit Louise, im Hubschrauber, der sie zum Einsatzort bringt, durchaus offen und sympathisch dargestellt. Auch im Umgang mit den Fremdlingen lässt er sich von Louises Entschlossenheit anstecken und engagiert sich wie sie dafür, den Außerirdischen als freundlich interessierte Person erkennbar zu werden. Wie Louise legt auch Ian den Schutzanzug ab und schreibt seinen Vornamen auf eine kleine Tafel, um ihn den beiden fremden Wesen zeigen zu können, die er scherzhaft *Abbott* und *Castello*[30] tauft. Auch sonst unterstützt Ian die Arbeit seiner Kollegin, wo er nur kann. Er verteidigt ihr zeitintensives Vorgehen und hält Louise zuletzt in jener dramatisch zugespitzten Sequenz den Rücken frei, als sie von einem entwendeten Mobiltelefon aus den chinesischen Befehlshaber anruft, um ihn von seinem vernichtenden Einsatzbefehl abzubringen. Ein letzter eigenmächtiger Versuch der Kontaktaufnahme von Ian und Louise war abrupt durch eine Explosion beendet worden, die das Militär im Zugangsraum der Muschel durch Fernzündung ausgelöst hatte. Die anschließende direkte Begegnung zwischen Louise, die noch immer nicht aufgeben will, und dem Heptapoden Costello, der in dieser Szene erstmals in seiner ganzen Gestalt zu erkennen ist (mit einem riesigen, grauen, baumstammlangen »Kopf«, der in sieben wurzelartige »Arme« mündet, aus deren »Händen« die kalligraphischen Schriftzeichen fließen), leitet für Louise – und mit ihr auch für das Publikum im Kinosaal – die entscheidende Wende ein.

Die Szene ist ganz in ein hellweißes Licht getaucht und Louises Körper scheint darin zu schweben, als der Heptapode wie durch einen Nebel vor ihr auftaucht.

»*Costello ...?*«, fragt Louise, als sei sie sich nicht ganz sicher, welchen der beiden sie vor sich hat, »*wo ist Abbott?*«

»*Abbott ist tot. Vorgang*«, antwortet Costello. An dieser Stelle werden im Film

30 Das amerikanische Komikerduo Abbott und Costello aus den 40er und 50er Jahren ist vor allem für seinen Sketch »Who's on first?« bekannt, bei dem es um (sprachliche) Missverständnisse und unterschiedliche Wortbedeutungen geht.

erstmals Untertitel für die heptapodische Sprache (so wie Louise sie versteht und interpretiert) eingeblendet.
»*Das tut mir leid ...*«, antwortet Louise mit entsetztem Blick, »*das tut **uns** leid*«.
»*Louise hat Waffe. Benutze Waffe.*«
»*Das verstehe ich nicht.*« Louise wirkt ratlos und stellt zum ersten Mal eine der ihr aufgetragenen Fragen: »*Warum seid ihr hier?*«
»*Wir helfen Menschheit. In 3000 Jahren wir brauchen Hilfe Menschheit.*«
»*Woher kennt ihr die Zukunft?*«
Ausgerechnet jetzt werden erneut Bilder von Louises Tochter, zuerst im Alter von etwa sieben Jahren, dann kurz von Louise selbst mit dem Kind als Baby, in die Szene hineingeschnitten. Während Louise sich noch wundert, dämmert dem Publikum allmählich die ganze Geschichte.
»*Das verstehe ich nicht. Wer ist dieses Kind?*«, fragt Louise Costello, als habe er ihr die Bilder und Vorstellungen ins Bewusstsein projiziert.
»*Louise sieht Zukunft. Waffe öffnet Zeit.*«
Mit dieser Botschaft lässt Costello Louise allein zurück, und in der nächsten Szene läuft sie bereits wieder in Richtung des Camps, von wo ihr Ian und Colonel Weber entgegenkommen, um ihr mitzuteilen, dass inzwischen weltweit der Befehl zum Angriff auf die Raumschiffe erteilt worden ist und das Camp umgehend zu räumen sei.
Während Ian Louise eine Decke umhängt, sie umarmt und fragt, ob sie o.k. sei, tauchen die nächsten Bilder auf, von denen wir jetzt verstehen, dass sie für Louise ihren persönlichen Blick in die Zukunft bedeuten.
Das kleine Mädchen fragt seine Mutter sorgenvoll: »*Verlässt du mich, genauso wie Daddy?*«
»*Oh, Hannah-Schatz, dein Daddy hat dich nicht verlassen, du wirst ihn sehen, am Wochenende.*«
»*Er sieht mich jetzt nicht mehr so an wie früher*«, wundert sich Hannah.
Louise fühlt sich zu einer Erklärung aufgefordert. »*Das ist meine Schuld. Ich hab' ihm etwas erzählt, für das er noch nicht bereit war, weißt du?*«
»*Was?*«
»*Na ja, ob du es glaubst oder nicht, ich weiß etwas, das passiert ... ich weiß es einfach. Und als ich es deinem Daddy erzählt habe, wurde er wütend. Er sagt, ich habe die falsche Entscheidung getroffen.*«

»*Was? Was wird denn passieren?*«, fragt Hannah erstaunt. Und die Zuschauer wissen es seit den ersten Minuten des Films.

»*Es hat etwas mit einer sehr seltenen Krankheit zu tun, und die kann keiner aufhalten. Ungefähr so wie dich, wenn du schwimmst oder wenn du Gedichte schreibst oder all die anderen tollen Sachen, die du mit der Welt teilen willst.*«

»*Keiner kann mich aufhalten*«, lächelt Hannah ihre Mutter an und die beiden umarmen sich, wobei Louise über der Schulter ihrer Tochter mit den Tränen ringt.

In diesem Moment ist der Film wieder bei der Umarmung von Ian und Louise, die ihm sagt, sie wisse jetzt, warum ihr Mann sie verlassen habe, und Ian wundert sich darüber, dass sie ihm das erst jetzt mitteilt.

Das Geschenk der Sprache

Louise ist in ihrem Denken prophetisch geworden, und in der nächsten Szene, als sie sich vor dem Computer noch einmal in die Schriftzeichen vertieft, kommt es ihr wie eine Erleuchtung vor. »*Ich kann es lesen*«, sagt sie zu Ian, »*ich weiß, was das heißt.*«

»*Was?*«

»*Es ist keine **Waffe**, es ist ein **Geschenk**!*«

Als das Schriftzeichen für »Waffe« in der Kommunikation mit den Heptapoden erstmals aufgetaucht war und Louise gleich einschränkte, es könne ebensogut »Werkzeug« oder etwas anderes bedeuten, hatten die Militärs sofort den Ernstfall angenommen.

Jetzt aber, nach ihrem Treffen, ist Louise sich vollkommen sicher und versucht es Colonel Weber zu erklären, als der schon auf dem Weg zum Hubschrauber ist: »*Die ›Waffe‹ ist ihre* Sprache, *sie haben sie uns geschenkt. Wissen Sie, was das bedeutet?*«

»*Also können wir Heptapodisch lernen, falls wir überleben*«, bleibt Weber weiterhin skeptisch.

Louise unternimmt noch einen letzten Überzeugungsversuch: »*Wenn man es lernt, wenn man es wirklich lernt, dann beginnt man die Zeit auf ihre Weise wahrzunehmen. Man sieht, was einem bevorsteht. Aber Zeit hat für sie nicht die gleiche Bedeutung. Sie ist nicht linear.*«

»*Hören Sie, wir haben unser Bestes gegeben, aber es war nicht genug. Der Käpt'n kümmert sich um Sie. Sie heben in fünf Minuten ab. Ian, Louise, es war mir eine Ehre, mit Ihnen zu arbeiten. Viel Glück.*« Damit sieht der

Colonel seine Mission für beendet an, doch für Louise und auch für die Zuschauer beginnt sich im wörtlichen wie im übertragenen Sinn der Kreis der Filmerzählung zu schließen.

Showdown und Katharsis

Der Film hebt zu einem überwältigend intensiven Showdown an. Er versetzt uns, mit einer festlich gekleideten Dr. Louise Banks, achtzehn Monate später, in die Zukunft, auf die Gala-Premiere zur Präsentation ihres Buches »*The Universal Language. Translating Heptapod*«, von dem wir eine Szene zuvor schon – als die ersten druckfrischen Exemplare bei ihr zu Hause eintrafen – zu sehen bekamen, dass es die Widmung »*To Hannah*« trägt. An diesem Abend bekommt Louise von General Shang persönlich die Telefonnummer und die letzten Worte seiner Frau mitgeteilt, wodurch er selbst es Louise indirekt möglich gemacht haben wird, ihn im letzten Augenblick noch umzustimmen und den weltweiten Vernichtungsschlag gegen die zwölf Raumschiffe zu stoppen. Die Verwirrung scheint komplett, doch als dann in der Gegenwart von Louise und Ian genau das eben noch Prophezeite in die Tat umgesetzt wird – Louise von einem entwendeten Telefon aus General Chang anruft, während Ian ihr gegen die eigenen Militärs den Rücken freihält – verstehen die Zuschauer die besondere Gabe dieser jungen Frau, die sich inzwischen von einer anderen Sicht auf den Kreislauf des Lebens und der Zeit leiten lässt.

Ihre tiefgreifende Veränderung zeigt sich dabei nicht nur an ihrem Einsatz für die Rettung der Aliens. Wir erleben sie auch an ihrer persönlichen Entscheidung mit, sich auf die Liebe zu Ian einzulassen, der, wie wir in dem Moment mit Louise wissen, nicht nur der Vater ihres Kindes sein soll, sondern dessen Liebe daran scheitern wird, ihr Wissen um den frühen Tod der Tochter, das ihm Louise eines Tages anvertraut hat, nicht ertragen zu können. Dabei kommt es nicht darauf an, wie realistisch uns die Gedankenspiele erscheinen, zu denen der Film seine Zuschauer inspiriert. Vielmehr stellen sich die Fragen nach dem Sinn des Lebens, der Bedeutung der Zeit und unseres Glaubens an eine ewige Wahrheit, die potenziell alle bewusst existierenden Lebewesen in einem solidarischen Geist zu vereinen vermag, früher oder später ohnehin für jeden einzelnen Menschen.

Die geniale Konstruktion der Geschichte von *Arrival* erschließt sich aus dem entscheidenden Handlungsverlauf (der daher hier angemessen gewürdigt sei), durch den es sich letztlich auch im Kinosaal so anfühlte, als ob die wesentlichen Ideen dieses Films hier an diesem Abend in Klagenfurt zu diesem bestimmten Publikum kommen »wollten«, so wie die Heptapoden zu ihren ausgewählten Standorten auf der Erde, um den Menschen die Möglichkeit einer anderen Sicht auf das Dasein zu schenken.

Dass gleich zwölf Raumschiffe (»wie die Zwölf Apostel«, bemerkte jemand im Saal) über den gesamten Erdball verteilt landen, die dabei obendrein alle miteinander in Verbindung stehen – dieses Geheimnis entschlüsselt im Film übrigens Ian aus den Verbindungslinien, die er zwischen den gleich aussehenden Heptapoden-Schriftzeichen für »Zeit« ableitet, deren Anzahl als Bruch $1/12$ ergibt –, soll auch uns Menschen an eine Zusammengehörigkeit jenseits aller vordergründigen Unterschiede erinnern.

Die Botschaft des Films

Wenn wirklich alles mit allem zusammenhinge und die Vergänglichkeit uns jederzeit in einem ewig gültigen Augenblick aufgehoben – geborgen – erscheinen könnte, Werden und Vergehen also gleichermaßen gültige Seinszustände für uns wären, die nichts und niemanden unberücksichtigt ließen, dann würde die Angst für uns die Kraft einer tödlichen Bedrohung verlieren. Das Vorlaufen in die Zukunft ist immer auch eines in den Tod, der wiederum nur ein Neubeginn der gleichen Geschichte wäre. Die kann sich in jedem Augenblick neu vollenden, sobald wir den ewigen Kreislauf der Zeit zu akzeptieren bereit sind. Das *Ja* der eigenen Existenz bezeugt die Ewigkeit.

In einer innigen Szene zwischen Louise und ihrer Tochter erklärt die Mutter der Tochter schließlich noch den symbolischen Sinn des Namens *Hannah,* der etwas ganz Besonderes sei – nämlich ein *Palindrom,* ein Wort, das vorwärts und rückwärts gelesen werden könne. Beide buchstabieren den Namen laut miteinander und lächeln sich dabei an.

Dann kehrt auch die Filmerzählung endgültig wieder an ihren Anfang zurück. Erneut erklingt Max Richters ergreifende Musik und wir sehen die Anfangssequenz mit dem Tisch am Fenster, dem Geschirr und den Gläsern. Aus dem Off hören wir die Stimme von Louise wie zu Beginn. »*Also, Hannah, das ist der Anfang deiner Geschichte. Der Tag, an dem sie uns verließen. Obwohl ich weiß, wohin die Reise führt, nehme ich sie an. Und ich genieße jeden einzelnen Moment.*«

Ganz zuletzt, als die Zeitebenen im Film immer kürzer aneinandergeschnitten werden, fragt Louise Ian in einer Rückblende: »*Wenn du dein ganzes Leben von Anfang bis Ende sehen könntest, würdest du etwas ändern?*«

»*Vielleicht würde ich öfter mal sagen, was ich fühle, keine Ahnung ...*«, antwortet Ian, und setzt seinen Vorsatz gleich in die Tat um: »*Solange ich denken kann, schaue ich schon in den Sternenhimmel, und weißt du, was mich am meisten überrascht hat? Nicht die zu treffen, sondern dich zu treffen.*«

Während der Raum mit Aussicht auf den See eingangs ohne Menschen ins Bild kam, umarmen sich jetzt die beiden Liebenden und wiegen sich tanzend im Kreis.

Ian flüstert Louise – gerade noch hörbar für den Zuschauer – ins Ohr: »*Möchtest du ein Baby?*« Und vor Louises innerem Auge spielen sich auf der Leinwand einige der zukünftigen Szenen mit ihrer Tochter ab.

»*Ja*«, antwortet Louise und bekräftigt es nach weiteren Sekunden, in denen auch Ian als liebevoller Vater zu sehen ist, mit glücklicher Stimme erneut: »*Ja!*«

Dann erscheint auf der Leinwand das Wort *Arrival*, mit dem der Abspann beginnt.

Letzte Fragen

Sobald an diesem Abend auch im Publikum das lineare, zielgerichtete, nur an Konkurrenz und Macht orientierte Denken in Frage gestellt wird, beginnt die Diskussion wahrhaft philosophisch zu werden und bleibt bis zuletzt davon inspiriert:

Wie würden wir leben, wenn wir tatsächlich unser Ende vorhersehen könnten? Ist unser Tod nicht eigentlich die einzige Gewissheit, die wir »nur« akzeptieren müssen, um in Frieden mit ihr leben zu können? Ist denn der Tod überhaupt wirklich das Ende? Kommen wir womöglich als Heptapoden wieder auf die Erde zurück? Ist nicht jede Existenz ein einziges Rätsel und ein einziges Wunder? Kann das Leben nicht auch dann noch sinnvoll und beglückend sein, wenn es aus Leid und Anstrengungen besteht, ohne Aussicht auf eine Zeit danach? Sollten wir uns, wie Camus empfiehlt, Sisyphos als glücklichen Menschen vorstellen, der sich jeden Tag unermüdlich von Neuem abmüht und gerade darin seine Freiheit erkennt? Ist nicht ein einziger Moment wie eine ganze Ewigkeit? Zählt nicht jeder Augenblick, den Louise und Hannah miteinander geteilt haben, für immer, egal wie früh eine von beiden die andere verlassen musste? Sollten wir nicht jede Liebe und jede Beziehung so ernst nehmen, als könnte sie für immer dauern und die einzig Wahre für uns sein? All diese Fragen wurden so oder ähnlich gestellt, und es gab sehr viele überraschende Ideen und Assoziationen zu den durch diesen Film an diesem Abend bei diesem Publikum ausgelösten Gefühlen und Gedanken. Die Heptapoden erscheinen wie ein Sinnbild unseres Unbewussten, das so viel reicher und phantasievoller ist, als wir je verstehen können. Louise wirkt wie eine Lichtgestalt in ihrer empathischen Offenheit, die wir uns zum Vorbild nehmen können. Dagegen ist Ian ein Ungläubiger und verhält sich wie ein typischer Mann, der eifersüchtig auf die besonderen Fähigkeiten seiner Frau reagiert, weil er ihr Anderssein letztlich nicht aushält. Doch wenn so feinfühlige und visionäre Geschichten geschrieben und inszeniert werden, ist es ein zutiefst hoffnungsvolles Zeichen. Durch die so besondere Machart dieses Films fällt es ganz leicht, den Ideen zu folgen und sich gedanklich auf eine ganz andere Perspektive einzulassen. Der Film ist eigentlich überhaupt keine Science-Fiction-Geschichte, die uns vor allem verblüffen will mit ihren überraschenden Wendungen und Effekten, auch wenn er vielleicht zuerst so erscheint. Es handelt sich um pure Magie, um ein Märchen aus einer anderen Zeit, die für uns alle anbrechen kann, sobald wir uns nur einmal probeweise darauf einlassen, zu glauben, dass vielleicht alles vorherbestimmt ist und uns womöglich nichts anderes zu tun bleibt, als gelassen und gleichmütig abzuwarten, was geschieht, und mit allem dankbar einverstanden zu sein. Liebe und Leid, Leben und Sterben, Freude und Tod – ewige Übergänge und zeitlose Augenblicke.

4. Die Ewige Wiederkehr des Schönen – Ein Glaubensbekenntnis

»Ich bin ein Anhänger jener Kunst, die eine Sehnsucht nach dem Idealen in sich trägt und diese auszudrücken strebt. Ich bin für eine Kunst, die dem Menschen Hoffnung und Glauben gibt. Je hoffnungsloser die Welt ist, von der ein Künstler erzählt, umso deutlicher macht er vielleicht das entgegengesetzte Ideal spürbar – sonst würde es sich ja gar nicht mehr lohnen zu leben! … Kunst symbolisiert den Sinn unserer Existenz. Ich halte es für meine Pflicht, Nachdenken über das spezifisch Menschliche und das in jedem von uns lebendige Ewige anzustoßen.«[31]

Andrej Tarkowski (1932–1986)

Nach all diesen existenziell bedeutsamen Überlegungen möchte ich jetzt mit meinen Gedanken noch einen Schritt weitergehen, in eine Dimension, die ich als »Sphäre der Transzendenz«, des Zeitlosen verstehe.

Es geht um Momente unseres Daseins, in denen die Bedeutung der eigenen Existenz spürbar wird, als öffne sich darin *ein Fenster zur Ewigkeit.* Ein Fenster, durch das wir uns und unser ganzes bisheriges Leben wahrnehmen können wie auf diesen bestimmten Moment sich zubewegend – als dauerten wir ewig in der Gestalt eines solchen Augenblicks, in dem wir uns wiederfinden und erkennen. So glaubwürdig *wahr, schön* und *gut* erleben wir darin unser Dasein, dass wir die ewige Wiederkehr solcher magischen Augenblicke nicht nur wünschen können, sondern sie womöglich eines schönen, jenseitigen Tages wirklich dauerhaft erleben. Wenn wir nicht mehr da sind auf der Welt, um uns nach wahrhaftiger Schönheit zu *sehnen,* werden wir womöglich in ihr angekommen sein. Dann wird sich unser Dasein auf Erden als unser wahrhaftiger Film vollendet haben. Als *Film für die Ewigkeit,* in dem wir uns für immer geborgen fühlen – weil dieser Film unser Leben ist, wie es sein sollte.

Meine Ausführungen in diesem feierlichen Teil des Buches führen uns scheinbar in gedankliches Neuland. In Wahrheit betrachte ich sie wie die Quintessenz des Ganzen – sie haben sich vor vielen Jahren in einer existenziellen Umbruchzeit wie von selbst geschrieben. Diese Gedanken sind von meiner *leidenschaftlichen Liebe zur Filmkunst* inspiriert, durch die ein schick-

31 Tarkowski, 2021 [1985]

salhafter Weg erst veränderbar wurde und die mir das Leben gerettet hat, das erst jenseits des Kinos wahrhaftig beginnen konnte.

Ergreifende Kinoerlebnisse (von denen einige hier im Buch beschrieben sind) haben sich immer wieder mit existenziellen Ereignissen meiner Lebensgeschichte verbunden, als würden mir durch die Filmkunst deutliche Zeichen des Himmels gesandt, die es zu beherzigen galt, wenn mir mein Leben lieb wäre. Auch aus tiefer Dankbarkeit dafür wollte ich eines Tages dieses ästhetische Bekenntnis ablegen, als eine Art »Religion des Schönen«, an die sich wahrhaftig glauben lässt. Sie schließt keinen Menschen aus und ist allen vorbehaltlos zugänglich, sofern sie *leibhaftig bewusst* auf dieser Welt existieren und bereit sind, *aufmerksam, offen und dankbar* die Phänomene des Schönen wahrzunehmen wie sich selbst.

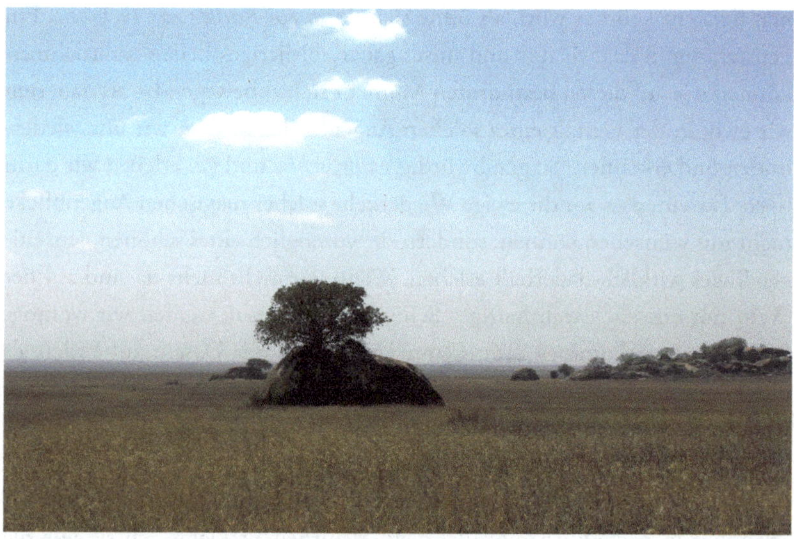

Abb. 10: Serengeti – »das endlose Land«

Die Magie des Augenblicks

Das Gesicht auf der Leinwand. Unendlich nah und fern zugleich. Unsere Augen versinken im Blick des Anderen und in Gedanken berühren unsere Lippen seine Stirn. Wir träumen uns in seine Umarmung und ersehnen seine Anwesenheit in unserem Leben. Der Andere ist, wo wir nicht sind, er hat das, was uns fehlt, er tut, was wir nicht können. Und er wird von allen bewundert. Mögen wir einen Moment lang vielleicht sogar glauben, dass dieser Andere uns allein gehört, dass er nur für uns sein Wesen offenbart und sich in seiner Schönheit zu erkennen gibt, dass sein Blick uns allein gilt – so sehen wir doch bereits im Licht der nächsten Einstellung wieder deutlich die Köpfe der anderen Zuschauer im Kinoraum, die mit uns dort sitzen und die gleichen Träume haben können.

Der Schauspieler gehört allen, die ihm zuschauen. Jeder darf mit ihm in seiner Vorstellung tun und lassen, was er möchte. Entweder liebt das Publikum seine Person, die es in immer neuen Rollen und Verkleidungen wiedererkennen möchte, liebt es diesen bestimmten Menschen, der mit seinem Temperament, mit seiner Präsenz, als dieser besondere Typ etwas verkörpert, was für uns vertraut oder geheimnisvoll, ersehnt oder faszinierend erscheint – warum auch immer. Oder es bewundert seine schauspielerische Fähigkeit, mit den dargestellten Figuren zu verschmelzen, eine fremde Identität anzunehmen, so intensiv, dass dem Publikum erst im Abspann eines Films wieder bewusst wird, wer da auf der Leinwand einem Menschen Gesicht und Stimme lieh. Dann hat es den Schauspieler vergessen und sich in die Gestalt verliebt, der er zum Leben verhalf, damit wir in unserem eigenen Dasein ihre Bekanntschaft schließen.

Wir gehen unbewusst davon aus, dass ein Zusammenhang besteht zwischen Darsteller und Dargestelltem, zwischen dem Schauspieler und der Figur seiner Rolle. Wir nehmen an, dass er so gut gewesen ist, weil sein Spiel eine Wahrheit seiner eigenen Existenz zum Ausdruck gebracht hat, eine Facette seines Wesens, einen Aspekt seiner Persönlichkeit – ja, dass der Schauspieler sich diese Rolle vermutlich deswegen ausgesucht hat oder als der genau Richtige dafür engagiert worden ist. Mit der Figur, die er im Film spielt, erfahren wir daher immer auch etwas über die Person des Darstellers, dem es gelingt, kraft dieser seiner Persönlichkeit, einen bestimmten Charakter – ob fiktiv oder real – auf der Leinwand zum Leben zu erwecken.

So wie ein Schriftsteller mit seinen Worten, ein Maler mit seinen Farben oder ein Musiker mit seinen Kompositionen die Welt seiner Gefühle und Gedanken nachzubilden versucht, festhalten will, was ihn tief bewegt und ergriffen hat, versucht auch der Schauspieler, mit seinen Gesten und Blicken, mit seiner Gestalt und seiner Stimme andere an seiner eigenen Betroffenheit teilhaben zu lassen. Ein fremdes Leben wird uns durch die schauspielerische Kunst eines Menschen erfahrbar gemacht, und wir begeistern uns zugleich mit der Figur auf der Leinwand, deren Schicksal wir begegnet sind, für die Gestalt des Schauspielers, an den sie künftig für immer gebunden bleibt.

Wie jede andere Kunst ist auch wahrhaftige Schauspielkunst immer autobiographisch beeinflusst, legt sie Zeugnis ab vom Bewusstsein eines einzelnen, der daran glaubt und darauf hofft, mit seiner Darstellung die Herzen anderer Menschen erreichen zu können. Und wie jede andere Kunst verkommt auch das Schauspiel zum bloßen Handwerk, wenn es sich unabhängig von Inhalt und Bedeutung in technischer Könnerschaft und spektakulären Effekten erschöpft, deren Unterhaltungswert dazu dient, einen geschäftlichen Erfolg zu sichern. Dann zieht der Schauspieler alle Register und spielt jede erfolgversprechende Rolle, um geliebt und bewundert zu werden, er gibt dem Publikum, wonach es verlangt, Geld und Ruhm sind seine Gradmesser: die Kunst prostituiert sich und verliert ihren Sinn.

Doch welchen wahrhaftigen Sinn hat die Kunst, unabhängig vom Erfolg und Ansehen, das sie öffentlich genießt? Ist gut nicht, was gefällt, und besser, was vielen gefällt? Genügt es nicht zu unterhalten, und ist nicht jede Illusion recht, ein so beruhigendes Ziel zu erreichen? Was interessiert es eine Zuschauerin, was die Schauspielerin in Wirklichkeit fühlt, solange diese es schafft, ihr eine Figur zu »verkaufen«, die sie zu Tränen rührt oder zum Lachen bringt, in deren Schicksal die Zuschauerin für die Dauer eines Films einzutauchen vermag, währenddessen sie ihr eigenes ganz vergessen kann?

Wahrheit und Wahrnehmung

Schon stehen wir vor der Frage nach der Wahrheit. Und zwar nicht theoretisch, sondern unmittelbar anschaulich als einem Problem der Wahr-*Nehmung*.

Wenn wir in unserem Alltag nie ganz sicher sein können, ob wir die Welt um uns herum tatsächlich so erfahren, wie sie ist, oder ob wir sie vielleicht bloß geträumt haben und unseren Einbildungen erliegen – ein Zweifel, der uns nicht ernsthaft quält, weil das Leben ja trotzdem stattfindet –, so erscheint die Wirklichkeit in der Kunst, insbesondere in der des Films, von vornherein als fiktiv und vermittelt. Das Kunst*werk* ist, wie der Name schon sagt, ein Produkt, hergestellt im schöpferischen Akt seines Urhebers, der darin nicht direkt und unmittelbar die eigene Existenz oder die Welt gleichsam »abbildet«, sondern durch sein Tun beider Zusammenspiel zum Ausdruck zu bringen versucht.

Mehr oder weniger spontan, aber immer erst durch seinen eigenen Willen zur Tat, entreißt der Künstler sein Werk dem Fluss der Zeit und rettet es ans Ufer der Wahrnehmung. Auch wenn es außer ihm kein anderer beachtet, hat er doch wenigstens eine *Möglichkeit* dafür geschaffen, hat er innegehalten und einen Augenblick seines Lebens auf besondere Weise bewahrt, hat versucht, den eigenen Eindruck aus den Erinnerungen und Bildern seiner Phantasie auch für andere erlebbar werden zu lassen. Mit seiner Kunst einen Spiegel zu schaffen, in dem die anderen ihn und sein Leben wahrnehmen können, obwohl sie zugleich sich selbst darin wiedererkennen. Etwas weiterzugeben, das ihm gültig erscheint, etwas das, wenigstens für einen Augenblick, so seltsam, schön, ergreifend oder beunruhigend gewesen ist, dass er es nicht mehr vergessen wollte. Dass es dem Künstler nicht genügte, es selbst wahrzunehmen oder daran zu denken, sondern dass er sich aufgefordert sah, es durch sein Werk zu »verewigen«.

Setzen wir voraus, dass der Künstler ein solches Anliegen hat, dass er aus seinem innerem Erleben heraus – und nicht aus bloßer Geltungssucht – einem schöpferischen Impuls folgt, dann erhebt sich noch immer die Frage, ob die aufrichtige Motivation eines Künstlers (wie im Fall des Schauspielers), sein ernsthaftes Bemühen um einen wahrhaftigen Ausdruck, in irgendeiner Weise von Bedeutung für den Zuschauer ist. Empfängt eine Zuschauerin im Kino eine andere Botschaft, wenn diese sozusagen »von Herzen« kommt, können ihre Augen die Wahrhaftigkeit sehen, oder entnimmt sie den Bildern jede Illusion, derer sie gerade bedarf? Leben beide Seiten in ihrem eigenen Wahn und benutzen sich bloß gegenseitig? Oder gelingt ihnen womöglich eine echte Verständigung, ein Erfahrungsaustausch über die Leinwand, bei dem die Zuschauerin aus ihrer Welt heraus die Existenz des Schauspielers durch dessen Rolle zu begreifen lernt? Erfährt sie zudem durch ihn von der Figur eines Dritten, dessen Leben sich der Schauspieler nur deshalb so gut aneignen konnte, weil er sich selbst darin wiederfand, und kann eine Darstellung so berührend wahrhaftig sein, dass in ihr sogar Tote wieder lebendig werden?

Es ist etwas Magisches, das sich vermittelt, wenn wir von einem Gesicht, einem Blick oder einer Stimme derart ergriffen sind, dass wir glauben, diesem Menschen bis in seine Seele schauen zu können, wenn uns seine Ängste und seine Freuden, seine Verzweiflung und seine Sehnsucht so vertraut erscheinen, als wären es unsere eigenen, und wir längst vergessen haben, dass wir hier immer auch einem Schauspieler bei der Arbeit zusehen.

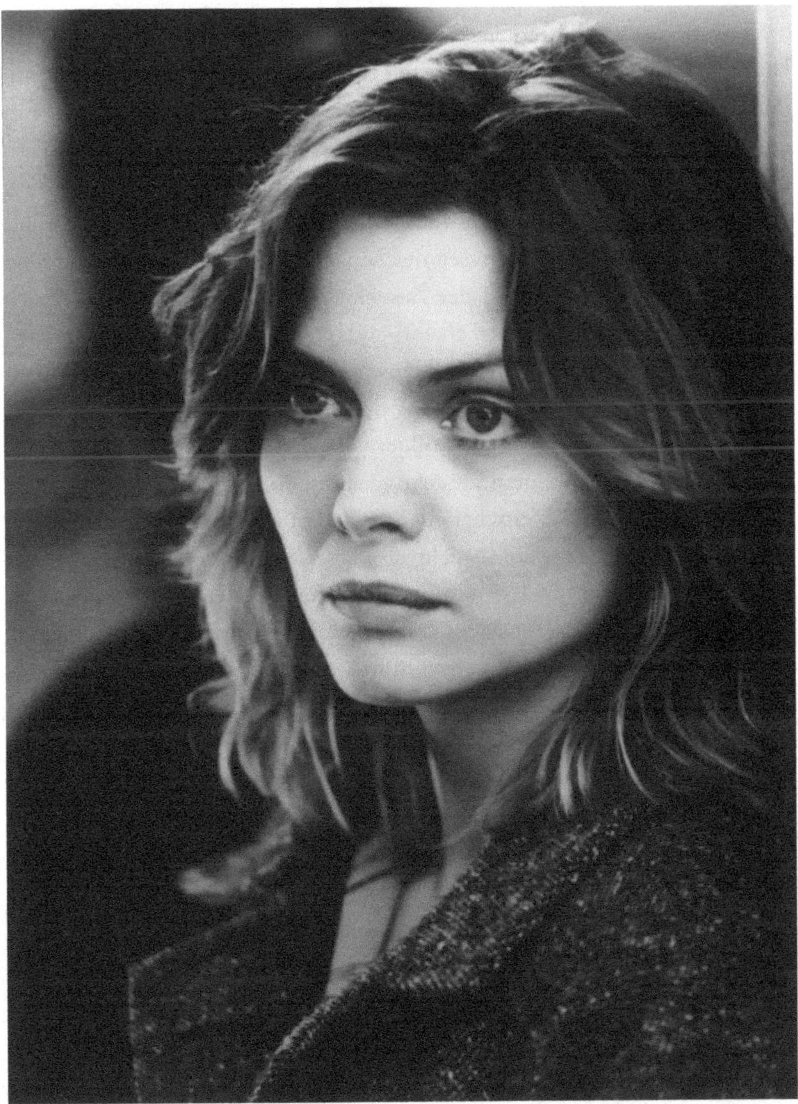

Abb. 11: Michelle Pfeiffer als Frankie im Film *Frankie & Johnny* (1991)

Existenzielle Erschütterung

Ob ein Bild oder eine Szene, eine Geste oder ein Blick glaubwürdig sind, hängt davon ab, ob sie der Zuschauer als glaubwürdig *empfindet*, und das Kriterium dafür ist allein die eigene *Erschütterung*.

Ergriffen, ja erschüttert zu sein von der Wahrhaftigkeit eines Augenblicks hat nichts mehr mit vordergründigem Unterhaltenwerden zu tun, nichts mit der Erregtheit durch bestimmte Effekte, wie sie der Genrefilm in jeder nur erdenklichen Variation zu bedienen versucht, indem er wahlweise auf Gaspedale oder Tränendrüsen drückt, unseren Ekel oder unsere Lust provoziert oder alle Sinne zugleich in einen Taumel versetzt, der für die Dauer des Films jeden Bezug zur Realität vergessen machen will.

Existenziell erschüttert ist der Zuschauer nur, wenn er etwas über sich selbst erfährt, wenn er plötzlich erkennt, was er – vielleicht ohne es zu ahnen – immer schon wusste. Wenn die Leinwand plötzlich keine Barriere mehr ist zwischen der Welt des Zuschauers und der des Films, wenn er sich wie magisch angezogen fühlt von den Bildern vor seinen Augen, eintaucht in die Worte, die er hört, in einem Gesicht versinkt, eins wird mit dem Schmerz oder dem Glück eines Menschen, der in diesem Moment durch die Gestalt auf der Leinwand existiert – nicht als dieser berühmte Schauspieler, der irgendwo am Starhimmel seine unerreichbaren Bahnen zieht, sondern als dieser konkrete dargestellte Mensch mit diesem ganz bestimmten Schicksal, das der Schauspieler ihm vor Augen führt.

Der Zuschauer weiß zwar, dass die dargestellte Person weder mit ihm selbst noch mit dem Schauspieler identisch ist, doch im Moment der Erkenntnis, da er an der Filmfigur etwas von seinem eigenen Wesen begreift, liebt er sie wie sich selbst und dankt dem Schauspieler, dass dessen Leidenschaft stark genug war, diese Gestalt auf der Leinwand mit Leben zu erfüllen.

So erging es mir, als ich zum ersten Mal Audrey Hepburn in ihrer Rolle als *Holly Golightly* im Kino erlebt habe und in deren verzweifelt überdrehter Fröhlichkeit meiner eigenen Sehnsucht wiederbegegnet bin.

Aus der Phantasie eines Drehbuchautors oder aus dem Leben einer längst verstorbenen Person, die uns nur aus ihren Werken und biographischen Zeugnissen bekannt ist, lässt die Schauspielerin einen Menschen aus Fleisch und Blut entstehen, der sie auch selber ist, ebenso wie eine Idee davon, wie dieser Mensch, den sie verkörpert, in Wirklichkeit gewesen sein könnte. Und der zugleich ich bin, als Zuschauer, der das wahrhaftige Bemühen der Schauspielerin mitempfinden kann: ihre Liebe zur Rolle und zum Leben der »Heldin«, die sie spielt.

Wenn die Glaubwürdigkeit des Ausdrucks die Voraussetzung dafür ist, dass eine wahrhaftige *Übertragung* des Inhalts auf den Zuschauer gelingt, dann besagt das noch nichts Konkretes über die Art des Inhalts. Da wir aber davon ausgehen können, dass jeder Film, der nicht auf einen bloßen Unterhaltungseffekt abzielt, auch ein bestimmtes Anliegen transportiert, dann wird jede Rolle in diesem Film, jeder Charakter, ob liebenswürdig oder abstoßend angelegt, einer zentralen Aussage des Films dienen. Bis in die Nebenrollen hinein erleben wir in wahrhaftigen Filmen wirkliche Menschen voller Widersprüche, mit ihren Ängsten und Zweifeln, mit ihrer Hoffnung und ihrer Zuversicht, in ihrem Kleinmut und ihrer Großartigkeit.

So wie sich die konkrete Existenz jedes Einzelnen nur im Blick auf dessen gesamte Entwicklung erschließt, so ergibt auch die zentrale Aussage eines Films erst dann einen Sinn, wenn sie sich aus einem möglichst differenzierten Geflecht an schicksalhaften Ereignissen und Stimmungen herleiten lässt. Wenn der Film eben nicht konstruiert wirkt, sondern lebendig und anschaulich ist, nachvollziehbar wird aufgrund der Parallelen zur Lebenswelt der Zuschauer. Worin sich einzelne Menschen dabei wiederzukennen vermögen, wie vielen oder wie wenigen das gelingt, hat unterschiedliche Gründe. Dass es überhaupt möglich ist, dass ein Film die Lebenswirklichkeit eines Menschen zutiefst berührt, hängt allein von der *Wahrhaftigkeit* ab, mit der ein Film seiner inneren Wahrheit Ausdruck zu verleihen vermag.

Dass ein Schicksal wie das von Karen Blixen weltweit das Filmpublikum zu berühren vermochte – obwohl die dänische Schriftstellerin seinerzeit, als der Film herauskam (1985), weitgehend unbekannt war –, verdankt sich dem Zusammenwirken entscheidender Faktoren: der Komplexität von Drehbuch und Inszenierung, die sich auf Originaldokumente der authentischen Lebensgeschichte stützten (der wahrhaftigen Sehnsucht nach einem erfüllten, eigenständigen Dasein, von der Karen Blixen sich ihr Leben lang leiten ließ) und der großen Glaubwürdigkeit der Darstellungskunst aller am Film beteiligten Personen, insbesondere Meryl Streep als Protagonistin.

Die Wahrheit der Bilder mit den Augen erfühlen

In der Kunst herrschen dieselben unbegreiflichen Gesetze wie in der Liebe. Wir wissen nicht, wie sie zu erzeugen ist, was es braucht, damit wahrhaftige Kunst entsteht oder die Liebe beginnt – immer, wenn wir es zu wissen meinen und danach handeln wollen, wird ein Kunstwerk zu Kitsch und die Liebe bleibt nur Liebelei. Doch wir empfinden es mit Haut und Herz, wenn wir sie wahrhaftig erleben, wenn ein Bild uns ergriffen oder ein Antlitz uns verzaubert hat.

Die Wahrheit der Bilder ist mit den Augen zu erfühlen. Wir spüren es am ganzen Körper, wenn ein Anblick uns zutiefst berührt hat, wenn eine Geste uns den Atem nahm, wenn eine Filmszene unser Leben betraf. Doch wir sind nicht in der Lage, *genau* zu sagen, woran wir das erkannt haben, warum genau *dieser* Eindruck in diesem Augenblick uns derart naheging – ebenso wenig wie wir von einem Traum begreifen, warum wir ihn gerade in dieser Nacht in dieser Form und in genau diesen Bildern hatten. Manches daran mag logisch und naheliegend wirken, plausibel in seinem Zusammenhang oder vertraut in seiner Symbolik, doch sobald wir bedenken, dass womöglich auch andere Wege zu denselben Zielen führen könnten, lässt sich nur noch vermuten, warum wir gerade auf diesen gegangen sind.

Zuletzt versagen die Erklärungen und wir haben nur noch das Geheimnis vor Augen. »Ich *sehe*, also bin ich«, also habe ich Augen, um zu sehen – auf diese Logik beschränkt sich letztlich unsere ästhetische Verbindung zur Welt. Alle anderen Konstruktionen von *Wahrheit* funktionieren nur innerhalb ihres eigenen ideologischen Systems und liefern immer genau die Ergebnisse, die sie liefern sollen, um das System zu stützen. »Man sieht nur, was man weiß« – mit diesem Goethe zugeschriebenen Zitat bewarb ein großer Verlag einst seine Reiseführer und propagierte damit jenen engstirnigen Rationalismus, der sich von vornherein um jeden unmittelbar anschaulichen Zugang zur Welt bringt, indem als bedeutsam erst gelten soll, was den Idealen einer etablierten Bildungsbürgerkultur und deren Verständnis von Wissenschaft entspricht. Fügt man eine weitere Silbe hinzu, so wird die beschränkte Weltsicht, die der Slogan verbirgt, offensichtlich: »Man sieht *nur noch*, was man weiß.«

Doch zum Glück sehen wir alle noch Vieles mehr und noch ganz anderes. Und wenn wir ehrlich sind, müssen wir zugeben, dass wir immer weniger wissen über die Welt und die Menschen, je mehr wir davon zu Gesicht bekommen. Zu viele Eindrücke widersprechen einander, zu viele Bilder erscheinen zusammenhanglos und allenfalls aus sich selbst verständlich. Jeder Mensch ist sein eigener Kosmos, und je mehr Einzelheiten wir von ihm erfahren, desto rätselhafter wird er uns. Wenn wir nicht bloß aus dem Blickwinkel unserer Vorurteile überprüfen, wer oder was ins eigene Konzept passt, sondern wirklich darauf achten, was ein anderer fühlt, denkt oder tut, wenn wir ihn allen Ernstes wahrzunehmen versuchen und unsere Aufmerksamkeit zunächst den Phänomenen gilt, die sich zeigen, dann bleibt die Logik der Worte zurück, und die Bilder und Wahrnehmungen sprechen endlich für sich. So wenig ein Kind die Natur versteht, die es staunend täglich von neuem mit allen Sinnen und immer wieder anders erlebt, und sich trotzdem in ihr zu Hause fühlt, so wenig begreifen wir unser Dasein auf der Welt, wenn wir nur genau hinsehen und jeder Augenblick uns neue Fragen stellt. Und wir bleiben ja die Kinder, die wir waren, und können wie sie die Wunder lieben, die das Leben jeden Tag für uns bereithält. Was wir sehen, genügt sich selbst, unsere Augen erschließen uns die Welt bis auf den Grund ihres Rätsels. *Verstehen* können wir immer erst hinterher, wenn sich ein Zusammenhang von Ursache und Wirkung nachvollziehen lässt, wenn die Folgen aus den gegebenen Voraussetzungen erkennbar werden, so dass es offenbar gesetzmäßige Verbindungen des einen mit dem anderen gibt. Wir verstehen bestimmte Abläufe, doch wir wissen nicht, *warum* sie ursprünglich in Gang gekommen sind. Wir spüren, dass wir existieren, und wir erfahren mit der Zeit, was notwendig ist, uns am Leben zu erhalten und welche Instinkte dafür hilfreich sind – doch wir verstehen weder unseren Anfang noch unser Ende. Wir begreifen, dass Menschen geboren werden und sterben müssen – und dennoch fragen wir uns, *warum* und *wozu* – *woher* wir kamen und *wohin* wir gehen werden.

Welt-Bild und Wahrhaftigkeit

Ob uns das Leben sinnvoll erscheint, hängt allein von unserem Welt-Bild ab, von dem, was wir sehen und wie wir es empfinden, und nicht von irgendwelchen Theorien darüber, deren Logik wir uns einzureden versuchen.

Wenn wir leiden, wird uns kein Argument vom Gegenteil überzeugen und wenn wir glücklich sind, kann kein Satz dieses Gefühl bestreiten. Für ein gutes Leben sprechen dieselben Gründe wie für einen guten Film: seine Schönheit und seine Wahrhaftigkeit. Oft empfinden wir die Bilder eines Films als verlogen oder trivial, als kalkulierten Effekt oder öde Kopie der Realität, wir fühlen uns billig unterhalten oder plump belehrt und bereuen es, unsere Zeit damit vergeudet zu haben. Doch manchmal passiert es eben auch, dass wir mitten ins Herz getroffen werden: ein Film berührt uns so stark, dass wir es nie mehr vergessen können. Dann sind wir nicht länger nur Zeugen spektakulärer Szenen, die uns daran erinnern, was unter Menschen denkbar und möglich ist, sondern es kommt uns so vor, als schauten wir die Wahrbilder des eigenen Lebens. Wir begegnen den Personen auf der Leinwand, als seien es Facetten des eigenen Ichs, wir erkennen an ihnen wieder, was uns selbst geschah. Woran genau das liegt, was nötig ist, damit es möglich wird, lässt sich nicht vorhersehen und hat für jeden andere Gründe. Doch es genügt uns zu wissen, dass es sich einmal ereignen konnte. Seitdem sind wir für immer auf dem richtigen Weg – dem der Sehnsucht nach dem eigenen Selbst. In den Schlüsselerlebnissen meiner Geschichte habe ich ebenso den eigenen Wahrnehmungen zu vertrauen gelernt wie der Wahrhaftigkeit einer Kunst, die entstanden ist, weil die an ihr Beteiligten etwas Wesentliches mit uns teilen wollten, das sich aus ihrem Leben ergab. Die Jugendlichen in *Los, Tempo!* spielen sich und ihre Sehnsucht, dem alltäglichen Elend zu entkommen, weitgehend selbst. In der wahrhaftigen Verzweiflung von Travis und Jane in *Paris, Texas* können sich überall auf der Welt verzweifelt Liebende wiedererkennen.

Die unvorhersehbare Wirkung eines Films

Für uns ist alles verändert, wenn sich im Film eine Wahrheit über uns selbst offenbart hat, endlich haben wir das Gefühl, dass uns die Bilder vor unseren Augen an die Wirklichkeit binden. Und alles, was uns in ihrem Licht widerfährt, gilt über den Augenblick hinaus und erscheint uns wie ein Zeichen von zeitloser Gültigkeit.

Diese Momente sind selten und kostbar, ihre Harmonie ist immer bedroht, und das innere Zusammenspiel all der verschiedenen Kräfte, die sie hervorbringen, für uns unergründlich. Und doch können sie uns jederzeit begegnen, verbirgt sich hinter jeder Erfahrung eine mögliche Erkenntnis: ein Blick – und die Liebe bricht aus. Wie ein Film tatsächlich auf uns wirkt, erfahren wir erst, wenn wir seine Geschichte miterleben und seine Bilder sehen. So sehr wir auch vorher schon eingestimmt waren, bereit, uns auf ihn einzulassen und ganz konzentriert auf seine Sprache zu achten, so sind wir doch außerstande, einen Film zu lieben, wenn er uns nicht wahrhaftig ergreifen kann. Vielleicht fühlen wir uns angeregt, nachdenklich gestimmt oder gut unterhalten, sind beeindruckt von seiner handwerklichen Perfektion, von der Musik, der Ausstattung oder der Glaubwürdigkeit eines Schauspielers – doch erst, wenn ein Film uns *verzaubert*, wird er zu einem Teil von uns, erst *die magische Erschütterung* macht ihn unvergesslich bedeutsam. Dabei kann es nur eine einzige Szene sein, eine Geste, ein Blick, ein beiläufig gesprochener Satz, die so tief unter die Haut gehen, dass im Licht ihrer Wahrhaftigkeit der Film seine wesentliche Bedeutung für uns erhält. Es ist nicht entscheidend, ob die Dramaturgie der Handlung auf genau diesen Moment der Erkenntnis ausgerichtet war, oder ob nur wir dieser Szene solchen Wert beimessen – für uns drückt sich in ihr das eigene Leben aus, und von da an bleiben uns ihre Bilder für immer im Gedächtnis.

Auch in einem schlechten, verlogenen Film findet sich manchmal ein wahrhaftiger Augenblick – unerwartet und jäh herausragend – weil er plötzlich eine ursprüngliche Sehnsucht offenbart. So wie es möglich ist, dass wir sogar an einem bedrückend hässlichen Ort durch irgendeinen flüchtigen Eindruck an die Schönheit erinnert werden. Doch dann bleibt eben nur dieses eine wahrhaftige Bild in uns zurück, und der Film oder der Ort versinken wieder im Nichts ihrer Bedeutungslosigkeit. Fühlen wir uns jedoch in der Handlung und den Bildern eines Films ohnehin geborgen wie in einer eigenen, vertrauten Welt, hält unsere Faszination von einem Augenblick zum anderen, dann behalten wir diesen besonders tief ergreifenden Moment in der Erinnerung wie den Gedanken an einen beglückenden Tagesausflug ans Meer während wunderbarer Ferien. Ein großartiger Film und eine erfüllte Zeit wurden obendrein gekrönt von einem Blick ins Paradies.

Und wieder zu Hause überkommt uns nur der eine Wunsch: wenn doch das Leben für immer so wäre...

So habe ich es besonders intensiv im Film *Drei Farben: Blau* (1993) von Krzysztof Kieślowski erlebt. Schon beim Anblick der Plakatwände in den Gängen der Pariser Metro konnte ich ahnen, mit einem weiteren Wunderwerk dieses Regisseurs und seiner kongenialen Hauptdarstellerin (Juliette Binoche) beschenkt zu werden.

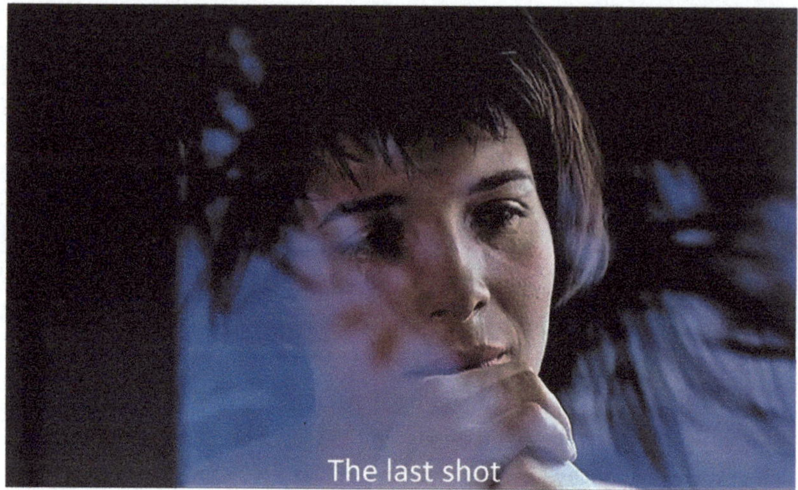

Abb. 12: *Drei Farben: Blau*, Juliette Binoche in der Schlusseinstellung

Ein Film, an dem für mich alles stimmte und mir die allerletzte Kameraeinstellung, in der die Andeutung eines Lächelns im Gesicht der Hauptfigur Julie aufzuleuchten schien, obendrein einen Blick ins Paradies menschlicher Sehnsucht gewährt hat. Darin verband sich Julies Empfinden vom Einverstandensein mit sich selbst mit meiner eigenen Sehnsucht nach einem ebensolchen Augenblick in meinem Leben.

Selbsterkenntnis im Bewusstsein wahrhaftiger Schönheit

Die Sehnsucht nach wahrhaftiger Erkenntnis, nach einem Verbundensein mit dieser unbegreiflichen Schönheit des Lebendigen, auf dessen Rätsel jeder Mensch seine eigene Antwort finden muss, wird zu unserer wesentlichen Antriebskraft.

Wenn die *Wahrheit* in der Welt ohne den Menschen gar nicht *wahr-genommen* werden kann, da er sie erst zu dem macht, was sie ohne ihn nicht wäre, dann kommt auch die *Schönheit* nicht ohne den Einzelnen aus, der sie empfindet und sie erst durch seinen persönlichen Ausdruck für andere anschaulich werden lässt. Erst durch ein menschliches Zeugnis der Schönheit in der Welt, erst durch die Kunst eines Einzelnen, der schöpferisch seine Liebe zum Leben ausdrückt, wird sie auch für andere glaubhaft erfahrbar. Erst wenn wir wahrnehmen können, was die Schönheit einem anderen Menschen bedeutet hat, beginnen auch wir, unseren Augen zu trauen, und wollen uns die eigenen Bilder bewahren.

Zwar haben wir die Welt zunächst immer schon mit eigenen Augen erlebt (und entscheidend für unser Lebensgefühl ist immer deren Bedeutung im Zusammenhang der konkreten eigenen Existenz – im eigenen »Sinnfeld«[32]) und wir lernen von anderen nichts über die Schönheit und den Sinn des Lebens, das wir nicht verborgen in uns tragen und am eigenen Leib nachvollziehen können. Doch erst durch die Sprache eines anderen Menschen, der sich potentiell auch an mich wendet, sobald er sein Werk veröffentlicht hat, wird mir *bewusst*, was ich im Herzen längst gekannt habe. Erst in meinem Bewusstsein des Schönen wird es verewigt und wiederholbar, weil ich mich seitdem jederzeit selbst daran erinnern kann.

Das Kunstwerk eines Anderen ist wie eine *Momentaufnahme des Schönen*, die mir immer, wenn ich sie betrachte, offenbart, dass der Sinn auch meines Daseins allein darin besteht, *das Leben zu lieben*, es als mein Schicksal annehmen zu können. Alles zu tun, was mir ein Empfinden von innerer Geborgenheit ermöglicht, und alles zu lassen, was mich abbringt vom eigenen Weg.

Dabei liegt die Geborgenheit keineswegs in irgendeiner selbsterzeugten Harmonie, in der Illusion einer heilen, geordneten Welt, die ihre Augen vor der Realität verschließt – um wie ein Süchtiger in seinem Rausch, wenigstens für kurze Zeit auf einer Traumwolke des Glücks zu treiben. *Geborgenheit findet im bewussten Erlebnis der eigenen Existenz zu sich*: im Bewusstsein meiner selbst als der Möglichkeit menschlicher Freiheit, zu lieben, was ich sehe und fühle. Das Leben zu lieben, nicht nur, sofern es angenehm ist und meine Bedürfnisse befriedigt, sondern *jederzeit, wenn ich es als mein eigenes erkennen kann* – als den Schicksalsweg, den ich zu gehen habe, ganz gleich, was geschieht.

Was nicht meint, passiv zu erdulden, was mir begegnet, sondern allem zu widerstehen, was mich unterdrücken oder einschränken will. Und alles zu bejahen, was mir den inneren Abstand des eigenen Lebens gewährt – was mir die Freiheit lässt, zu lieben. In der Möglichkeit, eine bewusste Beziehung zum Wahrgenommenen aufnehmen zu können, zu erleben, dass ich zur Mitwirkung daran eingeladen werde, entscheidet sich die Wahrhaftigkeit eines Kunstwerks. Wenn ich geschockt oder überwältigt bin, verführt und

---

32 vgl. Gabriel, 2013

getäuscht werde, geht es nicht um Kunst, sondern um Macht. Ich soll in Ehrfurcht erstarren oder von berauschenden Effekten geblendet sein – doch meine eigenen schöpferischen Potenziale sind nicht gefragt und zu einer Antwort herausgefordert. Alfred Hitchcock, der Altmeister des Thriller-Kinos, gefiel sich sogar ausdrücklich darin, »auf den Emotionen des Publikums wie auf einer Klaviatur zu spielen«[33].

Wahrhaftigkeit hingegen, ob als Schönheit der Kunst, des Denkens oder eines alltäglichen tugendhaften Lebens, erinnert den Menschen immer an sich selbst. Hat der Mensch erst einmal sein Erkenntnisvermögen als die so nur ihm zugehörige Freiheit erlebt, wird er sich fortan als den schöpferischen Gestalter des eigenen Bewusstseins begreifen.

Inmitten eines großen Rätsels

Jede Erkenntnis stärkt die eigene Lebenskraft. Wenn sie von der wahrhaftigen Schönheit der Welt kündet, wird sie gleichsam zur reinen Energie, die uns in jedem Augenblick, da wir sie wahrnehmen, ein neues Sinnbild der Lebensfreude offenbart oder – im Fall einer Wiederholung des Schönen – ein altbekanntes neu belebt. Wenn uns eine Erkenntnis erschreckt oder verunsichert, weil in ihr unsere eigene Ohnmacht und Vergänglichkeit bewusst wird, kann sie den Mut zum Widerstand wecken oder uns die Demut lehren vor Allem, was nicht zu ändern ist. Auch das ist wahrhaftig schön.

Wenn ich liebe und ergriffen bin von den Bildern in meinem Herzen, werde ich mich fragen, warum sie diese tiefe Bedeutung für mich haben, möchte verstehen, was mich an ihnen so sehr begeistert, weil ich spüre, dass sich in diesen Bildern zugleich eine Wahrheit über mich selbst verbirgt. Und wenn ich mich vielleicht auch vergeblich bemühe, hinter ihr Geheimnis zu kommen, weil die Kräfte unserer Anziehung (noch) im Dunkel einer unbewussten Leidenschaft bleiben, so fühle ich mich trotzdem in jedem Augenblick, da ich an diese Bilder denke, ihren Spuren in mir nah und möchte sie vor dem Vergessen bewahren. Wie bei einem Traum, der mir nicht mehr aus dem Sinn geht, weil ich seine Bedeutung für mein Leben bereits erahnen kann. Durch meine Erinnerung an sie können die Bilder jederzeit wieder lebendig werden, und ich kann mich aufs Neue in sie vertiefen. Bis mir womöglich ein Licht darüber aufgeht, was sie mit mir und meiner Existenz

---

33 Truffaut, 1973

zu tun haben. Es genügt ein klares und deutliches Empfinden für die innere Verbindung zu einem bestimmten Kunstwerk oder einem bestimmten Menschen, um sie durch meine Aufmerksamkeit und meine Erinnerung verewigen zu können. Was ich als ein Abbild meines Wesens erkenne, worin ich mich wiederfinden kann und worin ich die Welt begreife als dieses Wunder vor meinen Augen, an dessen Gegenwart ich teilhaben darf, werde ich aus ganzem Herzen lieben und bejahen als ein zeitloses Wahr-Bild meines eigenen Daseins.

Die Bilder, in denen sich für einen Menschen die Schönheit der Welt offenbart, die Erfahrungen, durch die er den Zusammenhang des Lebendigen mit dem Sinn seiner Existenz begreift – nicht ein für alle Mal, sondern immer wieder aufs Neue und jedes Mal in einem besonderen, einzigartigen Licht –, formen sein ureigenes Bewusstsein als Ausdruck seines Wesens: als dieses konkrete, einmalige, unersetzbare Selbst, das er ist. Jeder einzelne Mensch ist eine Welt für sich und doch zugleich Teil eines Universums der Schönheit, das ihn hervorbringt und am Leben erhält. Weil der Mensch in jedem Augenblick, da er diese Schönheit bewusst wahrnimmt, zugleich begreift, dass er weder seine Erkenntnis noch seine Existenz sich selbst verdankt, erwächst ihm daraus zugleich eine persönliche Verantwortung, dieses Wunder, an dem er teilhat, zu bewahren. Er sehnt sich danach, einen derart tiefgreifenden Moment seines Lebens über die Zeit zu retten, ihn andauern zu lassen und sich seiner immer wieder neu erinnern zu können, so intensiv, als erlebe er ihn zum ersten Mal. Das wird ihm allerdings nur gelingen, wenn er sich der Erfahrung des Moments aufmerksam und konzentriert überlässt, wenn er hingegeben an dessen tatsächliche oder erinnerte Gegenwart intuitiv erkennt (erfühlt), dass dieses konkrete Bild vor seinen Augen – diese Landschaft, diese Farbe, diese Stimme, dieses Gesicht – in dieser einzigartigen, unvergleichbaren Weise das Wunder des Seins bezeugt.

Dieses Einzigartige liegt nicht nur in der konkreten Erscheinung begründet, deren wirkliche Besonderheit wir vielleicht gar nicht angemessen zu erfassen vermögen, sondern es zeigt sich gerade in den ergreifend schönen Momenten, da sich unsere verschiedenen Seins-Ebenen berühren. Die Welt und ich geraten zueinander in eine geheimnisvolle, wundersame, magische Beziehung: während mein Blick den anderen trifft, während ich diese Musik höre, während der Wind meine Stirn kühlt – und mir plötzlich bewusst wird, dass ich inmitten eines großen Rätsels existiere. Ja, dass die ganze Welt zu einem Rätsel wird, sobald ich nach ihrem Sinn frage.

Schicksal Schönheit

Das Dasein des Menschen in der Welt ist der bewusste Bruch in der Kette der Abläufe der Natur. Sein immerwährendes Fragen nach dem »Warum«, die anarchische Kraft seiner Phantasien und Sehnsüchte widersprechen jedem Naturgesetz und scheinen zu nichts gut als zur eigenen Erbauung oder Genugtuung.

Die sehnsüchtige Existenz ist das Problem, dessen Lösung sie zu sein versucht – darin besteht ihr Paradox, das macht ihre Freiheit aus. Wir sind auf unserem Weg, wenn wir diese sterbliche Existenz als unser Schicksal akzeptieren, das sich jeden Tag wieder und in immer veränderter Gestalt offenbart und uns so in jedem Augenblick die Möglichkeit gibt, es anzunehmen.

Manchmal müssen uns eine aufblitzende Erinnerung an den Grund unseres Hierseins und das Vertrauen auf ein Fortbestehen wahrhaftiger Schönheit genügen, um uns durch eine blinde, entfremdete Gegenwart zu retten. Tatsächlich hat uns alle schon oft die Erinnerung an einen wahrhaftigen Augenblick unseres Lebens vor dem Durchdrehen bewahrt: Wenn wir ein Gesicht, eine Geste, einen Satz, eine Melodie, eine Szene aus einem Film in uns wiedergefunden haben, die uns im Nu besänftigen konnten.

So habe ich mich manchmal in den dunklen Nachtstunden meiner Verzweiflung an den intensiven Blick von Angela in Pablos Richtung erinnern können (in *Los, Tempo!*), als sei *ich* es, auf den sie wartet, um mit ihr gemeinsam in ein anderes Leben fortzugehen. So wurde die Flugszene aus *Jenseits von Afrika*, in der Karen mit ihrem Geliebten Denys Finch Hatton im offenen Doppeldecker glückselig über die endlosen Weiten des afrikanischen Hochlandes hinwegschwebt, auch für mich zu einem zeitlosen Symbol wahrhaftiger Schönheit: »Ich begreife, so war's gemeint, jetzt verstehe ich alles.«

Unter der Oberfläche unserer Anpassungen und Verstellungen wächst das Unbehagen unaufhörlich – bis hin zu quälenden psychosomatischen Symptomen –, und wenn sich unsere Lebensumstände nicht verändern, werden wir selbst zum Eingreifen gezwungen. Dann nehmen wir uns endlich die Zeit zum Nachdenken, entziehen uns der belastenden Situation, um nach ihrer Bedeutung für unser Dasein zu fragen, und überlegen, ob es nicht einen ganz anderen Weg für uns gibt.

Wir versuchen uns wieder der Schönheit auszusetzen, um sie mit eigenen Augen zu sehen und leibhaftig zu erleben, dass die Welt ihren Sinn in sich trägt, der sich in jedem Augenblick offenbart, in dem wir die wahrhaftige Schönheit des Seins wahrnehmen können.

Die Schönheit der Natur

Wie selbstverständlich leicht verhält es sich mit der unmittelbaren Erfahrung der Schönheit der Welt wie sie ursprünglich gemeint war – mit der Natur, ohne den zerstörerischen Einfluss des Menschen. Um die Schönheit der Natur zu verstehen, brauchen wir keinen besonderen Abstand, weder zu ihr noch zu uns, müssen uns nicht erst lösen von der realen Entfremdung, die den Blick auf die Wirklichkeit verstellt.

Wir empfinden die Bedeutung natürlicher Schönheit auf eine so direkte sinnliche Weise, dass es keiner weiteren Interpretation bedarf, um in ihr die unbegreifliche Verbundenheit alles Lebendigen erkennen zu können. Die Sonne und das Meer, der Himmel und die Erde, die Pflanzen und Tiere, die Sterne oder das Antlitz des geliebten Menschen sind uns jederzeit so nah und fern zugleich, so vertraut und doch so unerreichbar fremd, dass wir in jedem Augenblick ihrer Gegenwart um das Wunder des Seins wissen und um die Kostbarkeit der eigenen Existenz: um die Gnade, etwas so Schönes erleben zu dürfen.

Die Welt ist schön, weil es sie gibt, und wir sind es, weil wir in ihr existieren – vernunftbegabt und unserer selbst bewusst, am Leben gehalten von unserer Sehnsucht nach Erkenntnis. Dafür gibt es keinen Grund als den Sinn, der sich allein genügt, und unsere Erkenntnis ist so zwecklos wie jede Schönheit rätselhaft. Erst jenseits der Notwendigkeiten beginnt die schöpferische Freiheit, erst hinter dem Vordergründigen liegt das Geheimnis. Was nicht die Angst bewirkt, bewirkt die Liebe allein, und was wir jetzt nicht begreifen, werden wir vielleicht eines schönen Tages verstehen. Solange müssen wir uns mit seinem Anblick begnügen, doch wir können selbst dafür sorgen, was wir zu sehen bekommen.

Schönheit und Wahrhaftigkeit

Das Leben stellt uns als Menschen alle vor dieselbe Aufgabe: den Weg der eigenen Existenz zu gehen. Zeitlebens nach unserem persönlichen Weg zu suchen, sich selbst nach ihm zu fragen und ihn nach Möglichkeit jeden Tag von Neuem wiederzufinden.

Keiner kennt sein Schicksal im Voraus, keiner von uns weiß, ob er den nächsten Morgen noch als derselbe oder gar nicht mehr erleben wird oder ob er plötzlich in seiner Welt die Orientierung verliert. Wir können uns irren, uns selbst belügen oder getäuscht werden, doch immer leitet uns eine *Sehnsucht nach Wahrheit*, die Hoffnung darauf, dass wir eines Tages den Sinn unseres Daseins verstehen können und dann auch unsere Fehler nichts als Antworten sind. Wir wissen nicht, was sein wird, doch wir erleben, was sein kann, sobald wir *wahrhaftiger Schönheit* begegnen – wenn wir erkennen, was ist, und lieben können, was wir erkennen. Durch den Anblick wahrhaftiger Schönheit fühlen wir uns wie befreit. Wir empfinden das Wunder der Welt und den Sinn des eigenen Bewusstseins, denn *in der Schönheit spiegelt sich die Wahrhaftigkeit unserer Existenz – die Tatsache unseres Daseins als dieser bestimmte Mensch, der in der Lage ist, sich und die Schönheit bewusst wahrzunehmen.*

Jedem kann sich die Schönheit auf Erden offenbaren, doch nur, wenn er sie auf seine eigene Weise zu erkennen vermag, wenn er sich in ihren Bildern wiederfindet. Dann werden diese inneren Bilder in ihm fortdauern, dann gehören sie zu ihm und geben ihm recht, wann immer er an sie denkt. Die Kraft ihrer Schönheit beflügelt seine Phantasie und sucht in ihm nach einem angemessenen Ausdruck, um ihr zu antworten. Jede Schönheit, die im einzelnen Menschen symbolische Gestalt annimmt und zu einer persönlichen Ausdrucksform findet, bezeugt darin auch die Schönheit der Welt und schenkt potenziell uns allen eine neue Möglichkeit, sie zu erfahren.

Das Antlitz der Giraffe, in das ich während einer Safari schauen darf, ergreift mich in seiner rätselhaften Schönheit. Und diesem Ergriffensein antworte ich mit meiner Kamera, in der Hoffnung, diesen wahrhaftigen Augenblick nicht nur für mich verewigen zu können.

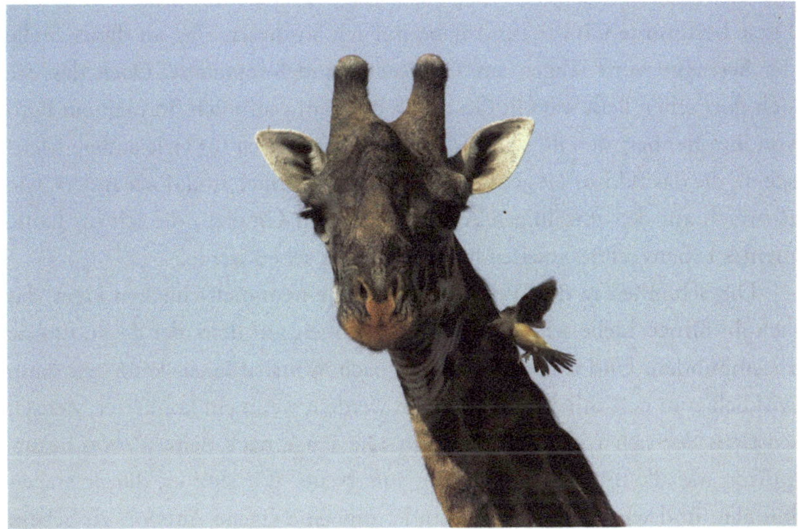

Abb. 13: Das Antlitz einer Giraffe

Schönheit offenbart sich dem Einzelnen

Was bedeutet ein wahrhaftiger Augenblick für die Existenz des Einzelnen, welche Empfindungen lösen die Bilder des Schönen in seinem Bewusstsein aus, welche Spuren hinterlassen sie in ihm?

Die bewusste Erfahrung des Schönen betrifft uns so tief, ergreift so sehr, dass wir im selben Moment, da wir sie empfinden, auch ihre wahrhaftige Bedeutung erkennen. *Wir empfinden, dass Erkenntnis Liebe bedeutet und Schönheit Wahrhaftigkeit ist.* Dabei geht es gerade nicht darum, dass etwas angenehm, lustvoll oder berauschend wirkt, dass ein Anblick Vergnügen bereitet oder Harmonie ausstrahlt. *In einem wahrhaftigen Augenblick wird das Wesen des Seins sichtbar.* Und wir nehmen zugleich bewusst und leibhaftig unsere eigene Freiheit wahr, uns dieser unbegreiflichen Schönheit anzuvertrauen. Vor Begeisterung außer sich zu geraten und gerade auf diese Weise ganz bei sich zu sein, die Welt liebend ein Teil von ihr zu werden und dabei im eigenen Bewusstsein den Zusammenhang von Ich und Welt erfassen zu können – dieses Wunder gelingt uns niemals aus bloßer Willensanstrengung, es kann uns immer nur geschenkt (»offenbart«) werden. Doch es bedarf der *Existenz* jedes einzelnen Menschen, damit sich die Schönheit auf dessen einmalige Weise zeigen und durch ihn Gestalt annehmen kann.

Diese bestimmte Giraffe (s.o.) habe nur ich an diesem Tag an dieser Stelle der Serengeti vom Wagen aus so gesehen und fotografiert. Doch dass sie sich dort sehen ließ, war ein Geschenk der Natur an mich. In meinem Foto von ihr offenbart sich ihre Schönheit womöglich auch für viele andere Menschen, die das Bild zu Gesicht bekommen – so ähnlich und doch anders, wie für mich auf den unzähligen Abbildungen von Giraffen, die ich im Laufe meines Lebens schon gesehen habe oder noch sehen werde.

Die Schönheit in der Welt verlangt nach einem menschlichen Herz, das sich ihr öffnet. Liebe schenkt ihre Geborgenheit nur dem, der da ist, um sie zu empfinden. Und unsere Sehnsucht nach Wahrhaftigkeit kann erst dann wirklich zum persönlichen Lebenssinn werden, wenn ein konkreter Mensch existiert, der sich von ihr leiten lässt. Die Frage nach dem *Warum* beantworten wir alle mit jedem Atemzug aufs Neue. Wir sind es, die sie stellen können, und wir allein sind imstande, uns eine eigene Antwort zu geben. Die rätselhafte Schönheit der Welt bedeutet Frage und Antwort zugleich. In dem Augenblick, da wir die Schönheit bewusst wahrnehmen, begeistert uns ihr Sein ebenso wie unsere eigene Existenz, die in der Möglichkeit der Erkenntnis dieser Schönheit ihre Freiheit erlebt. Dadurch haben wir noch nichts von der Welt verstanden, *doch wir wissen um den Sinn unseres Abstands zu ihr, der zum Ursprung allen Suchens und Fragens wird.*

Während wir die Welt vor unseren Augen betrachten, können wir uns zugleich selbst beim Denken zusehen. Wir begreifen, dass wir aus diesem Grund existieren: das Wunder unseres Daseins mit eigenen Augen anzuschauen und dadurch selbst wundervoll werden – ein sehnsüchtiger Mensch, ein Schönheitssuchender zu sein.

Das Wunder der Schönheit

Im Laufe unserer Entwicklung erleben wir zuerst *die Schönheit des Notwendigen.* Wir erfahren uns eingebunden in eine Natur, die uns hervorgebracht hat und am Leben erhält, der wir uns verdanken und auf die wir angewiesen sind. Wir haben sozusagen keine andere Wahl als unser Schicksal anzunehmen und zu lieben, was unser Dasein ermöglicht.

Der eigene Körper kann uns fremd und unbegreiflich bleiben, aber er gehört unausweichlich zu uns. Wir haben ihn als Notwendigkeit zu akzeptieren, unabhängig von der Qualität der Erfahrungen, die er uns verschafft. Wenn wir es zulassen können, nach ihrem Sinn zu fragen, dann geben auch leidvolle Symptome ihre wahrhaftige Bedeutung zu erkennen und lassen uns nach den Ursachen forschen. Sobald wir allerdings die »reine«, zwecklose Schönheit vor Augen haben, die mit der eigenen Existenz zunächst nichts anderes verbindet, als dass wir sie sehen können und offenbar auch sehen sollen – wie die Giraffe auf Safari –, wenn wir uns weder fragen müssen, was sich hinter einem wahrhaftigen Augenblick verbirgt noch wofür er steht – wenn er also nichts anderes bezeugt als sich selbst, geheimnisvoll und unergründlich wie ein menschliches Gesicht –, dann erleben wir das Wunder dieser Schönheit zugleich jenseits der Zeit, dann ist uns, als werfen wir einen Blick in die Ewigkeit. Denn im selben Moment, da wir sie wahrnehmen, erfassen wir das Wesen der Schönheit, die sich selbst genügt.

Wir fühlen uns durch sie beschenkt, geehrt und gewürdigt in unserem Dasein und erkennen den Sinn der eigenen Existenz im Spiegel eines wahrhaftigen Augenblicks. Der lässt uns spüren, dass wir auf der Welt sind, um uns derart geliebt fühlen zu können. Das geschieht keineswegs jedes Mal, wenn wir von Schönheit berührt sind. Ein solches Wunder ereignet sich nur in den Augenblicken, da die Schönheit unserer andächtigen Aufmerksamkeit zu antworten scheint und wir zu spüren glauben, dass sie uns allein gilt. In genau jenen Augenblicken, da wir in ihr wiederfinden, was wir immer gesucht haben, ohne dass wir davon wissen konnten. »Heureka!« – als erreiche uns eine Einsicht aus unvordenklicher Zeit. Vergleichbar mit einer schönen Melodie, die uns beim ersten Hören schon derart tief berührt, als hätten wir sie seit je gekannt. Und wer weiß ...

Diesen Zusammenhang meint der Gedanke Platons vom »Erkennen als Wiedererinnern« – dass wir uns auf einmal wie »erleuchtet« fühlen, wenn wir etwas tief verstanden haben.

Staunen als Antwort

Es lässt sich nicht vorhersehen, wann uns eine Erfahrung der Schönheit so nahegehen wird, welcher Umstände es bedarf und wie sie erscheinen muss, um uns zu erreichen. Wir können nicht erklären, warum *gerade dieser Anblick* uns so erschüttert, warum *diese Melodie* uns erhebt oder *diese eine Geste* uns zu Tränen rührt.

Alle theoretischen, »objektiven« Erklärungsversuche, die meinen, das Geheimnis wahrhaftiger Schönheit, spiritueller Verbundenheit oder tiefempfundener Liebe auf eine triebdynamische Funktion der Psyche zurückführen zu können oder gar für eine neurochemische Autosuggestion halten, betreiben unbewusst pure Ideologie. Ideologien sind aus Todesangst vor dem unbegreiflichen Wunder des Lebendigen hervorgebrachte »Lösungen«, die beruhigen sollen wie eine Droge, weil der staunende, schöpferische, spielerisch offene Umgang mit dem eigenen Dasein verlorengegangen ist oder niemals möglich war. Das Staunen eines Kindes ist und bleibt offen, es möchte forschen und verstehen und sich mit anderen über seine Erlebnisse austauschen. Doch es erhebt keinen Anspruch auf Macht und muss auch nicht recht haben oder gewinnen. Wo Wettbewerb und Ausgrenzung stattfinden, ein dauerndes Vergleichen, Bewerten und Bessersein-Müssen schon seit Kindertagen, da wird eine Gesellschaft von Entfremdung beherrscht und der Verrat am Selbst ist allgegenwärtig – der immer auch ein Verrat an der wahrhaftigen Schönheit des Lebens ist.

Wir können angemessen und undogmatisch immer nur die *Phänomene* zu beschreiben versuchen, und kundtun, was bei deren Wahrnehmung mit uns geschieht. Welche Erinnerungen ruft die Schönheit in uns wach und wie hängt diese Erinnerung mit ihrer Gegenwart zusammen? Welche Bilder vor Augen entsprechen denen meines Herzens, was an ihnen hat nur mit mir und was vielleicht mit uns allen zu tun – weil dessen Erfahrung über die Grenzen der eigenen Existenz hinausweist?

Es bleiben uns nur Vermutungen, sobald wir an die Unendlichkeit rühren. Keiner weiß, ob wahr ist, was er so empfindet, keiner weiß genau, wie ein anderer denkt und fühlt. Und doch wünschen wir uns nichts sehnlicher, als das Geheimnis der Schönheit zu ergründen, als zu wissen, was bleiben wird und wofür das Leben sich lohnt. Liebend gern möchten wir uns miteinander verständigen und hoffen, dass wir dem Anderen wenigstens eine Ahnung davon vermitteln können, warum uns gerade diese Schönheit begeistert und wie sehr sie uns ergriffen hat.

Die eigene Gewissheit

Zuletzt bleibt uns allein *die eigene Gewissheit*, nur was wir in ihrem Angesicht empfinden, verleiht der Schönheit ihre persönliche Bedeutung. Die Wahrhaftigkeit, die sie in unseren eigenen Augen hat, wird für immer mit ihr verbunden sein. Derselbe Ozean wird ein anderer in den Augen jedes einzelnen, das Wunder existiert erst durch die Verehrung eines Menschen.

Und wenn im selben Moment auch Millionen das Gleiche sehen mögen, erleben sie doch nie dasselbe. Wenn alle Menschen überall da, wo er sich zeigt, in derselben Minute zum selben Mond emporschauten, strahlte der doch millionenfach verschieden auf ihr Dasein zurück. Warum erhebe ich meinen Blick zum Himmel, warum schaue ich den Mond gerade jetzt und gerade so an, in dieser Nacht, mit dieser Sehnsucht, in Gedanken an diese eine andere Stunde vor vielen Jahren in einem anderen Land, als er die Schneefelder zwischen den Berggipfeln erglitzern ließ? So oft schon habe ich ihn seitdem seine Bahn ziehen sehen, an so vielen Orten, in so vielen verschiedenen Situationen, allein oder gemeinsam mit anderen Menschen, glücklich oder unglücklich, in vollkommener Ruhe und Aufmerksamkeit oder aus dem Fenster eines dahinrasenden Zuges. Und doch fällt mir in dieser Nacht genau jenes eine Mal ein, ohne dass es den geringsten erkennbaren Anlass dazu gäbe. Warum? Ist es bloßer Zufall, ist es irgendeine Assoziation, eine beiläufige Kleinigkeit, die plötzlich wieder meine Erinnerung weckt – die gleiche Temperatur, die gleiche Konstellation der Sterne am Himmel, das gleiche Goldgelb des Mondes, ein ähnliches Geräusch in der Ferne? Oder gibt es einen verborgenen Grund in meiner Seele, im Zusammenhang all dessen, was meine Existenz bis zu diesem konkreten Augenblick bestimmt hat und bedeutet, der das vergangene Bild erneut in mir wachzurufen vermag, weil es sich ein für alle Mal unauslöschlich in mir eingeprägt hatte? Es war mir nicht jederzeit bewusst, doch für alle Zeit unvergessen, und heute ist der Moment gekommen, da ich von neuem für einen wahrhaftigen Augenblick in diesem Erinnerungsbild existiere, da es mir wieder einmal seine Gültigkeit beweist. Heute sehe ich denselben Mond von einem anderen Platz aus wieder, heute erlebe ich dieselbe Schönheit in einer anderen Gestalt. Warum die längst vergangene Stunde gerade jetzt wieder auflebt, warum ich gerade heute hier bin und in diesem Moment meinen Blick zum Himmel gerichtet habe, ob es rein beiläufig geschah und genauso gut auch hätte unterbleiben können, oder ob es im Plan meines Schicksals längst vorgesehen war – darüber lässt sich allenfalls spekulieren.

Das Geheimnis der Schönheit ist ihr Sinn

Die Wiederkehr eines besonderen Augenblicks in meiner Erinnerung bezeugt dessen Wahrhaftigkeit, spricht für die tiefe Bedeutung, die er für mich gehabt haben muss und die sich in mir bewahrt hat, ganz unabhängig davon, was das womöglich noch in einem höheren Sinn bedeuten mag.

Jedes Nachdenken über das Sein wird unerheblich, solange uns das *Erlebnis des eigenen Daseins* wirklich erfüllt. Dessen wahrhaftigen Momente beanspruchen alle Aufmerksamkeit für sich, wir sehnen uns danach, in ihrer Schönheit zu leben und wollen sie nie mehr vergessen. Sie offenbaren ihren eigenen Sinn, nach dem wir nicht zu fragen brauchen, wenn wir sie nur bewusst wahrgenommen haben. Die Schönheit des Seins entzieht sich jeder Deutung und jedem Vergleich, sie genügt sich selbst, und ihr Geheimnis ist der Sinn, den sie uns in jedem Augenblick offenbart. Ob die eigene Existenz jenseits des eigenen Bewusstseins sinnvoll ist oder nicht, können wir nicht sagen – dass sie uns in jedem Moment, da wir die Schönheit erleben, sinnvoll *erscheint*, ist vollkommen sicher. Und daran können wir uns immer halten.

Schönheit und Verantwortung

Unsere Arbeit für die Schönheit beginnt erst jenseits des Notwendigen, mit dem wir umgehen müssen, um uns am Leben zu erhalten. Die Rahmenbedingungen unserer leibhaftigen Existenz haben wir uns nicht ausgesucht. Doch wir beide, die Schönheit und ich, ihr Sein und mein Bewusstsein von ihr, werden durch unsere Begegnung erst wahrhaft lebendig.

Unsere Arbeit an der Freiheit beginnt mit der Erkenntnis von deren grundlegender Bedingtheit und verwirklicht sich als *individuelle* Freiheit jedes Mal neu, sobald der Einzelne zugleich mit der Erfahrung einer bestimmten Situation auch bewusst die eigene Existenz darin wahrnimmt.

Freiheit ist die Schönheit eines menschlichen Daseins, das sich, seiner Grenzen bewusst, nach Selbsterkenntnis sehnt. Jeder Mensch möchte den Sinn seines Lebens begreifen und begegnet dabei immer wieder nur seiner Sehnsucht danach: Die Frage ist die Antwort, die Suche ist der Sinn, das Rätsel ist die Schönheit der Welt.

Jedes Mal, wenn wir eine Schönheit bejahen, übernehmen wir selbst die Verantwortung für ihre Gestalt: So wie wir sie heute in Erinnerung behalten möchten, wird uns die Schönheit morgen wiederbegegnen können, die Sehnsucht eines wahrhaftigen Augenblicks bleibt für immer lebendig, weil er in mir jederzeit wieder von seinem Geheimnis künden kann. Wie uns eine Melodie, der wir einmal ganz hingebungsvoll lauschten, auch Jahre später noch an ihren ersten Zauber erinnert.

Zwischen Freiheit und Notwendigkeit

Damit erscheint unsere Freiheit in ein Dilemma verstrickt: wenn wir zum einen selbst die Schönheit erst zur Geltung bringen – uns jedoch andererseits nur die Zustimmung bleibt zu etwas, das wir bereits vorfinden, das sich uns zeigt und geschenkt wird wie unser Leben. Wesentlich ist jedoch, dass wir bejahen *können* und es *freiwillig* tun, weil uns eine *wahrhaftige Schönheit* in unserem Dasein so tief berührt, uns so sehr aus dem Herzen spricht, dass wir ihr liebend gern für immer wiederbegegnen wollen.

Der Mensch existiert jederzeit inmitten dieser Spannung von Freiheit und Notwendigkeit. Natürlich muss er von schicksalhaften Vorbedingungen ausgehen, natürlich bestimmt das Sein der Welt die Möglichkeiten des Bewusstseins. Doch jeder Einzelne erhält gerade dadurch, dass er existiert, die Möglichkeit, sein eigenes bewusstes Selbst zu entwickeln: sich und seine Erfahrungen aufmerksam wahrzunehmen, darüber nachzudenken, was sie ihm bedeuten, und aus den wahrhaftig schönen Bildern seiner Erkenntnis das Universum seiner eigenen Existenz zu gestalten.

Die Frage nach dem letzten Sinn unserer Existenz lässt sich immer nur *subjektiv* beantworten. Ob und wie einem einzelnen der Sprung in die Freiheit gelingt und ob er schließlich zur Geborgenheit in sich selbst finden kann, ist nur *persönlich zu erleben.* Doch bereits durch *ein* tief berührendes Erlebnis wahrhaftiger Schönheit kann auf einmal alles verändert erscheinen.

Das Maß der Schönheit

In einer wahrhaftigen Erkenntnis, im Wahr-Bild ihrer Schönheit, können wir immer wieder das Maß und die Kraft für unseren eigenen Weg finden. Eine einzige Wahrheit ist genug, um ein Dasein zu führen, denn wenn es eine Wahrheit ist, werden wir uns ihrer immer erinnern können. Darin werden wir an die eigentliche Bestimmung unseres Daseins erinnert, und ihre Schönheit wird zur bestärkenden Kraft auf unserem Weg durch die Zeit.

Diesen lebenslangen Entwicklungsprozess hat Carl Gustav Jung als »Individuation« bezeichnet. »*Individuation bedeutet: zum Einzelwesen werden, und, insofern wir unter Individualität unsere innerste, letzte und unvergleichbare Einzigartigkeit verstehen, zum eigenen Selbst werden.*«[34] Dabei handelt es sich für Jung zugleich um einen Befreiungsprozess: »*Der Zweck der*

34 Jung, 1964

Individuation ist nun kein anderer, als das Selbst aus den falschen Hüllen der Persona einerseits und der Suggestivgewalt unbewusster Bilder andererseits zu befreien.«[35]

Hier wird vor allem *die zeitlose Dimension wahrhaftiger Schönheit* betont, in deren Gegenwart die Selbstwerdung des Einzelnen gelingt. Nicht die Dauer eines Lebens ist entscheidend für dessen Wahrhaftigkeit und nicht die Anzahl der Erkenntnisse für den Sinn menschlicher Existenz. Quantität kann kein Maßstab der Schönheit sein – sie ist, was sie ist, und sie ist mit nichts zu vergleichen.

Was wir als schön erleben, versuchen wir für uns zu bewahren, indem wir diesem Erlebnis unsere Aufmerksamkeit widmen. Wir können bei *einem* Anblick wahrhaftiger Schönheit verweilen, uns ganz auf diese besondere Erfahrung konzentrieren und möglichst alle störenden und ablenkenden Einflüsse ausschalten. Oder aber, wie bei einem Spaziergang, uns leiten lassen von einem Wunderbild zum anderen, den Kopf bald hierhin, bald dorthin wenden, um ja keinen der kostbaren Augenblicke zu verpassen, die wir unterwegs mit allen Sinnen wahrnehmen. Manchmal halten wir inne, um genau hinzusehen, um den Flug eines Vogels zu verfolgen oder den Duft einer Blüte zu atmen. Oder wir bleiben plötzlich wie angewurzelt stehen, weil eine Lichtung im Wald den überwältigenden Blick auf das Meer in der Ferne freigegeben hat. Ob wir unser Zimmer verlassen, um die Welt zu erleben, oder zu Hause bleiben, um uns in die Lektüre eines Buches zu vertiefen oder in vollkommener äußerer Ruhe den eigenen Gedanken und Tagträumen nachzuhängen – all dies macht keinen Unterschied, solange wir nur der Schönheit auf der Spur sind. Die Schönheit unserer Phantasie ist genauso wirklich wie die der Bäume vor unserem Fenster, wie das, was uns real widerfährt. Ein Film kann so wahrhaftig sein wie das Leben selbst, ein Gedicht kann uns berühren wie die Hand der Geliebten. Wenn nie mehr vergeht, an was wir uns erinnern können, dann existiert auch wirklich, was wir uns vorstellen können, was wir gleichsam nur mit dem geistigen Auge sehen. Was wir uns wünschen können, gehört uns in der Phantasie bereits, wonach wir uns sehnen, haben wir schon erreicht.

---

35 a.a.O.

Die Lüge des Kitsch

Ersetzt also der Schein die Wirklichkeit? Lässt sich das Leben auch mit Illusionen verbringen? Ist jedes Mittel recht, das uns Zuflucht verspricht? Keineswegs, verschwenden wir *um Himmels willen* nicht unsere Zeit damit!

Nie kann wahrhaftige Schönheit ein billiger Trost sein wie die Lüge des Kitsch, die uns selbst und die Welt vergessen lassen will. Schönheit bewahrt stets unseren notwendigen Abstand zur Welt, aus dem sie erst erlebbar wird. Unser Verstand kommt an Grenzen, die unsere sehnsüchtige Vernunft überwindet – das unergründliche Geheimnis des Seins und das Wunder der menschlichen Existenz, die es wahrzunehmen vermag. Im Angesicht der Schönheit empfindet der Einzelne wie in der Liebe die Größe und Tragik seines Daseins: mit dem Herzen alle Grenzen überwinden zu können und in der Unendlichkeit seiner Gefühle zu Hause zu sein – in Wirklichkeit jedoch weiterhin getrennt vom Anderen und der Welt im Körper seines einsamen Ich zu wohnen: *Das Gesicht auf der Leinwand. Unendlich fern und nah zugleich.*

Nur wenn es dem einzelnen Menschen gelingt, diese Spannung auszuhalten und diesen Gegensatz im Augenblick bewusster Erkenntnis anzunehmen (und gerade dadurch zu überwinden), wird ihm die schmerzlich schöne Wahrheit dieses Augenblicks im Gedächtnis bleiben – im Leben wie im Film.

Alle digital konstruierten Welten, die uns Illusionen von Schönheit und Liebe zu suggerieren versuchen, sind dagegen nur leblose, vorgefertigte Lügen. Ob Computer oder Roboter ihre automatischen Programme dabei bloß abspulen oder ob sie auf deren Niveau mechanistisch lernfähig sind (»künstlich intelligent«), bleibt sich gleich. Die Lüge macht den Menschen blind für die eigene Sehnsucht, in der er das Wesen und die Stärke seiner Existenz erst erfahren würde. Sie lenkt ihn ab von sich und nimmt ihn gefangen mit ihrer Illusion einer geschlossenen Welt, mit der geheuchelten Endgültigkeit einer Antwort, die das Dasein des Menschen widerspruchsfrei zu erklären versucht.

Der Lüge des Kitsch kommt es darauf an, dass sich zuletzt alle Fragen erübrigen und wir uns ihrer verlogenen Botschaft überlassen. Wir sollen wunschlos zurückbleiben und von unseren Fragen erlöst sein, geborgen in einem Trugbild des Glücks oder vermeintlicher Klarheit, das nur dazu dient, unsere Angst zu betäuben. Mag es auch bloß einen Moment lang wirken, für die Minuten eines Liedes oder für die Dauer eines Films, kommt uns die nächste Ablenkung immer schon entgegen. Das Internet hat sich schon nach kurzer Zeit als eine heillose Zerstreuungsmaschine herausgestellt, von Süchtigen für Süchtige konstruiert, die sich durch permanente Reizüberflutung über die eigene Abhängigkeit hinwegzutäuschen versuchen.

Die ästhetische Lüge benutzt unsere Sehnsucht, um sie zu verharmlosen, sie spinnt uns ein in ein künstliches Gewebe, das unterhalten will und jederzeit schnellen Trost verspricht. Unsere Angst verschafft ihr Erfolg, und das lässt diese Lüge gefährlich werden. Sie ersetzt die Suche nach einer eigenen Antwort und macht uns süchtig nach dem Kitsch ihrer Illusionen, die wir uns in immer höheren Dosen verabreichen müssen, damit wir nur ja keinen Blick hinter die Kulissen dieser Scheinwelt werfen, vor denen sich das inszenierte Leben abspielt – wie im genialen Film *Die Truman Show* von Peter Weir.[36]

Die Lüge erstickt jeden Widerstand bereits im Keim, sie lähmt unser Bewusstsein und nimmt unserer Sehnsucht das Ziel, weil sie sich als Wahrheit ausgibt und zu wissen behauptet, welcher Weg der richtige für uns sei. Die »Infokratie«[37] der sogenannten »sozialen Netzwerke« wirkt mit ihrem Dauerrauschen an Meinungen und Informationen wie eine permanente Verdrängungsmaschine der Todesangst, die sich tatsächlich aufgrund der Entfremdung vom eigenen Körper und von den leibhaftigen Beziehungen zu anderen Menschen täglich verstärkt. Bis zum Zusammenbruch – im Leben des einzelnen Süchtigen wie in den immer asozialer werdenden gesellschaftlichen Verhältnissen.

Lüge macht blind

Wenn wir einer Lüge glauben, glauben wir in Wahrheit an nichts und verbringen unsere Zeit in einem sinnlosen Vakuum. Ihre Bilder mögen uns unterhalten und zerstreuen, wie es in ihrer Absicht liegt. Weil wir die Lüge aber nicht *bewusst* wahrnehmen, sondern bloß von ihren Effekten benebelt sind, zielt ihre Wirkung auf unsere Instinktnatur, die ihr, noch ehe wir uns versehen, auch schon blind verfallen ist. Wir alle sind verführbar. Je größer unsere Angst, desto empfänglicher werden wir für die Versprechungen der Lüge. Je trostloser wir das eigene Dasein erleben, desto eher begnügen wir uns mit dem Trost der Illusion und flüchten uns in jeden betäubenden Rausch, der sich bietet. Die Spielarten des Kitsch, die Varianten der Ver-

36 vgl. Teischel, 2014, S. 115–118
37 Han, 2021

logenheit, sind so zahlreich wie die verschiedenen Auslöser unserer Angst. Auch wenn einer sich längst in der Lüge eingerichtet hat und scheinbar souverän deren Mittel benutzt, um anderen den gleichen Trost zu verschaffen, der einst ihm das Leben erleichtert hat, steht doch hinter jedem Wort und jeder Handlung noch immer dieselbe Angst vor der eigenen Existenz, die es in ihrer Not nicht länger erträgt.

Wer mit der Lüge aufgewachsen ist, wird auch weiterhin darin leben, solange er nicht unter Schmerzen aus ihrer Scheinwelt erwacht. Wer immer nur Kitsch konsumiert hat, wird auch nur Kitsch produzieren können. Wenn einer vorgibt, nur unterhalten zu wollen und vielleicht sogar gesteht, es einzig des Geldes wegen zu tun, ändert das nichts an dem verborgenen Motiv, das ihn treibt. Seine Angst ist nur soweit gedämpft, dass er mit ihr kokettieren kann.

Aufmerksames Dasein

Wer hingegen die Tatsache seiner Existenz bewusst erlebt hat, wer einmal erkannte, dass er mit seinem Leben auch das wunderbare Geschenk der Freiheit erhielt, der weiß um die Kostbarkeit jedes Augenblicks und sucht nach einem wahrhaftigen Ausdruck dafür.

Die Schönheit, die Menschen voreinander mit ihrem Dasein bezeugen können, wird immer eine *zerbrechliche* sein, jederzeit gefährdet durch unsere Angst und unsere Schwäche und doch zugleich erfüllt von dankbarer Zuversicht und einer aufrichtigen Liebe zum Leben. In jedem Moment, da uns wahrhaftige Schönheit begegnet, spüren wir zugleich, wie bedroht sie ist, wie schnell sie entschwindet, wenn wir unachtsam sind und ihr Bild nicht in unsere Herzen einlassen. Wahrhaftige Kunst erinnert uns jederzeit daran. Wahrhaftige Schönheit gibt sich nicht spektakulär wie die Lüge, der jedes Mittel recht ist, um ihre Wirkung zu erzielen. Sie kommt eher leise und behutsam daher, bleibt verborgen und scheu wie ein Vogel im Gebüsch des Alltäglichen. Und wenn wir nicht genau hinsehen, um sie darin zu entdecken, wenn wir nicht aufmerksam und empfänglich für jede Einzelheit an ihr bleiben, für jeden Ton und jede ihrer Farben, dann werden wir sie leicht übersehen, dann wird das Leben für uns nicht in ihrem Glanz erstrahlen.

Wir können unser Dasein auch ohne den Anblick des Schönen verbringen, es genügt, wenn wir im Bewusstsein unserer selbst existieren und wissen, was wir zu tun haben – doch erst im bewussten Erlebnis wahrhaftiger

Schönheit werden wir eins mit der Welt und bejahen unser gemeinsames Bild für die Ewigkeit, das in der Schönheit zum Ausdruck kommt und von uns wahrgenommen werden kann.

Traumhafte Schönheit

Wir begreifen intuitiv, dass uns das Leben geschenkt ist, um darin Schönheit zu erkennen. Und dass wir nur existieren, weil das Wunder einer unbegreiflichen Liebe diese Schönheit und uns hervorgebracht hat. Die Liebe, die wir zur Schönheit empfinden, ist zugleich Ausdruck unseres Berührtseins von der Schönheit in der Welt, deren Anblick uns zu uns selbst befreit und die Grenzen von Zeit und Raum überwinden lässt. Auch wenn uns schon im nächsten Moment wieder die Realität einholt, uns verstrickt in die Anforderungen alltäglicher Routine, zum bloßen Reagieren zwingt und aufs Neue den Hässlichkeiten eines entfremdeten Lebens ausliefert, wenn wir in Angst und Lüge zu ersticken drohen – dann hat doch trotzdem jeder Augenblick wahrhaftiger Schönheit eine grenzenlose Bedeutung jenseits der Zeit. Sie trägt ihren Sinn in sich selbst und existiert geheimnisvoll in der Welt, jenseits aller Wertmaßstäbe, nach denen Menschen sie beurteilen wollen, unabhängig von jedem Zweck, zu dem Schönheit missbraucht wird. Die Schönheit ist wie ein Traum, den wir haben können, ohne ihn zu verstehen, der uns seine Bilder offenbart, ohne uns zu erklären, was sie mit unserem Leben zu tun haben. Wir erinnern uns am Morgen darauf an die Traumbilder der vergangenen Nacht und ahnen, dass gerade sie ein Geheimnis unserer Existenz bezeugen. Ein verheißungsvoller Traum muss seine Wirklichkeit nicht beweisen. Wir erinnern uns an ihn und erleben in seinen Bildern eine phantastische Welt hinter der sichtbaren, die unserem bewussten Einfluss entzogen scheint. So wie die Schönheit ohne Grund einfach da ist, so wie der Mensch existiert, um sie zu sehen, so wunderbar und rätselhaft verkünden auch unsere Träume immer wieder eine Wahrheit jenseits von Zeit und Raum, ein ewiges Licht in der Finsternis, ein Paradies erfüllter Wünsche.

Wir kennen den Weg nicht dorthin, wir finden keine Tür ins Reich der Glückseligkeit des Traumes, so wenig wie wir uns vornehmen können, was wir träumen wollen. Doch wenn wir auch nur für einen einzigen Augenblick ins Antlitz einer traumhaften Schönheit schauen konnten, wenn uns einmal nur eine Liebe widerfahren ist, von der wir uns gemeint fühlen konnten, werden wir ihrem Traum für immer folgen. Der Traum sagt uns: Es gibt unsere Sehnsucht und unsere Phantasie, wir sollen sie ernstnehmen und bewahren – wir können unser Leben davon leiten lassen.

Das eigene Selbstbewusstsein beweist jedem einzelnen Menschen, dass er zur Phantasie begabt ist und frei genug, sich von seiner Sehnsucht leiten zu lassen. Wahrhaftige Schönheit offenbart ihm den Sinn seiner Existenz. Sie verdeutlicht dem Menschen in jedem Augenblick, da er sie bewusst wahrnimmt, warum sein Leben sich lohnt: dass es ihm geschenkt wurde, um das Wunder seines Daseins zu erleben und sich und die Welt für immer auf dieses unbegreifliche Geheimnis beziehen zu können. Anzusehen, was schön anzusehen ist, zu denken, was ihm angemessen erscheint und zu tun, was für immer getan werden sollte. In allem so zu sein, wie es ewig bleiben müsste. Von nichts anderem handelt letztlich der Film *Arrival*: von der *Ankunft* wahrhaftiger Schönheit und solidarischer Liebe über Zeit und Raum hinweg.

Schönheit als zeitlose Inspiration

Wir brauchen Ruhe und Zeit, um die Schönheit in unserem Dasein zu empfinden, sie aus dem Abstand der eigenen Existenz zu betrachten und nach ihrem Sinn für uns zu fragen. Doch sind wir von Schönheit inspiriert, wollen wir auch etwas tun in der Welt, wollen uns bewegen in ihr und sie mitgestalten, dazu beitragen, das Leben zu erhalten, die Not abzuwehren und unnötiges Leid zu vermeiden.

Jede Arbeit von Menschen, die in irgendeiner Form das Ziel hat, die Schönheit in der Welt zu bezeugen oder die Voraussetzungen zu schaffen, die ihr Erlebnis überhaupt erst ermöglichen, ist sinnvoll und selbst ein Abbild dieser Schönheit. Eine Schönheit, die jedem Menschen ein eigenes Paradies verheißt, die ihm den Weg weist in die persönliche Ewigkeit seiner Wünsche und ihm Bilder offenbart, die den Himmel dieser Wünsche für immer zieren werden. Sofern uns alle die Sehnsucht nach der Schönheit leitet, werden wir einander an ihren wahrhaftigen Bildern wiedererkennen, denn mögen es auch für jeden andere sein, zeigen sie doch alle das gemeinsame Motiv ihrer zeitlosen Schönheit. Im Himmelskino laufen nur noch wahrhaftige Filme.

Was für immer bleibt

Was wir bewusst als schön erleben, möchten wir für immer bewahren. Es soll zu uns gehören, auch wenn wir nicht in seiner Nähe sind. Wir wollen es nicht mehr vergessen und uns jederzeit daran erinnern können, damit es uns womöglich beglückt wie beim ersten Mal.

Vielleicht verstehen wir später nicht mehr, warum uns ein Bild so gut gefiel, und sicher vergessen wir manches von dem, was uns vor Jahren zu Tränen rühren konnte. Doch immer wieder erfahren wir auch, dass eine frühere Begeisterung in uns noch genauso lebendig ist. Plötzlich kann uns wieder klar vor Augen stehen, was wir nur im Vorübergehen bemerkt haben, erinnern wir uns an ein Gesicht in der Menge, summen eine Melodie, ohne zu wissen, woher sie stammt, kommt uns eine Textzeile erneut in den Sinn, begegnen wir im Traum einer Liebe wieder, die wir längst verloren glaubten.

Und immer erleben wir dabei, dass es eine besondere, unauslöschliche Verbindung mit diesen wahrhaftigen Momenten geben muss. Dass etwas an ihnen diesen bleibenden Eindruck in uns hinterlassen hat, der so unvermittelt wie aus dem Nichts wieder auferstehen und die gleichen intensiven Gefühle wachrufen kann. Als ob es gerade erst geschehen wäre, sind wir aufs Neue ergriffen und bejahen einen traumhaft schönen Augenblick, als lebten wir noch in seiner Gegenwart. Er war eben nie unwiederbringlich verloren, sondern nur zurückgestellt, aufbewahrt in den tieferen Regionen unseres Bewusstseins, um Zeit und Raum für andere Wunder zu schaffen.

So wie die Schrecken der Vergangenheit aus dem Bewusstsein weichen können, damit wir der Welt wieder offen begegnen, es ein Segen ist, vergessen zu können, was uns gequält und gedemütigt hat, so ist es zugleich eine Gnade, wenn uns die Sehnsucht nach dem Schönen nicht verlässt. Wenn wir erinnern können, was uns beglückt hat, und wir an unserer Erinnerung immer wieder von neuem erleben, welche Schönheit uns leitet, welche Wahrheit uns trägt und am Leben hält.

Die Schönheit des Wahrhaftigen

Manchmal gräbt sich auch eine frühere Verzweiflung so tief in uns ein, dass sie uns nicht mehr aus dem Gedächtnis unseres Körpers geht, dass wir wieder dieselbe lähmende Ohnmacht empfinden können und darin zu versinken drohen, sobald uns irgendein unvorhersehbarer Anlass – ein Blick, eine

Musik, ein Traum – an das erlebte Elend erinnert. Immer sind wir dann herausgefordert, unser Unglück erneut zu bedenken, in der erinnerten Gegenwart seiner schrecklichen Auswirkungen wieder nach den Ursachen zu fragen und endlich zu begreifen, was uns einst so weit von uns selbst entfernt hat. Blankes Entsetzen nimmt uns das Bewusstsein und verstellt jeden Blick für die Schönheit. Erst wenn wir eine schreckliche Erinnerung im Zusammenhang unserer Lebensgeschichte verstehen und in der Lage sind, sie mit dem Wunder des bewussten Selbstseins zu verbinden, kann sogar die Wiedererinnerung eines Traumas zu einer Quelle der Zuversicht werden.

Die gemeinsame Aufarbeitung der traumatischen Ereignisse in der Familiengeschichte der Sheridans ist der konkrete Ausdruck eines solchen Wunders: Wie die solidarische Erinnerung an die schrecklichen und schönen Momente der Vergangenheit im Lauf der Verwirklichung ihres Filmprojekts zum einen die wachsende Entfremdung der Familie überwindet und dabei allen an diesem Filmkunstwerk beteiligten Personen die Würde ihrer eigenen Geschichte bezeugt. In der Würde, mit der ein Mensch sein Leiden erträgt – oder ein Schauspieler es glaubwürdig verkörpert –, kommt dessen zeitlose Schönheit zum Ausdruck.

Einander zur Schönheit ermutigen

Wahrhaftige Schönheit in der Welt zu entdecken und in sich zu bewahren, wird zur eigentlichen Lebensaufgabe der menschlichen Existenz. Nicht als Selbstzweck, sondern als das Ziel all unseres bewussten Bemühens, uns und die Welt für die Ewigkeit vorzubereiten.

Was soll das heißen? Es bedeutet, dass wir nur im Angesicht wahrhaftiger Schönheit das Empfinden und die Erkenntnis eines sinnvollen Daseins haben können. Erst aus dem andächtigen Abstand unserer Verehrung wahrhaftiger Schönheit können wir begreifen, wonach wir uns wirklich sehnen und was wir für immer bewahren wollen. Deshalb werden wir dafür Sorge tragen, dass die Distanz unseres sehnsüchtigen Bewusstseins nicht nur für uns selbst erhalten bleibt, sondern dass sie auch jedem anderen Menschen ermöglicht wird. Wir arbeiten für die Bewahrung des Schönen in der Welt und in unserem eigenen Dasein, wir teilen den anderen unsere Erlebnisse mit und antworten der Liebe, die uns selbst zuteilwurde.

Ob wahrhaftige Schönheit tatsächlich für immer gilt, ob die Welt sich weiterdreht und jeden Morgen ein neuer Tag beginnt, auch wenn wir längst gegangen sind, ob etwas von uns weiterlebt, können wir nicht vorhersehen. Doch wenn es so wäre – und alles in uns verlangt danach –, dann tun wir gut daran, uns auf die Schönheit zu besinnen, darauf zu achten, wo und wann sie uns begegnet, und bei allem, was wir denken und tun, ihrem Maß zu folgen. Es zieht uns wie von selbst in Richtung wahrhaftiger Schönheit, doch oft ist unsere Angst so groß, dass wir den Glauben an sie zu verlieren drohen. Dann kann es ein wunderbarer Trost und eine Hilfe sein, wenn wir einander zur Schönheit ermutigen. Allein solcher Absicht verdankt sich dieses Buch.

In *Arrival* schreibt Louise Banks ein Buch über die Sprache der »Heptapoden«, nachdem sie deren geheimnisvoll schöne Schrift zu entziffern gelernt hat. Von da an will sie der Menschheit vermitteln, dass die keine Angst vor dem Fremden zu haben braucht. Alle Lebewesen sind für immer und ewig auf der Suche nach sich selbst und dem Anderen. In dieser Sehnsucht liegt die wahrhaftige Schönheit – die schöne Wahrhaftigkeit – des Seins. Es gibt letztlich keinen Tod – kein »Nichts« –, sondern nur einen endlosen Kreislauf des Lebens. Das ist die zutiefst tröstliche Botschaft von *Arrival.*

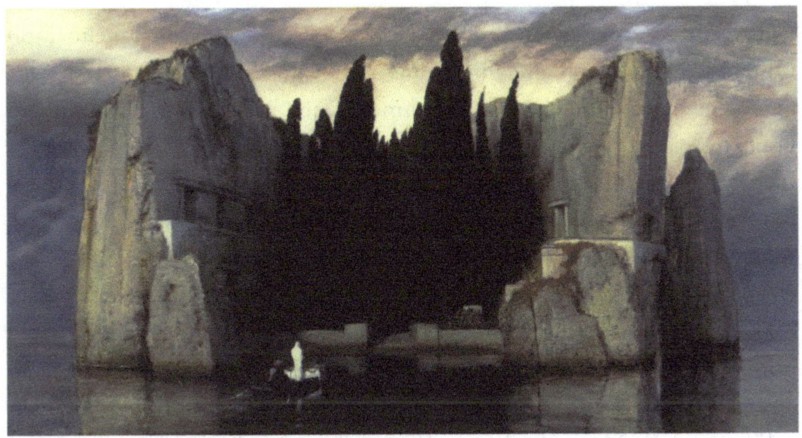

Abb. 14: Arnold Böcklin, Die Toteninsel, 3. Version

Unsterbliche Kunst

Wie alle anderen begebe auch ich mich jeden Tag von neuem auf die Suche nach einem gültigen Moment, versuche das Richtige zu tun und das Falsche zu lassen, kann mich beruhigen in der Natur oder werde besänftigt vom Anblick eines schönen Gesichts.

Doch nichts kann je so erfüllend sein, nichts so meinen Glauben stärken und die Hoffnung beflügeln wie das Erlebnis dieser zutiefst menschlichen Sehnsucht nach wahrhaftiger Schönheit – unser Bemühen und unsere Fähigkeit, ihr Ausdruck zu verleihen. Nichts bezeugt mir in gleicher Weise unser unsterbliches Wesen wie die eigene Kreativität und die Kunst der Anderen: Wenn mir ein Satz gelingt, der trifft, was ich sagen will, oder mir das Kunstwerk eines Anderen offenbart, dass wir alle Geschwister sind – weil ich in seiner Freude und seiner Traurigkeit dasselbe Wunder des Lebens wiedererkenne. Als ich zum ersten Mal in der Alten Nationalgalerie in Berlin vor der *Toteninsel* von Arnold Böcklin gestanden bin, wünschte ich mir einen Moment lang, für immer in diesem Bild sein zu können, meine letzte Ruhestätte darin zu finden und nie mehr etwas anderes zu erleben als diesen erschütternd schönen Augenblick beim Erkennen dieses Bildes.

Erzählen wir also einander unsere schrecklich schönen Träume und Phantasien, beschreiben wir unsere Sehnsucht und teilen wir anderen unsere zeitlos schönen Erinnerungen mit, in denen für uns eine Wahrheit des Menschseins sichtbar wurde – im Leben wie im Kino. Wenn wir wirklich genau sind in unserem Ausdruck, wenn wir es wirklich ehrlich meinen mit unserer Begeisterung, dann wird es uns auch gelingen, einen anderen für die Schönheiten unseres Lebens einzunehmen. Dann wird er zumindest *erahnen* können, was uns an einer Landschaft so fasziniert, auch wenn er sich in ihr nicht zu Hause fühlt. Und womöglich wird er sie sogar eines Tages mit unseren Augen sehen können und sie mit der gleichen Leidenschaft bewundern, sobald er sich wieder an unsere erinnert. Die Sehnsucht der Karen Blixen, die erst später, *jenseits von Afrika*, aufzuschreiben begann, was ihr diese Wahlheimat wirklich bedeutet hat – womit sie in der Weltliteratur bleibende Spuren hinterließ –, konnte sich Jahrzehnte später mit meiner eigenen Sehnsucht aus Kindertagen verbinden. Und sie hat mich bis in ihr dortiges Farmhaus geführt und die Magie der Ngong-Berge leibhaftig erleben lassen.

In ähnlicher Weise wird es für einen anderen Menschen nachzuempfinden sein, warum wir dieses bestimmte Bild, diese Musik oder dieses Gesicht so sehr lieben, und er wird der wahrhaftigen Schönheit in unserem Leben voller Respekt begegnen, auch wenn seine eigene Liebe anderem gilt.

Wahrhaftige Schönheit ist unvergleichbar

»Lieblingsbilder«, »Lieblingslieder« oder »Lieblingsbücher« sind immer nur schwärmerische Zuschreibungen, die sich im Laufe eines Lebens oftmals ändern können. Doch wenn unsere Liebe aufrichtig gewesen ist, werden wir uns jederzeit gern daran erinnern, und sie bleiben gültige Zeugnisse der Schönheit für uns – *Seelenspiegel.*

Deshalb ist es auch nie vergeblich, von der Schönheit zu reden, es kann keinen Schaden anrichten, sondern allenfalls unverstanden bleiben. Wahrscheinlich stiftet es zum Guten an. Denn jede Schönheit, die ein anderer Mensch glaubhaft bezeugt, gibt womöglich auch uns einen weiteren Grund, das Leben zu lieben, schenkt uns ein weiteres Bild für die Ewigkeit. Dabei kommt es niemals auf die Menge der Erinnerungen an oder die Länge des Lebens, sondern immer auf die *wahrhaftige Bedeutung*, die unsere inneren Bilder für uns haben.

Nie wird es zum Selbstzweck, neue Erlebnisse wahrhaftiger Schönheit zu haben – seit wir je in einen Anblick so versunken waren, dass wir die Welt ringsum dabei vergaßen. Dieser Mensch, dieses Bild, dieser Film gehen uns nicht mehr aus dem Sinn, und solange die Erinnerung in uns lebendig bleibt – und sie *wird* weiterleben, wenn es uns ernst gewesen ist –, interessiert es uns überhaupt nicht, ob ein anderer Mensch, ein anderes Bild, ein neuer Film vielleicht ähnliche Empfindungen in uns auslösen könnten, oder ob wir von deren Schönheit womöglich intensiv wie noch nie ergriffen würden. Es wäre in jedem Fall etwas ganz Anderes, nicht zu vergleichen mit dem Bisherigen, dessen Schönheit für sich gilt und ihren Wert nicht erst im Unterschied zu einer anderen Schönheit erhält. Sonne und Mond sind unvergleichbar und gelten, was sie sind. Jeder in diesem Buch betrachtete Film steht für sich selbst – und die konkrete Bedeutung, die er für mein Leben gehabt hat und haben wird.

Nützlichkeitsdenken oder Effektivität haben mit wahrhaftiger Schönheit nichts zu tun. Ob ein Mensch schöner, ein Bild kunstvoller oder ein Film unterhaltsamer ist, mag für die profitsüchtige Mode-, Kunst- oder Filmindustrie eine Rolle spielen, die ihren Erfolg an vorgegebenen Kriterien misst. Die zu jeder Lüge bereit ist, wenn sich nur genug Verblendete finden, ihr zu folgen. Doch die wahrhaftige Schönheit eines Menschen, eines Gemäldes, eines Films, die uns auf ihre eigene, einmalige Weise eine Wahrheit über unsere Existenz offenbaren, kann eine derart oberflächliche, materialistische Perspektive gar nicht erreichen.

Solange quantitative Kriterien gelten, nach denen wir vergleichen und messen können und einem Sinnesreiz zugunsten eines anderen den Vorzug geben, werden wir von Physiologie und Machtansprüchen beherrscht: Geschmacksnerven und Triebimpulse treffen ihre instinktiven Entscheidungen, erfolgreiche Strategien behaupten sich.

Schönheit, die mich meint

Wahrhaftige Schönheit trägt ihren Wert in sich und stellt nie vor eine Wahl. Sie ergreift uns unmittelbar, wenn wir ihr begegnen – wir haben das Gefühl, als gehörte sie schon immer zu uns. Denn wir erkennen in ihren Bildern unser eigenes Dasein wieder.

Die platonische Idee von der Erkenntnis als Wiedererinnerung zielt auf diese spirituelle Verbundenheit mit einer *wahrhaftigen Schönheit, die mich meint*. In der ich spüren kann, dass mir mit der Möglichkeit meiner bewussten Existenz in der Welt zugleich eine unvergängliche Liebe zuteilgeworden ist. Als deren lebendiger Ausdruck bin ich jederzeit so »objektiv« in der Welt wie ein Stern im All oder eine Welle im Ozean. *Subjektiv* hingegen, als dieses Individuum, bin ich potentiell unsterblich: Indem ich als dieser konkrete einzelne Mensch existiere, der die bewusst erkannte Schönheit für immer in seiner Seele bewahren kann.

Wir erfahren uns selbst in vielen Gestalten, und so kann uns auch die Schönheit jeden Tag aufs Neue in einer nie gekannten Form erscheinen. Wir müssen nur das Haus verlassen oder unseren Blick in eine andere Richtung lenken, ein Buch aufschlagen und darin zu lesen beginnen, das Radio einschalten oder ins Kino gehen – schon kann uns ein neues Wunder geschehen. Doch wir können das Erlebnis wahrhaftiger Schönheit nicht erzwingen oder herstellen. Wenn sie sich nicht von sich aus zu erkennen gibt, hat sie für uns keinen Sinn. Auch Sinn lässt sich nicht »machen« (wie heutzutage inflationär formuliert wird), er kann uns nur erkennbar werden, weil er *ist* und sich zeigt. Aufmerksam zu existieren, bereit zu sein für die Offenbarungen der Schönheit, guten Willens, ihr zu folgen und ihr womöglich Ausdruck geben – darin allein liegt unsere existenzielle Bestimmung. Wahrhaftige Schönheit liefert uns ihre zeitlosen Bilder. Wir brauchen sie gleichsam nur noch aufzubewahren im Album unseres Herzens, zur bleibenden Erinnerung an den wunderbaren Augenblick ihrer Erkenntnis.

Im Anderen die Welt umarmen

Die Bilder eines Anderen können uns wie noch nie aus dem eigenen Herzen sprechen und so für immer auch zu einem Ausdruck unserer Wahrheit werden.

Es bleiben *seine* Bilder, *seine* Erinnerungen, so wie dieser andere *seine* Existenz besitzt. Wir *wissen* nichts von der konkreten Bedeutung, die diese Bilder für ihn haben, so wenig wie er unser Leben angemessen verstehen kann. Doch wenn wir seine Begeisterung spüren, während er sie uns zu beschreiben versucht, wenn für uns sichtbar wird, wie sehr ihn bewegt und erfüllt, was er für uns ausdrücken möchte – in seinen Worten, in seinen Gesten, in seiner Musik oder in seiner Malerei –, dann bekommen wir eine Ahnung von seiner Seele und verbinden uns im Geiste des Schönen mit ihm.

Jeder lebt in seinen eigenen Erinnerungen der Schönheit. Jeder schafft mit dem, was er bejaht, den Kosmos seiner persönlichen Existenz und empfindet sich dabei doch vereint mit allen anderen, die von derselben Sehnsucht geleitet sind. Gemeinsam begreifen wir das Schicksal unseres Daseins, das uns nicht nur die Freiheit der Erkenntnis gewährt, sondern auch die Kraft einer Liebe schenkt, in der wir im anderen zugleich die Welt umarmen. Wir werden den Anderen nie ganz erreichen können und immer den Abstand der eigenen Seele wahren, aus dem eine Erkenntnis erst zu unserer eigenen wird. Und wir werden das Geheimnis unserer persönlichen Erinnerungen als den unersetzlichen Schatz der eigenen Freiheit hüten.

Unsere Sehnsucht nach wahrhaftiger Schönheit transzendiert zugleich jeden wahrhaftigen Augenblick, in dem sie sich offenbart, ins Unendliche. Und im gemeinsamen Erleben zeitloser Schönheit werden wir alle potentiell unsterblich: in unserer Sehnsucht, dass sich der Zauber eines bestimmten Moments für immer bewahren lässt, wenn wir ihn zutiefst bejaht haben und seither im Herzen tragen. Dass zum Beispiel zwischen dem Ausdruck einer Schauspielerin und der Aufmerksamkeit eines Betrachters im Kinosaal ein Funke überspringt, der so nur zwischen diesen beiden in diesem einmaligen Augenblick möglich gewesen ist und für immer gilt. Ob die beiden zu Lebzeiten je voneinander – und vom spirituellen Sinn ihrer einmaligen Begegnung – erfahren oder nicht, ist dabei nicht wesentlich. Entscheidend ist, dass sie stattgefunden hat und beide auf eigene Weise daran beteiligt waren.

Indem wir einander zugetan sind, sorgt nicht nur jeder für die Fortdauer seiner eigenen Wirklichkeit, sondern rettet zugleich auch das Wesen des anderen vor dem Vergessenwerden.

Wir tragen daher die Verantwortung nicht nur für die eigene Ewigkeit, wir können auch die Leben anderer in uns bewahren, indem wir uns auf das Wunder ihrer Existenz besinnen. Es genügt schon, ihre Dauer zu wünschen, um sie dem Nichts zu entreißen. Wir brauchen sie bloß zu lieben, um für immer mit ihnen verbunden zu sein.

Liebe und Selbstliebe

Mein Leben ist nicht das eines anderen, ich kann ihn so wenig wie mich selbst vor dem Sterben bewahren, ich kann ihm weder sein Glück noch seine Verzweiflung abnehmen und sein Ich nicht durch meines vertreten – *der Sinn unseres Daseins liegt einzig im Wunder der eigenen Existenz.*

Und doch schenkt uns zuerst und zuletzt die *Liebe* den Mut, an uns selbst zu glauben, bedürfen wir der Zuversicht, um unserer eigenen Kraft zu vertrauen, könnten wir nicht leben ohne den Blick des Anderen. Sein Blick ist Symbol für die notwendige Nähe. So wie das Sehen des Anderen schon in der Bibel dessen liebendes »Erkennen« meint. Wenn wir niemals gesehen würden, wüssten wir nicht, wer wir sind. Wenn ein Kind keine liebevolle

Beachtung findet, stirbt es nicht nur am physischen Mangel. Dieses Naturgesetz der Menschlichkeit macht eine solidarische Nähe zur Bestimmung unserer Gattung als Menschheit.

Wir sollen offenbar aufeinander angewiesen sein und können doch erst aus dem Abstand des eigenen Selbstbewusstseins das Wunder der fremden Existenz begreifen. Wir sind ein Teil der Welt und das Kind unserer Eltern und Vorfahren – doch wir erkennen diesen Zusammenhang bewusst erst aus der Ferne unserer inneren Heimat. Zeitlebens bleibt unser Verhältnis zu anderen Menschen ambivalent, lässt sich unsere Entfernung nur im Bewusstsein, nicht aber tatsächlich überwinden. Dabei versucht unser Denken paradoxerweise den Konflikt wieder auszugleichen, den es selbst gerade hervorgerufen hat, will es die Kluft überbrücken, die sich durch die eigenen Fragen und Zweifel erst aufgetan hat.

Solche Widersprüche werden zum eigentlichen Impuls der Selbstfindung des Menschen: vom Instinktwesen zur bewussten Existenz, die ihre eigene Bedeutung und die der anderen potentiell in jedem wahrhaftigen Augenblick zu erkennen vermag und sich daran auch jederzeit wiedererinnern kann. Unsere Einsamkeit scheint für unsere Entwicklung ebenso notwendig zu sein wie unsere Sehnsucht nach Verbundenheit. In einer späten Erzählung von Albert Camus – *Jonas oder der Künstler bei der Arbeit* (1966) – findet sich an der Wand der Kammer, in der Jonas gelebt hat, ein französisches Wort geschrieben, in dem ein einziger Buchstabe den Unterschied ausmacht. Und gerade dieser Buchstabe ist nicht mehr zu entziffern. War das die Absicht des Künstlers? Heißt es *Solitaire* oder *Solidaire* – Einsam oder Gemeinsam? Tatsächlich kann uns das Bewusstsein der eigenen Freiheit ebenso beglücken wie die Liebe eines anderen – ist die Selbstliebe für unsere Erfüllung so wesentlich wie die Liebe.

Die Ewigkeit des Augenblicks

Die Wiederkehr des eigenen Schönen im Dasein eines Anderen, das eigene Glück im Antlitz eines Fremden kann uns bezeugen, dass wir uns das Wunder nicht bloß eingebildet haben. Die wahrhaftige Schönheit des Anderen existiert so gewiss wie wir selbst und ist durch ihn zum Greifen nah: Wir hören seine Melodie wie unseren Herzschlag, wir lesen seine Worte als Erinnerung an eine vergessene Wahrheit des eigenen Lebens, wir betrachten sein Bild wie aus einem Traum und sehen sein Gesicht als einen Spiegel unserer

Seele. Dabei muss dieser Andere nicht in unserer Nähe sein. Er muss uns nicht kennen und auch nicht persönlich gemeint haben, mit dem, was er zum Ausdruck bringt. Er kann in einem fernen Land leben oder längst verstorben sein – uns genügt das Zeugnis seiner Existenz, um diese im eigenen Bewusstsein wiederauferstehen zu lassen. Darin eben offenbart sich wahrhaftige Liebe: dass der Andere nicht bei uns sein muss, um ihn spüren zu können, dass wir an ihn denken können, ohne ihn zu sehen, dass wir zusammengehören, auch wenn er nichts davon weiß.

Dieses eine schöne Gesicht in der Menge, dessen sehnsüchtiger Blick in meine Richtung mir für diesen einen Moment vom Geheimnis der menschlichen Existenz zu künden scheint, wird mir in der Erinnerung immer wieder begegnen können. Sein Zauber lebt in mir fort und könnte sich allenfalls wandeln, nachdem wir *beide einander erkannt* haben. Wenn das fremde Gesicht gleichsam zu meinem eigenen wird, wenn wir nicht länger mehr nach dem Geheimnis des Augenblicks fragen, sondern *wissen*, wer wir sind. Doch wird das je geschehen? Es lässt sich vom Hier und Jetzt aus nicht vorhersehen. Und es ist ebenso unerheblich wie die Möglichkeit, dass es statt dieser einen noch eine andere Schönheit gibt – oder irgendwo im Weltall noch einen ähnlich wundervollen Planeten wie die Erde.

Solange wir diese eine wahrhaftige Schönheit täglich vor Augen haben können, solange uns aus dem Antlitz einer Unbekannten dieses rätselhafte Leben so wundersam entgegenstrahlt, wird darin jede Frage zu einer möglichen Antwort – finden wir bereits in unserer *Sehnsucht nach Erkenntnis* ein Maß, an das wir uns halten können.

Was wir spüren können, ist die ungeheure Bedeutung dieses besonderen Augenblicks, der uns so tief berührt und wachgerufen hat, dass wir wünschten, er möge ewig dauern und nähme uns für immer mit in diese andere Welt, aus der er zu uns herüberkam. Wir möchten uns in seinem Wahr-Bild verlieren, uns auflösen im Zauber dieser Schönheit und nur noch in ihr leben – und empfinden dennoch im nächsten Moment schon wieder das Schwergewicht der eigenen Existenz, die dem Anderen fernbleiben und weiterziehen muss. Die Fremde geht vorüber, der wahrhaftige Augenblick unserer Begegnung ist im Nu wieder vorbei, und doch ist sie seitdem zu einem Teil meines Lebens geworden. Ihre Schönheit wird in mir fortdauern, weil ich mich an sie erinnern kann. Es gab sie auch ohne mich, vorher und nachher, sie ist, was sie ist, auch wenn ich nicht an sie denke. Doch sie wird erneut zu dieser bestimmten, einmaligen Schönheit meines Lebens, wann immer ich mich auf sie besinne.

Es war an einem Frühjahrsmorgen 1977 in Hannover, als mir beim Hinaustreten auf die Straße, im Gedränge der Passanten, dieses unbekannte schöne Antlitz entgegenstrahlte und mir zu gelten schien. Und wenn ich nie mehr etwas anderes so Schönes erleben würde, wenn mir nichts in Erinnerung bliebe als dieser eine Augenblick meines Daseins, dieses eine wahrhaftig schöne Gesicht in der Menge, das ich künftig für immer so wie damals ansehen dürfte – dann wäre es genug, mich unsagbar glücklich zu machen.

Zeitlose Liebe

Wir existieren vom Anderen getrennt und sehnen uns zeitlebens danach, diesen Abstand zu überwinden. Doch zugleich können wir den anderen überhaupt nur lieben, *weil* er von uns entfernt ist, weil er der Andere bleibt, nach dessen Nähe wir uns sehnen. Sogar in der intimen körperlichen Nähe zu einem Anderen, mit dem wir unser Leben teilen, erhält sich dieser unüberwindbare existenzielle Abstand.

Vereint sind wir immer nur im Augenblick der Erkenntnis, da wir begreifen, dass wir derselben menschlichen Herkunft sind – vereint im Geist unserer Sehnsucht nacheinander als nach der leibhaftigen Schönheit des Lebens. In diesem Bewusstsein sind wir befreit von Raum und Zeit, von der Grenze unseres Körpers und unserer Vergänglichkeit – was spricht dagegen, dass wir jenseits dieser Grenzen einmal auch mit Leib und Seele dauerhaft vereint sein werden?

Kein Augenblick wahrhaftiger Liebe geht verloren, er überdauert die Zeit und träumt sich weiter, bis er uns wieder erscheint. Wenn wir die Liebe auch nur einen Augenblick lang wahrhaftig empfunden haben, so werden wir diesem Augenblick treu bleiben. Was wir einmal geliebt haben, gilt für immer, unsere Liebe kann den Anderen verewigen, wir werden uns wiedersehen. Nur die Liebe dauert, nur das Gute bleibt bestehen.

Jenseits der Gewalt

Hass tilgt alle Schönheit, Gewalt verdunkelt unsere Erinnerung – beides kann uns das Leben zur Hölle machen, doch im Bewusstsein gültiger Wahrheit wird beides keine bleibenden Spuren hinterlassen.

Hass und Gewalt sind so blind wie Hunger und Durst, Triebimpulse einer schwachen, leidenden, abhängigen Kreatur. Auch sie gehören zur Wirklichkeit des Lebendigen wie das Feuer und die Flut. Doch zu einer Wahrheit menschlicher Existenz werden sie erst *im Bewusstsein ihrer Bedeutung* – wenn wir die *Ursachen* für Hass und Gewalt erkennen und begreifen, wie sie mit unserer *Angst* zusammenhängen. Dadurch werden sie zum Ausdruck derselben Lebenskraft, zum verzweifelten Impuls derselben Energie, die auch die Schönheit empfängt und hervorbringen kann. Im Verstehen des Schreckens verwandelt sich seine Wirkung. Der Hass löst sich auf, die Gewalt vergeht, der Schmerz schwindet – das Elend wird begreifbar und bezeugt ebenso das Rätsel unseres Seins wie unsere Sehnsucht nach dem Schönen.

Überlegen wir uns also, was wir denken und tun, und hüten wir uns vor Empfindungen und Situationen, die unsere Selbstfindung beeinträchtigen, die uns ablenken und nur noch auf Reize reagieren lassen. Denn dabei verschwenden wir unsere Zeit im Grunde mit nichts und bringen uns währenddessen selbst um eine schöne Erinnerung. Wir können nicht vorhersehen, in welche Ecke uns das Leben zu treiben vermag, welcher Not und welchem Schmerz wir ausgesetzt sein werden und wie wir uns unter Gefahr verhalten. Doch jedes Mal wieder, wenn wir in einem Augenblick der Freiheit zur Besinnung kommen, können wir uns fragen, welcher Situation wir uns als nächstes aussetzen wollen, was als nächstes zu tun ist.

Wenn alle Notwendigkeiten erfüllt sind und alle Arbeiten erledigt, wenn wir unseren Ansprüchen für den Tag genügt haben, wenn wir erschöpft, doch keineswegs müde sind, dann erwacht unser Mut zum Risiko. Wir werden frei für die Abenteuer unseres Geistes und sehnen uns nach dem Licht der Erkenntnis. Wir suchen von neuem nach unserem Zusammenhang mit der Welt und sind bereit für ihre Schönheit. Es ist die Zeit, da wir ins Freie wollen, durch den Wald oder am Meer entlangspazieren, da wir Musik hören oder ein Buch lesen, eine Ausstellung besuchen oder die Bilder in unserem Zimmer betrachten. Zeit, in Erinnerungen zu schwelgen oder unsere Gedanken wieder zu ordnen. Wir werden wesentlich und schauen dorthin, wo wir womöglich ein Wunder erwarten. Wir wünschen uns augenblicklich eine Schönheit, die bleiben kann. Wir gehen wieder ins Kino und hoffen, noch einmal so fasziniert zu sein wie zuletzt.

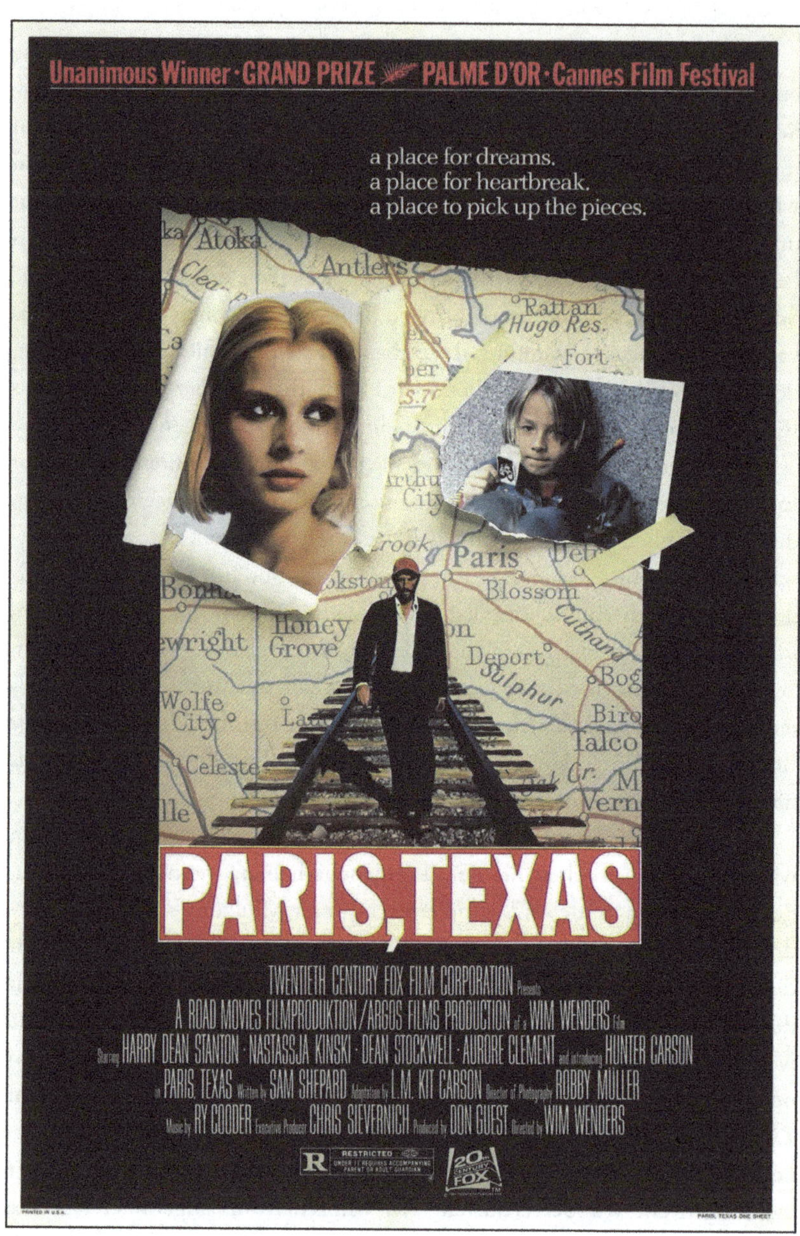

Abb. 15: Filmplakat *Paris, Texas*

Wahrhaftige Schönheit genügt sich selbst

Was ist der Sinn der Wiederholung? Welche Notwendigkeit sollte bestehen, sich dieselbe Erkenntnis, dieselbe Schönheit, dasselbe Bild immer wieder ins Gedächtnis zu rufen und vor Augen zu führen? Warum sollten wir uns erinnern statt zu vergessen? Was bedeutet die Wahrheit gegenüber dem Nichts, gemessen an der Ewigkeit? Solche Fragen sind nicht zweckgerichtet zu beantworten. Wenn sie einen Sinn haben, dann tragen sie ihn bereits in sich selbst.

Im Angesicht seiner Schönheit und unserer Sterblichkeit gibt uns das Leben jeden Tag dasselbe *existenzielle Rätsel* auf – und doch erscheint es uns schon morgen wieder unbegreiflich wie noch nie. Und wieder werden wir nach dem *Warum* fragen, und wieder werden wir hoffen, hinter sein Geheimnis zu kommen – und haben doch längst begriffen, dass ein Wunder keiner Erklärung bedarf, sondern sich in seiner Schönheit selbst genügt. Wir mögen wie jedes andere Lebewesen den Naturgesetzen unterliegen. Doch indem wir aus dem Abstand unseres Bewusstseins über die *Bedeutung* der Naturgesetze nachdenken können, wird aus dem *Wie* ein *Warum*, und unser Blick auf die Welt ist für immer ein anderer. Wir verlieren die naive Fraglosigkeit des bloßen Daseins und suchen nach einem Sinn für unsere Existenz.

Es beginnt schon bei jedem Kind, das mit der Entwicklung der Sprache vom Staunen zum Fragen kommt und so zeigt, dass wir alle philosophische Wesen sind, die sich nach Antworten sehnen. Wir wollen wissen, warum wir leben sollen – und ahnen doch zugleich, dass wir uns selbst die Antwort geben müssen. Wüssten wir sie schon, hätten wir die Frage nicht. Und da sie sich mit jedem Augenblick aufs Neue stellt, ist offenbar im Sichtbaren keine endgültige Antwort zu erhalten. Wir haben sie aus eigener Kraft zu finden, doch genügt es nicht, eine Antwort bloß zu behaupten, wenn wir ihr Glauben schenken möchten. Wir müssen *erleben*, dass die Welt einen Sinn hat, um in ihr geborgen zu sein – erst ein *Empfinden* vertrauensvoller Nähe lässt uns der Liebe eines anderen wahrhaft vertrauen. Wenn wir in den Dingen vergeblich nach einem eindeutigen Zeichen suchen, wenn uns kein Phänomen den Sinn seiner Gestalt erklären kann, so nur deshalb, weil es ihn längst offenbart, weil kein Phänomen für etwas anderes als sich selber steht. Jenseits der Vernunft, hinter aller Interpretation, bleibt noch immer die reine Erscheinung der Phänomene zurück, haben wir noch immer das Rätsel ihrer Schönheit vor Augen – und wissen keine Antwort darauf.

Sobald wir keinen *notwendigen* Grund mehr zum Handeln haben und wir nach dem Sinn des Seins zu fragen beginnen, kann uns jeder aufmerksame Blick auf die wahrhaftige Schönheit des Seins erschöpfende Auskunft über dessen Sinn geben. Angekommen bei der Schönheit gibt es nichts sonst zu tun, wir sind am Ziel unserer Sehnsucht: erfüllt vom Sinn ihrer Gegenwart, versunken in das Wunder des Seins, ergriffen von der Liebe zum Leben – wir werfen einen Blick ins Paradies und werden schön vor Dankbarkeit.

Im Bewusstsein der Schönheit gibt es keine Zeit, ihr Sinn ist der Sinn ihrer Gestalt. Und jede Erinnerung an die Schönheit wiederholt nicht bloß in Gedanken ein vergangenes Glück – in der Hoffnung, es könne uns erneut bezaubern –, die Erinnerung bringt die Schönheit selbst zurück, lässt sie spürbar wiederkehren, als hätten wir nie ohne ihren Anblick gelebt. Jeder bewusst erinnerte Moment kann zu einem Zuhause werden, in dem wir gleichsam ewig währen, und in das wir jederzeit zurückkehren können. Nicht, wann immer wir es wollen, sondern wann immer es sich ereignet. Zu unserer Bereitschaft, die Schönheit wahrzunehmen, gehört ihre, sich uns wieder zu erkennen zu geben.

Erinnerungen für die Ewigkeit

Unsere Erinnerung ist so unvorhersehbar wie das Glück. Auch wenn wir uns darauf konzentrieren, wissen wir nicht, ob sie in uns wieder lebendig wird, ob uns wieder einfällt, was wir früher empfunden haben, und ob wir es auch diesmal so ähnlich empfinden. Ob uns das Glück wieder zu Tränen rühren wird, oder ob wir uns nur daran erinnern, dass es einmal so gewesen ist.

Wir können uns bemühen, geeignete Voraussetzungen für die Erinnerung zu schaffen, und es erfüllt uns mit Stolz und dankbarer Freude, dass wir die Freiheit dazu haben. Doch wir haben keinen Einfluss darauf, ob und wann dabei ein Funke der Glückseligkeit auf uns überspringt. Die Erinnerung an ein vergangenes Glück kann ganz plötzlich wiederkommen. So wie uns dessen Gegenwart an ein Paradies erinnern kann, das wir seit je ersehnen. Weil wir es schon kennen? Die Erinnerung tritt aus ihrer verborgenen Welt als ein Wiedererleben des Schönen in Erscheinung und offenbart ihre Wahrheit jenseits von Zeit und Raum – so wie Louise Banks zuletzt, in gleißendes Licht gehüllt, ihre Vision vom ewigen Kreislauf des Lebens wie eine Botschaft aus der Zukunft empfängt.

Das erlebte Glück ist nicht vergangen, sobald wir es vergessen haben, die Schönheit hört nicht auf zu existieren, wenn wir sie nicht mehr ansehen. Jetzt ist das, was gewesen ist und immer sein wird. Erinnerung lässt uns zu einem Teil der Ewigkeit werden, und wenn wir Glück haben, werden wir uns darin selbst unvergänglich fühlen. Wir können es niemals vorhersagen, ob uns eine Wiederkehr des Schönen so beglückt wie bei unserer ersten Begegnung – so wenig wie sich wissen lässt, was nach unserem Tod mit uns geschieht.

Doch wenn wir nur einmal erfahren haben, dass unsere Erinnerung die Magie des Augenblicks wiederauferstehen lassen kann, als sei er gegenwärtig – ja wie dieser Augenblick gegenwärtig *ist*, so wirklich und greifbar wie ein Traum, wenn wir nur die Augen schließen und nach innen sehen –, dann wissen wir, dass seine Schönheit uns womöglich wiederbegegnen wird. Dann ahnen wir, dass auch der Tod uns wieder das Leben schenken kann, so wie wir schon einmal zur Welt gekommen sind.

Warum sollte es wahrhaftige Schönheit geben, wenn sie ohne Bedeutung bliebe? Wozu das Leben, dieses unbegreifliche Wunder, wenn es uns nicht eines schönen Tages begreiflich würde? Weshalb diese unstillbare Sehnsucht des Menschen, wenn sie sich zuletzt nicht doch erfüllte? Jede Antwort bleibt reine Spekulation, doch eine Erfahrung ist uns jetzt schon sicher: dass wir im Angesicht der Liebe Zeitlose werden. Wenn wir unglücklich sind, versuchen wir uns davon zu befreien, indem wir nach den Gründen forschen und die verlorene Harmonie wiederherzustellen versuchen.

Im Glück wünschen wir nichts als die Dauer. Wir ersehnen uns einen Himmel auf Erden, und manchmal existieren wir sogar für Momente darin. Und wenn uns das schon jetzt gelingen kann, ohne dass wir mehr tun, als nur für die Wiederkehr des Schönen bereit zu sein – warum sollten wir nicht eines schönen Tages, jenseits von Hier, dauerhaft darin leben, zumal wir nichts sonst begehren?

Verantwortlich für das, was wir lieben

Unser Unglück liegt jenseits der Schönheit – erst im Bewusstsein unserer selbst hat das Dasein einen Sinn und wird schön. Leid und Gewalt, die Schwergewichte der Welt, behindern die Erfahrung der Schönheit und verzerren die eigene Perspektive. Erst wenn uns die gewaltsamen Kräfte nicht mehr erreichen können, werden wir endlich für immer befreit sein. Wir haben keine Schuld am Elend in der Welt, so wenig wie wir unser Glück selbst erzeugen können. *Doch niemand außer uns ist verantwortlich für das, was wir lieben.*

Unser Dasein schenkt uns die Freiheit, das Haus unserer Existenz selbst zu gestalten. Wir bestimmen nicht darüber, was uns schicksalhaft geschieht, doch wir bekennen uns zu dem, was davon bleiben soll: wen wir für immer wiedersehen möchten, woran wir uns jederzeit gern erinnern, welche Bilder an unseren Wänden hängen sollen. Begeben wir uns also in die Nähe des Schönen, halten wir den Abstand unseres Selbstbewusstseins und nehmen wir aufmerksam wahr, was wir lieben wollen. Es geht nicht um irgendeine beliebige Wahl, bei der die Sinne entscheiden, was uns lieber ist, sondern darum, wer wir sind und wer wir sein werden. Es geht nicht um eine *bessere* Entscheidung, sondern um die *eigene*, um das Bekenntnis zu sich selbst. Ja zu sagen zu dem, was wir schön finden, der Schönheit zu antworten, die unsere Liebe hervorgerufen hat. Begeben wir uns also in die Nähe des Schönen – gehen wir zum Beispiel ins Kino.

Die Situation der Existenz verbindet uns alle

Jeder sucht nach der wahrhaftigen Schönheit seines Lebens und erkennt unterwegs die Bilder wieder, von denen seine Seele schon immer gewusst hat. Es ist ein unverhofftes Glück, wenn sich die Mythen verschiedener Menschen gleichen, wenn die Sehnsucht eines anderen dieselben Ziele kennt, wenn derselbe Film uns beide ergriffen hat. Doch auch dann *wissen* wir nichts davon, was dem Anderen die Bilder wirklich bedeuten, woran dieses Gesicht ihn erinnert, was dieser Satz in seinem Leben gilt. Uns verbindet nicht das *Wissen* um die gleichen Gefühle, sondern unsere *Sehnsucht*, wir könnten einander verstehen. Nicht weil die Augenblicke des Glücks sich ähnelten, weil die Organe der Wahrnehmung uns allen verfügbar sind, sondern weil *die Situation der Existenz* für jeden von uns die gleiche ist: dass es uns gibt und jeder Einzelne sich Tag für Tag aufs Neue bemüht, zu ergründen, was das bedeutet.

Allein wahrhaftige Schönheit offenbart uns, was bleiben wird. Und nur der aufrichtige Ausdruck unserer Empfindungen von ihr kann uns vereinen, kann uns in der Leidenschaft eines anderen Menschen die eigene wiedererkennen lassen. Nur *Beispiele des Schönen* können wir einander geben, keine Beweise. Mögen unsere Worte illustrieren, was das Herz begehrt, mögen die

Bilder der Sprache veranschaulichen, was uns die Schönheit bedeutet. Sie werden keinem nahelegen, was er zu glauben hat, oder vorschreiben, welche Schönheit ihm den Weg weisen soll – unsere Erlebnisse können den Anderen nur an sein eigenes Glück erinnern.

Sehen heißt Glauben

Wäre uns auch eine Landschaft, in der wir uns geborgen fühlen, bis in ihren letzten Winkel hinein vertraut, würden wir jede kleinste Nuance im Ausdruck eines geliebten Gesichts kennen, hörten wir täglich dieselbe Melodie oder läsen dasselbe Gedicht, sähen wir in *endloser* Wiederholung denselben Film, dieselbe Szene – so wüssten wir noch immer nichts über den verborgenen Sinn ihrer Schönheit, hätten wir keine endgültige Erklärung für den Grund der Phänomene, die uns berühren.

Sind wir frei genug, die Welt wahrzunehmen, wie sie ist – jenseits der Mauern aus Angst und Gewalt, hinter den Masken von Lüge und Hass – kann sich in jedem Augenblick das Geheimnis des Seins offenbaren. Und wir empfinden nichts als unsere Liebe zum Leben. Wenn wir das Reich des Notwendigen verlassen können, wenn wir nicht mehr nur das Naheliegende tun und das Unvermeidliche denken, nur reagieren auf die Herausforderungen der Situation, dann begeben wir uns in eine andere Wirklichkeit, in der sich unsere Fragen erübrigen und jeder Blick eine Antwort sein kann. Dann sind wir am Ziel unserer Sehnsucht nach dem Schönen, dann sind wir erfüllt von dem, was wir sehen, und rühren an seine Ewigkeit.

Auch wenn wir den Sinn des Lebens niemals begreifen könnten, nie eine Erklärung für das Wunder bekämen, wäre es genug, wenn seine schönen Momente für immer wiederkehrten.

Wenn wir glücklich sind, spüren wir, dass es so sein wird. Bemühen wir uns also um unsere Erinnerungen, vertrauen wir ihrer wahrhaftigen Schönheit, bereiten wir uns eine Welt, wie sie bleiben kann.

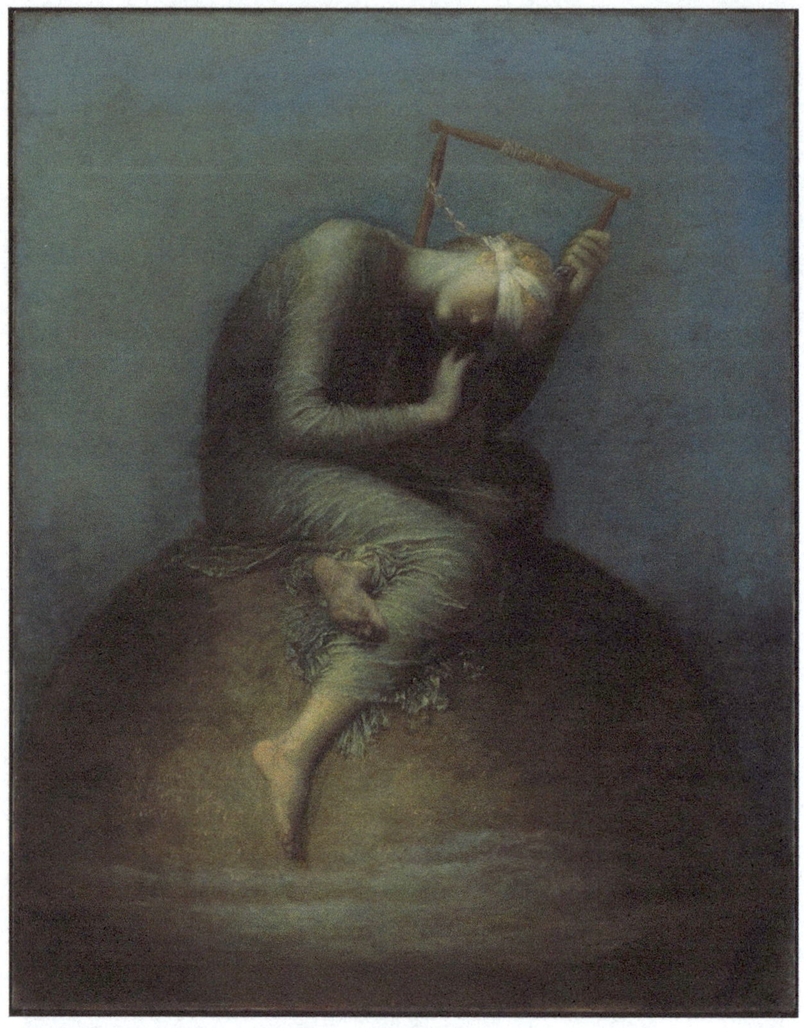

Abb. 16: Georg Frederic Watts, *Hoffnung*

Abspann: Wahrhaftige Schönheit und die Zukunft des Kinos

Seit der Erfindung des Kinos gibt es in kritischen Kommentaren immer wieder Vergleiche zwischen dem »Lichtspieltheater« als Ort von Illusionen und Manipulationen aller Art und dem Höhlengleichnis von Platon. Platon schildert darin gefangene und gefesselte Menschen, die in einer Höhle einzig die von einem Feuer projizierten Schatten realer Gegenstände sehen können, weil sie nicht einmal in der Lage sind, ihren Kopf zu wenden. So können sie keine andere Perspektive einnehmen und halten die Schatten vor sich für die reale Welt.

Bekanntlich war bereits Sigmund Freud ein entschiedener Gegner des zu seiner Zeit gerade erst entstehenden Mediums Film, das er für ein gefährliches Ablenkungsinstrument hielt und nicht etwa als einen Weg zur Selbsterkenntnis oder gar als einen möglichen Schlüssel zum Unbewussten ansah.[38] Vermutlich würde Freud heutzutage anders darüber denken (wie viele seiner Nachfolger), da sich die Weiterentwicklung und ungeheure Wirkkraft des Mediums längst erwiesen hat. Sein einstiger Weggefährte und späterer Rivale Carl Gustav Jung konnte dem Film als Erkenntnismedium nur aufgeschlossen gegenüberstehen – wie es Verena Kast in einem sehr anschaulichen Dokumentarfilm über C.G. Jung erklärt[39]: Das Kino erscheint ihr als ein angemessener Ort heutiger Märchenerzählungen. Jung sah die menschliche Existenz und deren Unbewusstes noch in ganz anderen Dimensionen beheimatet und ging von einem religiösen Wesenskern des Menschen aus. Daher forschte er seit je in Märchen, Mythen und Traumerzählungen aller Art nach archetypisch wahrhaftigen inneren Bildern.

Die tatsächliche Entfremdung des Menschen von seinen ursprünglichen Möglichkeiten hat inzwischen bedrohliche Formen angenommen.

---

38 Bredekamp, 2006
39 Nachtmeerfahrten, D 2011, Regie: Rüdiger Sünner

Daher erscheint es dringend notwendig, den ideologischen »Zurichtungen« einer vergleichenden, messenden und bewertenden »Leistungsgesellschaft« zu widerstehen, die ihre Kinder von Anfang an zu nützlichen, wettbewerbstauglichen Funktionsträgern *zu erziehen* versucht – statt sie zu ihrem ureigenen, bewussten Selbstsein zu ermutigen. Der andauernde erzwungene innere Abstand von den Potentialen des eigenen Selbst (der zudem meist gar nicht bewusst ist) macht chronisch krank und braucht immer stärkere Ablenkungen und Betäubungsmittel, um erträglich zu sein. Genau in dieses »existenzielle Vakuum«[40] der Entfremdung hinein wuchert eine gigantische Konsum-, Unterhaltungs- und vor allem auch Medien- und Filmindustrie, deren Absicht es ist, möglichst deutliche, laute, oberflächliche, viele Sinne stimulierende Reize auszusenden, um damit den dringend erforderlichen Ablenkungseffekt zu bewirken. Werbung suggeriert uns, eine bestimmte Ware besitzen zu müssen (vom Smartphone bis zum Auto), und diverse Medien konkurrieren um die Gunst, uns gut – am besten spektakulär – zu unterhalten und unsere Bedürfnisse zwischen Entspannung und Erregung jederzeit befriedigen zu können. Man macht uns vor, wir seien willkommene Mitglieder einer Gesellschaft, deren Repräsentanten – vom Politiker bis zum Showstar – uns mit bedeutsam erscheinenden Erklärungen, moralischen Appellen und schönen Inszenierungen immer wieder einzureden versuchen, wir lebten in der vergleichsweise »besten aller möglichen Welten«: in einer »demokratischen Gesellschaft«, für deren »Leistungssteigerung« und »Wachstum« sich aller Einsatz lohne. Und falls Worte nicht genügen, um sich wohlfühlen zu können, »helfen« wirksame Medikamente und Drogen aller Art, die es leichter machen.

Daher gibt es auch viel mehr »falsche« Filme, in denen wir zerstreut werden und uns selbst vergessen sollen, als »richtige«, in denen wir zu uns und zur Besinnung kommen können und an die Sehnsucht nach dem eigenen Selbst erinnert werden. Wobei es gar keine Rolle spielt, ob die illusionäre Verblendung der Zuschauer »absichtlich« erfolgt, mit dem Ziel, die Leute ruhigzustellen, abzulenken oder in eine gewünschte Richtung zu manipulieren – oder ob die Verbreiter von »Lügen« über unsere Lebenswirklichkeit längst so verblendet und sich selbst entfremdet (worden) sind, dass sie ihre

---

40 Frankl, 2005

Meinung allen Ernstes für die Wahrheit halten: es also gut meinen und einfach nicht besser wissen.

Platons zeitloses Gleichnis nahm diese Zusammenhänge bereits vorweg: die seit je in ihrer Höhle bei künstlichem Licht eingesperrten, gefesselten und zur Untätigkeit verdammten Menschen *können gar nicht anders* als ihre Gefangenschaft und das darin Erfahrene – die an die Höhlenwand vor ihnen projizierten Schattenbilder – als ihre »Wahrheit« zu betrachten (s. Abb. 17). Die Gefesselten kennen die Welt außerhalb ihrer Höhle nicht, haben keinen Vergleich und »lieben« demzufolge das, was ist, um damit so gut wie möglich überleben zu können.

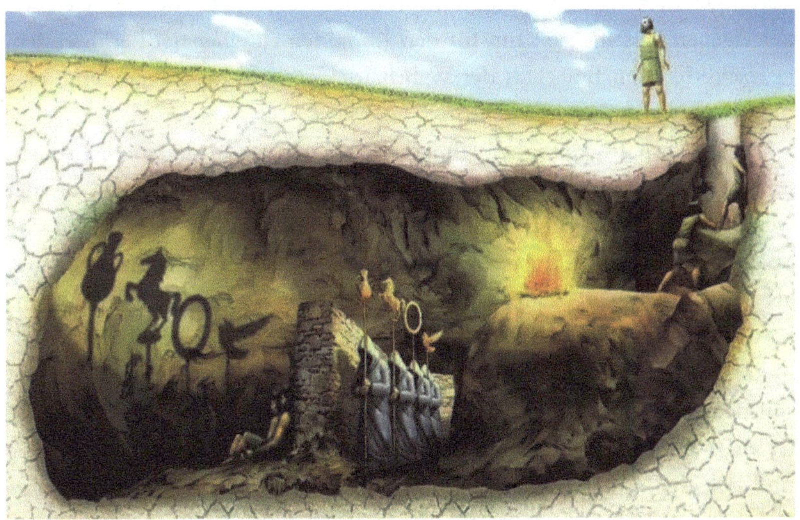

Abb. 17: Das Höhlengleichnis nach Platon

Die menschliche Natur ist unbewusst so tief auf das angepasste Überleben in ihrer nächsten Umgebung ausgerichtet und dabei so sehr auf eine Erfahrung von Geborgenheit und Beachtung angewiesen, dass sogar misshandelte Kinder sich noch um die Zuwendung ihrer Peiniger bemühen, wenn sie sonst keine liebevollen Bezugspersonen haben.

Was bedeutet all das für die mögliche Selbsterkenntnis eines Rezipienten mittels der Wahrnehmung und Deutung von Spielfilmen – ein Vorgang, der im (Heim-)Kino, als einer »Höhle« der Moderne, dem gebannten Starren auf den Bildschirm oder die Leinwand der vom dortigen Geschehen »gefesselten« Zuschauer gleicht?

Wenn Kunst etwas Anderes sein soll als ein wohlgefälliges Alibi zur Abwehr der Angst oder Ablenkung von den Ungerechtigkeiten in einer Gesellschaft, dann hat sie gerade die Aufgabe, den Einzelnen aus den Entfremdungen und Verirrungen wieder auf den Weg zum eigenen Selbst zu führen. Zu revoltieren gegen Unterdrückung, Zerstörung und vermeidbares Leid, ihn im Namen seiner menschlichen Würde daran zu erinnern, wozu er ursprünglich berufen ist und welche einmalige, konkrete Möglichkeit mit dieser bestimmten Person zur Welt gekommen ist. Erinnert zu werden an Verborgenes, Verdrängtes, lange schon zutiefst Ersehntes doch nie Gelebtes der eigenen Geschichte kann für den Einzelnen zu einer tief berührenden, ja erschütternden Botschaft der Wahrhaftigkeit werden: so ergreifend, dass danach alles verändert erscheint.

Die Wahrhaftigkeit einer Filmgeschichte vermag in uns die Sehnsucht nach Entfaltung unserer schöpferischen Potentiale zu wecken – als der wesentlichen Sinnerfüllung der eigenen Existenz. Die ist zugleich Teil und Spiegel der Sinnhaftigkeit des Lebens, für die es keinen anderen Beweis gibt als den aufrichtigen Glauben des Einzelnen, der damit zugleich die wahrhaftige Schönheit des eigenen Daseins bezeugt. Im Licht dieser Wahrhaftigkeit erscheinen alle unterhaltsamen Lügen und verblendeten Ideologien, mit denen unsere Entfremdung verdeckt und unsere Sehnsucht ersatzweise (*süchtig*) abgespeist werden soll, als eine unerträgliche Zeitverschwendung und Beleidigung der Menschenwürde. Daher empört sich jede wahrhaftige (Film-)Kunst, die unsere existentielle Situation spiegelt und dem Wesen unserer Sehnsucht Ausdruck verleiht, immer auch solidarisch gegen alle Formen psychophysischer Gewalt und medialer Manipulation, die dem Einzelnen die Möglichkeit seiner eigenen Antwort verwehrt.

Gerade die subjektive, selbstbewusste Dimension, in der *jeder Mensch existiert*, verleiht ihm seine existentielle Freiheit und Würde. Und so vermag ein Einzelner potenziell auch alle anderen Menschen zur wesentlichen Bedeutung und Sinnhaftigkeit ihres eigenen Daseins zu befreien. Weil alle einzelnen Menschen zugleich als Spiegel der gesamten Menschheit existieren, die sich ihrerseits in jedem Einzelnen ausdrückt und wiederfindet. Wie das Ganze (auch im Einzelnen) etwas anderes ist als die Summe seiner Teile, ist der Einzelne etwas anderes als bloßer Teil des Ganzen. Jeder Einzelne hat für das Ganze einen »absoluten« (abgelösten, unabhängigen) Wert, der nicht beliebig, ersetzbar oder gar »bloß subjektiv« ist, sondern gerade *aufgrund dieser existentiellen Subjektivität für sich selbst absolut wertvoll und gültig.*

Jeder sehnsüchtig existierende Mensch – und das sind wir ausnahmslos alle, auch wenn wir nichts davon wissen – ist (potentiell) ein Lebenskünstler und damit jederzeit auch ein (potentiell) schöpferisch gestaltender und schöpferisch wahrnehmender Mensch. Gebender und Hingegebener, Liebender und Geliebter, Regisseur und Zuschauer seines eigenen Lebensfilms. Daran können wir uns womöglich wieder erinnern, sobald uns ein Film derart ergreift, dass wir darin uns selbst begegnen. Weil uns seine Geschichte so sehr aus der Seele spricht und wir uns einfühlen können in das Schicksal der Personen auf der Leinwand, als geschehe gerade mit uns (oder wäre einmal ganz ähnlich geschehen), was diese da vor unseren Augen erleben. Ob ein Film durch die Berührungen und Gedankenspuren, die er beim aufmerksamen Zuschauer bewirkt, zu einer existentiellen Auseinandersetzung und Deutung auf inspirierende Weise einlädt, wird zum entscheidenden Kriterium seiner *Wahrhaftigkeit.*

Die unbewusste innere Folgerichtigkeit meiner persönlichen Entwicklung hat mich schließlich ins Kino als einen »ewigen« Sehnsuchtsort geführt. Und ich habe dort die Gemeinschaft anderer einzelner Menschen erlebt, die von einer ähnlichen Sehnsucht nach Wahrhaftigkeit geleitet sind. Die im öffentlichen Begegnungsraum eines Kinos von Personen und deren Geschichten zu erfahren hoffen – auf der Leinwand und gemeinsam im Saal –, die sie an ihr eigenes Leben erinnern und in deren Gesichtern, Gefühlen und Gedanken sie sich womöglich wiedererkennen. Deren Verzweiflung sie nachempfinden können und deren Mut sie bestärkt. Aufmerksame Menschen, die es als besonders mitfühlend und berührend empfunden haben, sich derart respektvoll und andächtig über ihre Wahrnehmungen austauschen und einander ihre Sehnsucht nach Schönheit und Wahrhaftigkeit anvertrauen zu können. Miteinander im Kinosaal anwesend zu sein – *wirklich* und nicht virtuell – und sich über das zuvor geteilte Filmerlebnis spürbar verbunden zu fühlen. Intensive Momente mitteilen zu können oder große philosophische Fragen zu stellen. Grundsätzliche, wie die von Kant – *Was kann ich wissen? Was soll ich tun? Was darf ich hoffen?* – oder auch die eine erschütternd wesentliche, die sich für Albert Camus jedem Einzelnen früher oder später unausweichlich stellt – vor der überwältigenden Unbegreiflichkeit der sterblichen Existenz des Menschen: Die Frage, ob das Leben sich lohnt oder nicht – und auf die jeder einzelne Mensch für sich allein seine ureigene Antwort finden muss.

Das Kino der Zukunft könnte genau der richtige Ort dafür sein. Ein Schauplatz der Wahrhaftigkeit, an dem Spielfilme, die von der existenziellen Lebenswirklichkeit der Menschen handeln, zur öffentlichen Auseinandersetzung inspirieren. Ergreifend schöne, wahrhaftige Filme, andächtig wahrgenommen von einem Publikum, das aufmerksam hinschaut und gemeinsam zu sich selbst finden möchte.

Literatur

Adamson, Joy (1960): *Frei geboren. Eine Löwin in zwei Welten.* Reinbek: Rowohlt

Bachmann, Ingeborg (1978): Das dreißigste Jahr, in: *Sämtliche Erzählungen.* München: Piper

Beckers, Ursula; Lempp, Albrecht [Hrsg.] (1981), *Carlos Saura: Los, Tempo!. Filmprotokoll,* München: Filmlandpresse

Benjamin, Walter (1976), *Das Kunstwerk im Zeitalter seiner technischen Reproduzierbarkeit,* Frankfurt: Suhrkamp

Blixen, Karen [Tania] (1986), *Afrika, dunkel lockende Welt,* München: Manesse

Blixen, Karen [Tania] (1987), *Schatten wandern übers Gras,* Stuttgart: DVA

Blixen, Karen [Tania] (1986), *Moderne Ehe,* Frankfurt: Suhrkamp

Blixen, Karen [Tania] (1988), *Briefe aus Afrika,* Stuttgart: DVA

Bredekamp, Horst (2006), Michelangelos Moses als Gedankenfilm. Freuds Ambivalenz gegenüber der Kinematographie, in: *Kino im Kopf – Psychologie und Film seit Sigmund Freud* Berlin: Bertz & Fischer, S. 31–37

Camus, Albert (1965), *Der Mythos von Sisyphos – Ein Versuch über das Absurde,* Reinbek: Rowohlt

Camus, Albert (1966), *Jonas oder der Künstler bei der Arbeit,* Reinbek: Rowohlt

Capote, Truman (1975), *Frühstück bei Tiffany,* Reinbek: Rowohlt

Chiang, Ted (2011), Die Geschichte deines Lebens, in: *Die Hölle ist die Abwesenheit Gottes,* Berlin: Golkanda

Ephron, Nora (1984), *Sodbrennen,* München: Bertelsmann

Filmdienst – Portal für Kino und Filmkultur (seit 1947), *Lexikon des Internationalen Films,* Bonn; online: www.filmdienst.de

Frankl, Viktor (2005), *Ärztliche Seelsorge,* Wien: Deutike

Frankl, Viktor (1984), *Der leidende Mensch,* Bern: Huber

Green, Julien (1987), Süden, in: *Die Dramen,* München: Hanser

Husserl, Edmund (2009), *Ideen zu einer reinen Phänomenologie und phänomenologischen Philosophie,* Hamburg: Meiner

Jacobi, Jolande (1965), *Der Weg zur Individuation*, Zürich: Rascher

Jaspers, Karl (1973), *Philosophie II: Existenzerhellung*, Berlin: Springer

Kierkegaard, Sören (1959), *Die Krankheit zum Tode*, München: dtv

Lacan, Jacques (2020), *Das Begehren und seine Deutung, Das Seminar, Buch VI*, Wien: Turia & Kant

Nietzsche, Friedrich (1966), *Also sprach Zarathustra*, Stuttgart: 1966, S. 11

Percy, Walker (1961), *The Moviegoer*, deutsche Übersetzung von Handke, Peter (1980), *Der Kinogeher*, Berlin: Suhrkamp

Platon (1957), Menon, in: *Sämtliche Werke 2*, Hamburg: Rowohlt, Kap. 14–15

Platon (1957), Politeia, Höhlengleichnis, in: *Sämtliche Werke 3*, Hamburg: Rowohlt, S. 514a-521b

Sheridan, Jim, Naomi & Kirsten (2003), *In America: A Portrait of the Film. Original Screenplay*. New York: Newmarketpress

Tarkowski, Andrej (2021 [1985]), *Die versiegelte Zeit. Gedanken zur Kunst, zur Ästhetik und Poetik des Films*. Siebentes Kapitel: *Von der Verantwortung des Künstlers*, S. 230. Autorisierte Neuausgabe. Berlin: Alexander

Teischel, Otto (2014), *Krankheit und Sehnsucht – Zur Psychosomatik der Sucht*, Heidelberg: Springer

Teischel, Otto (2017), *Trauerspiel – Einführung in die Existenzielle Filmtherapie*, Göttingen: Vandenhoek & Ruprecht

Thurman, Judith (1989), *Tania Blixen – Ihr Leben und Werk*, Stuttgart: DVA

Wenders, Wim; Shepard, Sam (1984), *Paris, Texas. Drehbuch-Szenen und Originaldialoge* Berlin/Nördlingen: Greno

Filme

Edwards, Blake (Regie), *Frühstück bei Tiffany*, USA 1961. Drehbuch: George Axelrod

Hill, James (Regie), *Frei geboren – Königin der Wildnis*, 1966. Drehbuch: Lester Cole

Kieslowski, Krzysztof (Regie), *Drei Farben: Blau*, Frankreich/Polen, 1993. Drehbuch: Krzysztof Kieslowski, Krzysztof Piesiewicz, Agnieszka Holland, Edward Zebrowski, Slawomir Idziak

Marshall, George (Regie), *Frankie & Johnny*, USA, 1991. Drehbuch: Terrence McNally

Nichols, Mike (Regie), *Sodbrennen*, USA, 1986. Drehbuch: Nora Ephron

Pollack, Sydney (Regie), *Jenseits von Afrika*, USA, 1985. Drehbuch: Kurt Luedtke

Saura, Carlos (Regie), *Los, Tempo!*, Spanien/Frankreich, 1980. Drehbuch: Carlos Saura

Scorsese, Martin (Regie), *Shutter Island*, USA, 2010. Drehbuch: Laeta Kalogridis

Sheridan, Jim (Regie), *In America*, Irland/Großbritannien, 2002. Drehbuch: Jim, Naomi & Kirsten Sheridan; DVD in deutscher Sprache mit Audiokommentar, 2006

Spielberg, Steven (Regie), *E.T. – Der Außerirdische*, USA, 1982. Drehbuch: Melissa Mathison

Sünner, Rüdiger (Buch, Regie, Kamera), *Nachtmeerfahrten – Eine Reise in die Psychologie von C.G. Jung*, 2011. Berlin: Atalante-Film

Villeneuve, Denis (Regie), *Arrival*, USA, 2016. Drehbuch: Eric Heisserer

Weir, Peter (Regie), *Die Truman Show*, USA, 1998. Drehbuch: Andrew Nicol

Wenders, Wim (Regie), *Paris, Texas*, Frankreich/Deutschland, 1984. Drehbuch: L.M. Kit Carson, Sam Shepard

Songs & Soundtracks

Barry, John: *Out of Africa – Original Soundtrack*, 1985

Bono, Gavin Friday (Text & Musik), Andrea Corr (Gesang): *Time Enough for Tears*, 2002

The Byrds (Text & Musik: Pete Seeger): *Turn! Turn! Turn!*, 1965

Cooder, Ry: *Paris, Texas – Original Soundtrack*, 1985

Eagles (Glenn Fry, Don Henley): *Desperado*, 1973

Fehlfarben: *Grauschleier*, 1980, in: Monarchie und Alltag

Grönemeyer, Herbert: *Bochum*, 1984, in: 4630 Bochum

Grönemeyer, Herbert: *Nie wieder*, 1984, in: 4630 Bochum

The Lovin' Spoonful: *Do You Believe in Magic?*, 1965

Mancini, Henry (Musik) Johnny Mercer (Text): *Moon River*, in: Breakfast at Tiffany's: Music from the Motion Picture, 1961

Otis, Clyde (Text & Musik), Dinah Washington (Gesang): *This Bitter Earth*, 1960

Richter, Max: *On the Nature of Daylight*, 2004, in: The Blue Notebooks

Robertson, Robbie (Produzent): *Shutter Island – Original Soundtrack*, 2010

Simon, Carly: *Coming Around Again*, 1986

Abbildungsverzeichnis

Abbildung 7: Die Film-Familie Sheridan in New York
(Paddy Considine, Samantha Morton, Sarah Bolger, Emma Bolger im Film In America von Jim Sheridan, 2002, © 20th Century Fox/Allstar Bildarchiv, mit freundlicher Genehmigung)

Abbildung 8: Web-Logo zur Veranstaltungsreihe »Schau hin ... Film & Gespräch« im Wulfenia Kino
(© Michael Dolinsek c/o Wulfenia Kino, Klagenfurt am Wörthersee)

Abbildung 9: Filmplakat zum Eröffnungsfilm unserer Veranstaltungsreihe
(Amy Adams, Jeremy Renner und Forrest Whitacker auf dem Plakat zum Film Arrival von Denis Villeneuve, 2016, © IMAGO/Paramount Pictures; Everett Collection)

Abbildung 10: Serengeti – »Das endlose Land«
(© Otto Teischel, aufgenommen am 05.09.2017, Region Moru Kopjes im Serengeti Nationalpark, Tansania)

Abbildung 11: Die Magie des Augenblicks ...
(Michelle Pfeiffer als Frankie im Film Frankie & Johnny von Garry Marshall, 1991, © IMAGO/Paramount Pictures; Everett Collection)

Abbildung 12: Die Andeutung eines Lächelns
(Juliette Binoche im Film Drei Farben: Blau von Krzysztof Kieślowski, 1993, © Norman Holland, Three Coulors: Blue – www.asharperfocus.com)

Abbildung 13: Das Antlitz einer Giraffe
(© Otto Teischel, aufgenommen am 12.09.2017, Region im Süden des Serengeti Nationalparks, Tansania)

Abbildung 14: Unsterbliche Kunst – Die Toteninsel
(Die Toteninsel, Arnold Böcklin, 1883 (3. Fassung), © Staatliche Museen zu Berlin, Alte Nationalgalerie, Öl auf Holz, 80 x 150 cm)

Foto © Gerhard Maurer

Dr. Otto Teischel (*1953) ist Philosoph, Psychotherapeut, Psychoanalytiker und Autor. Er arbeitete als Kleinverleger, Galerist, Buchhändler, Filmkritiker und Dozent in der Erwachsenenbildung. Nach seiner Promotion gründete er 1986 (als einer der ersten im deutschsprachigen Raum) in Bonn eine »Philosophische Praxis«, in der damals bereits regelmäßig Filmgespräche stattfanden. Ausbildungen in Logotherapie und Existenzanalyse (nach Viktor Frankl), Palliative Care und Psychoanalyse. Seit 2005 hauptberuflich als Psychotherapeut und Psychoanalytiker in Klagenfurt am Wörthersee, seit 2010 selbständig in eigener Praxis. Viele Jahre Leitung einer filmtherapeutischen Patientengruppe in einer psychosomatischen Klinik. Seitdem hat er, am Beispiel der Filmdeutung, den grundlegenden Ansatz einer »existenziellen Psychoanalyse« entwickelt, die das subjektive Bewusstsein des einzelnen Menschen aus dessen traumatischer Lebensgeschichte versteht. 2023 Eröffnung der »Praxis für Filmtherapie« in einem kleinen Kinosaal, in dem wöchentlich Filmtherapie Gruppen für alle stattfinden. Näheres unter: www.filmtherapie.org

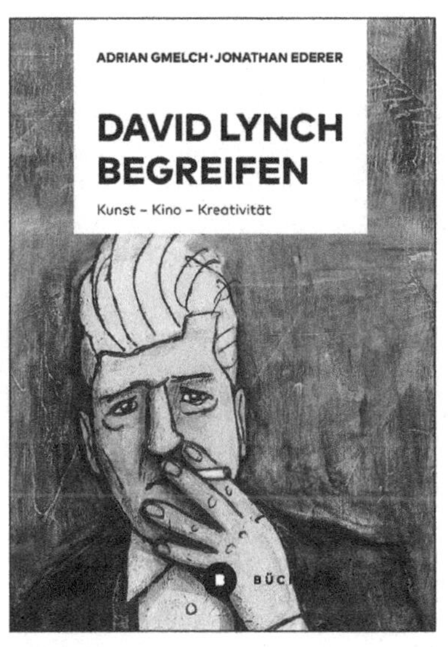

Jonathan Ederer, Adrian Gmelch
David Lynch begreifen
Kunst – Kino – Kreativität
340 Seiten, 14,5 x 20,5 cm
Klappenbroschur
ISBN 978-3-96317-377-6 (Print)
ISBN 978-3-96317-947-1 (ePDF)

Jonathan Ederer, Adrian Gmelch
David Lynch begreifen
Kunst – Kino – Kreativität

David Lynch wurde berühmt durch Filme wie *Blue Velvet* und *Dune* oder die Serie *Twin Peaks*. Er gilt als Kultregisseur, an seinem filmischen Werk arbeiten sich Menschen seit Jahrzehnten ab. Was dabei zu kurz kommt: sein Schaffen als bildender Künstler, Musiker und Designer.
Um diese Lücke zu schließen, beleuchten die Autoren Adrian Gmelch und Jonathan Ederer das gesamte künstlerische Spektrum von Lynch. Die Idee: eine essayistische Entdeckungsreise durch sein Leben, kreatives Wirken und Denken. Eine Reise, die nicht beim Film endet, sondern dort beginnt.
Mittels 31 Begriffe werden Lynch und sein Schaffen in Kunst und Kino umfassend abgebildet. Das Ergebnis ist ein Handbuch, das Bezüge innerhalb Lynchs Werk, zu anderen Künstlern und zur Lebenswelt herstellt. Durch diesen Zugriff stellen sich verschiedene Begriffe als zentral heraus (wie *Idee* oder *Los Angeles*) oder eröffnen (wie im Fall von *Natur* oder *Körper*) neue Perspektiven auf das Lynch'sche Schaffen.

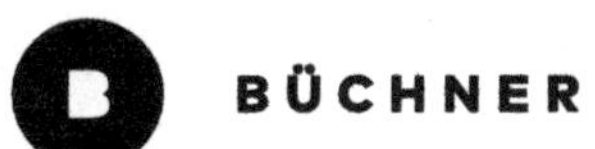

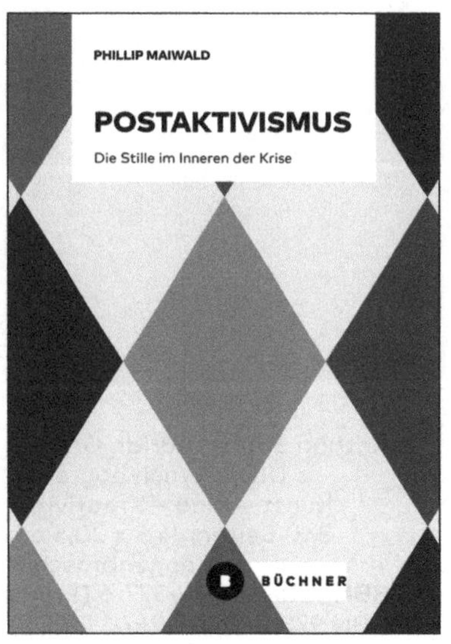

Phillip Maiwald
Postaktivismus
Die Stille im Inneren der Krise
123 Seiten, 14,5 x 20,5 cm
Klappenbroschur
ISBN 978-3-96317-345-5 (Print)
ISBN 978-3-96317-902-0 (ePDF)

Phillip Maiwald
Postaktivismus
Die Stille im Inneren der Krise

Wir sind aufgebracht. Wir sind rasend und lärmend im brausenden Außen der Krise. Wir benötigen einen Schritt ins innere, stille Zentrum dieses Orkans, um sie besser zu verstehen. Dazu brauchen wir Mut – zum Experiment, zum Neubeginn und zum Chaos.
Um unsere eher technische Sicht auf die Klimakrise zu überwinden, braucht es einen erweiterten Blick auf die Natur und auf uns selbst. Nur so können wir die Krise als das betrachten, was sie tatsächlich ist: Eine Einladung an uns selbst, unsere Kultur sehr grundsätzlich zu verändern. Wir könnten damit beginnen, unser Denken zu kompostieren.

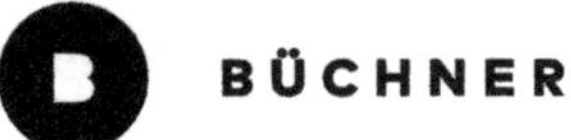